彼此珍藏最温馨

流沙河题

彼此珍藏最温馨

李镇西／著

漓江出版社

图书在版编目（CIP）数据

彼此珍藏最温馨 / 李镇西著 . —桂林：漓江出版社，2014.10
ISBN 978-7-5407-7329-8
Ⅰ.①彼… Ⅱ.①李… Ⅲ.①教育—中国—文集 Ⅳ.①G52-53
中国版本图书馆 CIP 数据核字（2014）第 224999 号

彼此珍藏最温馨

作　　者　李镇西
策划组稿　文龙玉
责任编辑　章勤璐
封面设计　石绍康
责任监印　唐慧群

出 版 人　郑纳新
出版发行　漓江出版社
社　　址　广西桂林市南环路 22 号
邮　　编　541002
发行电话　0773-2583322　010-85893192
传　　真　0773-2582000　010-85890870
电子信箱　ljcbs@163.com
网　　址　http://www.Lijiangtimes.com.cn
　　　　　http://www.Lijiangbook.com
印　　制　北京盛源印刷有限公司
开　　本　710×980　1/16
印　　张　18
字　　数　270 千字
版　　次　2014 年 10 月第 1 版
印　　次　2014 年 10 月第 1 次印刷
印　　数　1—8 000 册
书　　号　ISBN 978-7-5407-7329-8
定　　价　29.80 元

美好的瞬间，会成为很多人永远的记忆
——李镇西作品序

吴 非

李镇西老师把近年的文章汇集出版，希望我能写个序。认识镇西老师十多年了，他一直勤奋地工作和写作，令我钦佩。镇西老师热爱教育，富有激情，他的工作负担比我重，社会活动头绪多，但他精力过人，每日一文，有时清早到学校，车停在校门口，先写一阵；也常“高空作业”，在飞机上写。这类经历，我是不会有的。我不知道他何以不感到累，也许个中有乐，不以为苦吧。我患病，镇西几次到南京来看我，用句套话——我们就共同感兴趣的问题作了坦率认真的对话，广泛深入地交换了意见。之所以在许多问题上能有共鸣，是我们都为基础教育的状态感到忧虑，同时，我们都敬重常识。

很多教师有了一段教育教学经历后，可能会发现，教师的教学水平，往往在于他对常识的态度，在于他个人思考的深度和广度；不管遇到什么复杂的情况，遵守教育常识，至少不会犯错误。然而当下的教育，往往是“反常识”的处于强势，常识需要“坚守”，而且要付出代价。守护常识，也需要胆识。在《我想办一所没有“特色”的学校》一文中，镇西老师质疑“校校有特色”，认为违背了教育常识。他批评假科研，“我们现在的确有的学校是为科研而科研，有一种‘课题崇拜’情结，喜欢申请国家级、省级、市级的各种课题，似乎课题越多学校就越有档次”。确如其言，在很多学校，都有老师揭露这种“伪特色”和“假科研”造成的危害。——“特色”是上级领导要求的，故而没有也得硬造一个；“科研”则只是制造垃圾：

开题兴师动众，结题公关宣传，过程是最弱的，报告七拼八凑。这样的“特色”和“科研”把学校和教师都害了。然而这个体制逼着你，驱赶着你加入，这是很多坚守常识的校长教师最痛心的事。

镇西老师对教育界的浮躁也一直忧心忡忡，他在《名师是“打造”出来的吗》一文中所谈的，也全是常识。我们都曾质疑“打造名师”的提法。所谓名师，一定是在长期的教学实践中自然出现的，不但名师无法“打造”，“名校”也不可能“打造”，“教育模式”也不可能“设计”……推而广之，一名真正的“师”，也不可能“培养”、“培训”出来。看那些合格的教师，无一不是自己学出来的，无一不是在长期的实践中一步一步摸索出来的。现在一些教育行政部门在统计学校政绩时，会提及“培养”了多少多少“特高级教师”，这些提法，过些年有可能成为笑话。

同样，镇西老师也经常地反思教学观学生观，比如，《何必一定要有“教育意义”》一文，批评陈旧的教育观，反对动辄对学生讲“教育意义”。诚如其言，“意义”讲多了，学生不堪重负。教育是美好的生活，而不是

教育专家王栋生（笔名“吴非”）先生在武侯实验中学演讲

接受清规的忍耐。镇西老师说:“如果一定要说‘教育’，那我们也完全可以把教育的内涵理解得丰富一些广义一些。学生是否受到了‘教育’的标志，不仅仅是提高了什么什么认识，或获得了什么什么启发，还应包括心灵更加宁静，胸襟更加旷达，眼睛更加清澈，耳朵更加灵敏，触觉更加细腻，体格更加健壮，感情更加丰富，幻想更加奇特，思绪更加飘逸，情怀更加浪漫……”也就是说，教育，面对的是活生生的人，人之所以成为人，“我”之所以成为“我”，需要的是教育开启心智和感官，而不是把人“训练”为机器。

李镇西老师能在全国有这样的影响，除了他的胆识和工作的激情，还在于他一直生活在校园里。我这样说，是想到一些教育名人的理论研究脱离了校园，脱离了课堂，脱离了学生的心灵；他们不知道课堂上发生了什么，不知道老师们在想什么，不知道学生在想些什么。而这些对镇西显然不是问题，从他的文章可以看到，他的情感和思维一刻也没有离开学校，离开老师和学生。

多年来，镇西老师以苏霍姆林斯基为榜样，从最基础的工作做起，他的每日“五个一”(上好一堂课，找一个孩子谈心，思考一个教育问题，阅读一万字的书，写一则教育随笔)，看起来不难，可是多年如一日，就是难事；当了校长，更是难上加难。但李镇西做到了，这是他践行苏霍姆林斯基教育思想走出的一条路。镇西老师影响了一大批教师，正是有他们在基层学校的实践，苏霍姆林斯基教育思想的核心——教育的人道精神，在教师成长过程中有了更加积极的意义，无数的学生得到比较正常的教育。苏霍姆林斯基能记得一千七百多位学生姓名，我看镇西老师的博客，他能记得那么多学生的故事，保存学生的作文、各种照片，他长期和学生保持友情，实在很难得。这就是“把人当人”的教育。按世俗标准，镇西老师的学校称不上名校，他说:“我和我年轻的同事们，面对的是好多学校不喜欢的孩子——当地失地农民和进城务工人员的子弟。”可是，我去武侯实验学校，所到之处，所有的学生都面带笑容地对我说“您好”，这是我在很多名校没有的待遇。陪同的老师说，孩子们进学校时，有些顽劣，不懂事；经过三年初中教育，他们能习惯地对人说“您好”、“谢谢”和“对不起”了。我当时就非常感慨，在当下中国，这已经是很好的教育了。

我印象很深的，还有《做一个孩子不怕的校长》，曾有位女生给他提意见，批评校长没看完各班的体操比赛就中途离场（虽然镇西的退场是因为赶去开会，但他仍然感到内疚）。学生能直言不讳，这说明学生爱学校，说明学生敬重教育。教育要培养学生的公民意识，而不是驱赶他们做唯唯诺诺的奴才。镇西有很多文章介绍学校的老师，通过他的文章，武侯实验学校很多老师的工作和创新为社会所知。《让普通老师成为学校的名片》一文中，镇西介绍了他的管理观念——“教师的成长，是我当校长成功的唯一标准”。教师应当比学生更善于学习，他们理应在教育教学中有很多发现的愉快，同样，他们可能比一般人更能体验教育的艰难。唯其如此，教师才真正地具备职业素养。一所学校有一批把教育教学当作使命的教师，比成就一名校长更有价值。

在镇西老师的博客上，经常看到教师和学生的笑脸，看到学校里的欢乐场面，我想，这些美好的瞬间，会成为很多人永远的记忆。

是为序。

2013年9月　南京

目 录
CONTENTS

聆听花开的声音

王红川：难以忘怀的内疚

去年春节回来，我所教的第一个班的学生——初84届一班的学生，搞了他们1984年7月毕业后的第一次聚会。当时，王红川也来了，他还带了一本当年我给他们编的油印的纪念册来。因为聚会的人比较多，我和王红川聊得不多。第二天我很想把他约出来聊聊，可由于春节期间，我各种聚会比较多，再加上后来我回成都了，便没有再见到王红川。今年寒假回来，我最想见的就是王红川，于是便约他和几个同学见了两次，一次喝茶，一次吃饭。

为什么我这么想见王红川呢？主要不是因为他成绩优秀——固然，王红川当年戴着黑边眼镜，很有学问的样子，成绩也的确拔尖，但班上成绩好的学生显然不只是他一个人；也不是因为他性格温顺听话——的确，王红川品格纯真而纯正，人也机灵，天真活泼，一笑起来，眼睛便眯成一条缝，特别可爱。我之所以最想见王红川，是因为几十年来，我一直对他心怀内疚。

其实，当年我在班上对他挺呵护的，用其他学生的话来说："王红川就像是李老师的儿子！"因为他脚有点小小的残疾，走路微微有些跛，这是小儿麻痹症的后遗症，所以我对他自然特别关照。那时候，我上班要经过他家附近，于是，经常骑车上班的我，就顺便把他也带上。他见我骑车来了，便一下跳到我自行车后面，反正他体重也比较轻，对我来说，无非就是后面驮了一袋大米。常常在周末或假期，我会约上许多学生出去玩，十有八九都会约上王红川。记得1983年大年初一，我和王红川等学生在郊外山坡上玩，我还和他"扭打"成一团，后来又搂着他照相——这些都有照片为证。学生们都说"王红川就像是李老师的儿子"，大概是说我特别宠爱他。其实，论年龄，我比红川就大十来岁，只能算是大哥，但论辈分显然比他高一辈。我现在也不认为当时我对王红川有什么偏心而违背了"教育平等”，相反我觉得因为他的特点需要特别的关照。

时间过得真快！第一次见王红川这个班的学生，是 1982 年春节过后，距今整整二十九年了！当年的王红川已经人到中年，早有了自己的孩子，他已经成长为一名优秀的骨科专家。让我惊奇的是，王红川现在走路一点也不跛了，走路完全正常。我半开玩笑地问：“你是不是把自己的脚治好了，就成了专家了？”他嘿嘿直笑，笑声中透出他保存至今的纯真和纯正。我问他，给病人做手术是否收红包，红川只回答了一句：“李老师，你放心！”我说：“我对你的品质很放心！”他又补充说：“说实话，患者给我塞红包，我很反感，觉得这是对我的不信任！”我相信红川说的是真话。

我从教之初，曾三次打学生，但没有一次是打自己班上的学生——我不可能打自己的学生。相反，有一次，我打的是欺负我班上学生的高年级学生，而这个被欺负的学生，正是王红川！但我说我对王红川心怀内疚，是因为我也曾经无意中伤害过王红川的自尊心。这些事，我当年的日记里都有详尽的记录。十多年前写《走进心灵》时，特别写了一章《我的教育失误》，我根据当年的日记专门写了围绕王红川发生的我的教育失误——

拳头，竟砸向了学生

攥紧的拳头终于砸了出去！

我立即感到了手指关节一阵钻心的剧痛，这是自己拳头与对方门牙的激烈碰撞所致。与此同时，我看到一股鲜红的液体从对方的嘴角流了下来。随即，耳边响起了无比凄厉的哭号：“老师打人了！老师打人了！……”我这才猛然意识到：我又打学生了！

在我参加工作的头一个月，这是我第三次对学生大打出手了。

第一次打的是一位高一男生，他课间踢球，把我班玻璃窗打碎了，我批评他两句，他却骂我“神经有病”，于是我给了他一拳头！当然，事后我被校长狠狠批评了一顿。第二次打的是一位初三女生，她在我班上体育课时，溜进我班教室乱翻书包，正巧被我路过发现。我叫她出来，她居然就是不出来，我于是把她拉出教室，她竟反诬我对她“动手动脚”！“你简直血口喷人！”伴随着我气急败坏的斥责，我给了她一耳光！结果，这一记耳光也打掉了我一个月的奖金。

但我并不认为我这第三次打人是“老毛病复发”，相反，我还觉得我是“见义勇为”呢！

今天下午放学后，我路过操场，远远地听到哭声。寻声而去，原来我班王红川被欺侮了——王红川和几个同班同学在打篮球时，一位手持篮球的高三男生要强行霸占球场，几个初一小同学怎敢和他对抗？于是纷纷离去，唯独个子瘦小的王红川“不识时务”，硬要和这位“霸王”论理，结果被对方一耳光把鼻血都打出来了！

如果被欺负的是我班其他同学，可能我还不会这么气愤，偏偏被打的是让我一直深感内疚的王红川，我就不但觉得应该挺身而出，而且自己“赎罪”的机会到了！

怎么回事呢？这要从我参加工作第一天发生的事说起：

那天下午，我和几位刚刚能叫出名字的学生在操场的沙坑上跳高。

突然，一个黄色的影子从我身边一擦而过，向横杆飞去。哦，是穿着黄色汗衫的“小不点”王红川——就是这个“小不点”，上午我上第一堂语文课时，他发言最积极。怎么？他竟然想跳过横杆！

这显然是不可能的，因为王红川那患过小儿麻痹症的双脚，一颠一颠地，宛如受伤后逃命的小鹿。也许是想开个玩笑，我当时居然指着他的背影，笑着大声说道：“一看就跳不过去的！喂，王红川，你干脆从下面钻过去算了！”

他果真没跳过去，在大家的哄笑中，他不好意思地离开了操场。

过了一会儿，我在朝教室去的路上，看见在教学楼前的树荫下，有一个小男孩儿，正低着头，手里拿着一截树枝，在地面上毫无目的地划着。黄黄的背影那么瘦弱，与龙腾虎跃的操场景象相比，林荫道上的这个黄色小点简直就像是被人扔到一边的什么废弃物。

我跑上前去，从后面扶住他的肩：“红川，怎么了？”

可他固执地不让我扭转他的肩膀，使我感到他瘦弱的躯体里蕴藏着一种倔强的力量。

我转到他的正面，用双手捧起他的脸：啊！他的脸上布满泪痕！

我一下意识到，自己刚才幸灾乐祸地伤害了一颗童心……

“原谅我，刚才我是和你开玩笑呢！”我诚恳地对他说，并帮他擦着泪水。

他一直没有说话，只是默默地流泪。

尽管当天晚上我就去了他家，再次向他赔礼道歉，但从那以后，他只要看见我便垂下眼帘；而我，只要一看见他，就感到一种强烈的负疚感……

今天，一看到王红川被人欺负了，我就觉得应该为他撑腰。开始，我还比较克制自己的情绪，只是严肃地质问那个高中生为什么欺负小同学，然而，他居然冷笑着扬起右手向我展示他的中指，这一个极为下流的侮辱性“国际通用手势”，终于让我怒不可遏！于是，我的拳头就不由自主地攥得特别紧，扬起来的时候特别痛快，而砸出去的时候又特别“火暴”！

“是的，我打了你！但我打的是流氓！”我一边揉着还是有些火辣辣的拳头，一边呵斥眼前这个满嘴溅红的“流氓”，并且朗声说道：“走！跟我到校长办公室去！”

“哐！”我一脚踢开校长办公室的门，一屋子正在开会的校领导们惊愕地抬头看着我。我把那个学生拖进去，然后庄严说道：“我打人了！随便你们怎么处置我。具体经过你们问他！”说完，我扬长而去……

以后几天，校长轮番找我谈话，苦口婆心地对我进行“耐心细致的思想政治工作”，但我都理直气壮：“我打的不是学生，是流氓！”“在他面前我也不是老师，是惩治流氓的警察！”“难道当老师的不该保护自己的学生吗？”“难道老师不应该见义勇为吗？”……

当时，我并不认为我是强词夺理，而是真的认为我没错。

而且，我满以为学生们会为我的行为喝彩，的确也有部分学生觉得“李老师真棒”。然而，不久我批阅学生交来的日记时，读到了这样一段文字：

王红川同学被高年级同学欺负，于是李老师帮王红川打了那个大同学。不少同学认为李老师做得对，帮我们出了一口气，觉得李老师真是爱我们。我也认为，虽然我们和李老师还认识不久，但他的确很爱我们。

不过，我觉得李老师不该打人。王红川同学是学生，那个高年级的同学，也是学生，也应该被老师爱。虽然他欺负小同学不对，李老师也不应该打他。李老师说他不是这个“恶霸”的老师，但是，李老师打人的时候，在我们和其他班同学的眼里，李老师仍然是老师呀！

说实话，学生日记所说的观点，我早就明白，而且校长给我谈心时苦口婆心所讲的，正是这个道理。但是当这些我十分熟悉以至有些逆反的话出现在我学生的日记中时，我的心灵真正被触动了。来自童心的忠告，让我感到了真正的惭愧。

以厚此薄彼的态度对待学生，并不是真正地爱学生，所“爱”的一部分学生，实际上成了班主任的私有物，因而这种“爱”是自私的，与师德是格格不入的。同时，对外班学生的轻视、敌视以及任何不负责任的粗暴，同样会在本班学生中损害自己的形象，降低自己的威望，更为严重的是，还会给学生带来不好的影响。因此，我应该随时提醒自己：你是中华人民共和国的人民教师，而不只是某个班的班主任；你周围所有的少年都是你的教育对象，你对他们都负有同样的爱和教育的义务！

这是1982年3月，我参加教育工作的第一个春天，我的学生用他们的童心为我上的一堂课。

从那以后到现在，我虽然又多次产生过用拳头“教训”学生的冲动，但至今也只是“冲动”而已。

我想补充说明的是，我伤害了王红川自尊心的当天晚上，特意去他家家访，主题就一个：向王红川道歉。当时，他爸爸妈妈特别感动，还说这有什么嘛！老师不过是开个玩笑，红川应该大度些。

不知道红川是否已经原谅李老师了。

张锐：生日的祝福

说到张锐，这是我一直很欣赏的学生。当年在班上，是一个品学兼优的孩子，在初二曾经担任班长（我们的班干部都是轮流担任的，班长也不例外）。当然，他也有男孩特有的调皮和机灵。作为班长，他曾经维护班上的自习课纪律，曾经去同学家家访（这是我班班干部的职责），曾经负责班上的图书角……

有一次聚会，我对张锐说："我好像没有批评过你。"他说也批评过，只是没有说过重话。不过他想了想，说："不对，李老师，你还是发过我一次火的。有一次，你把你小时候的照片拿到班上来给我们看，我看见你小孩时候的模样，就说了一句，这是李镇西小时候。你听我叫你的名字，一下发火了，严厉地对我说，张锐！你在家里会直接叫你爸爸的名字吗？"

张锐说起这事，只当趣事，没有责怪我的意思，但我很惭愧，那时年轻，虽然爱学生，但潜意识里还是有师道尊严的，觉得学生叫我的名字那是"大逆不道"。后来我不那样想了，我觉得学生叫我名字是对我很随便，不见外。后来的学生，特别是高中生，叫我"镇西兄""镇西大将军"我都不生气。现在我做校长了，偶尔也有学生叫我的名字，我听了只是摸摸那孩子的脑袋，呵呵一笑。

张锐还说："李老师，我发现你现在很平和，总是以一种宽容的情怀对待人和事。"

我说："嗯，这可能和年龄有关。"

张锐过去是一个模样非常可爱的男孩，现在长大了，但我感觉他的善良，他对人的尊重依然没变。他昨天还给我打电话，说我博客上有一篇写学生的文章中，某一个词用得不恰当，他担心无意中伤害了某个同学。我谢谢他的提醒，放下电话便改了。

还有一件让我永远难忘的事，这里也说说。虽然过去这么多年了，但我还是记得那天的每一个细节——这些细节在我脑海中出现过无数次，我永远也不可能忘记。那天是1985年5月13日，我还记得是星期一。

下午读报课时，我走进教室，继续为学生读小说《钢铁是怎样炼成的》——每天的这个时候，都是我的"小说连播"：《青春万岁》《爱的教育》《烈火金刚》《红岩》……进入中学以来，学生把每天的这个时候视为最珍贵也最美好的时光。

"保尔紧张地注视着朱赫来和那个押着他的士兵，心里在盘算着怎么才能救出朱赫来……"我在讲台上朗读着，教室里一片安静。同学们都关心着朱赫来的命运。

突然，坐后排的学习委员陈晓蕾举起了手。

我停住朗读，问："什么事？你不舒服了吗？"

她却离开座位走到了我的面前："李老师，请您出去一下。"

我想她可能是有什么急事要跟我单独谈，便对同学们说："大家稍等一会儿。"然后跟着她出了教室。但就在我走出教室门的一瞬间，我好像看到潘芳奕匆匆走上了讲台。

来到教室外面的楼梯口，我用询问的目光看着她，她却说："请您在这儿站一会儿。"

我非常吃惊："站一会儿？你们要干什么？"说着我转身就要返回教室，可陈晓蕾急忙把我拉住："李老师，您现在不能进去！"

我明白自己上当了，但现在我反倒不怎么急了，而觉得挺有趣：好吧，我倒要看看这些学生要搞些什么名堂！

过了大约五分钟，陈晓蕾跑到教室窗口往里面看了看，然后过来对我说："好了，可以进去了。"

事后，陈晓蕾在日记中这样写道："当我领着李老师走进教室时，我自豪极了，像个打了胜仗又抓了个俘虏的将军！"

当时我进了教室，仔细看了看讲台和教室里面，没有发现什么异样。但学生们的表情却神秘而得意，他们都冲着我微笑，微笑中含着诡秘，仿佛他们都拥有一个共同的秘密，不，是"阴谋"。

我问："刚才潘芳奕对你们说了些什么？"

"没有说什么！"全体学生异口同声。

还有学生说："真的没什么！李老师，您继续读小说吧！"

我只好接着读："保尔出其不意向那士兵扑去……"

接下来的几天，平安无事。直到5月17日，我才明白学生们的"密谋"是怎么回事。

那天是星期五，我走进教室准备上语文课。

学生们安静了下来，我习惯地说了声："上课！"

"起立！"随着值日生罗晓宇清脆的口令，同学们精神抖擞地站了起来。

"同学们好。"我说。

"祝——李老师——生——日——快——乐！"回应我的，竟是这整齐而响亮的童音！

我被这声音惊呆了。只见坐在前排的谈俊彦双手捧着一张洁白的纸走到我面前：

“李老师，这是全班同学的祝贺信！”

班长彭艳阳捧着一束还带着露水的鲜花从后排跑上来：

“李老师，这是全班同学献给您的鲜花！”

副班长张锐捧着一大摞礼品上前来：“李老师，全班同学的一点心意，请收下！”

在我目瞪口呆之际，小小的讲台上已堆满了鲜花、生日蛋糕、影集、笔记本、手绢、书签、毛笔等各种礼物。台下，57双眼睛正闪着兴奋而得意的光芒望着我。与此同时，孩子们调皮地用整齐而富有节奏的掌声为我祝贺！

“今天，并不是我的生日啊！”激动中，我解释道。

“是的，今天就是你的生日！”

“5月17日，没错，我们早打听清楚了！”

“李老师，要诚实哟！”

……

57双眼睛恳切而焦灼地望着我！

我说什么呢？我还能说什么呢？“好……我收下……”我的声音在发抖。

“啪啪啪……”又是一阵长时间震耳欲聋的掌声！

此刻，我的心情，除了感激，更多的是惭愧。我走下讲台，缓缓说道：“同学们，我受之有愧啊！我的工作做得并不好。真的，我脾气急躁，时常发火，有时还错批评同学，伤同学们的心……我对不起大家啊！”

教室里格外安静，孩子们静静地听着我激动的话语。

我说：“李老师并不是你们想象的那样高尚。但是，今天同学们又一次深深地教育了我：教师的艰辛劳动所换来的报酬，绝不仅仅是金钱，而更多的是丰厚得无法估量的精神财富！这才是今天同学们送给我的最珍贵的生日礼物。我将把它化作无穷的力量，竭尽全力把你们教好！请同学们，不！请我的朋友们监督我！”我深深地鞠了一躬，带着发自内心的真诚敬意。

“啪啪啪……”又是一阵春雷般的掌声在教室里回荡，在我心头滚过。

我感到：面对这57颗晶莹的心，我的心也变得更加纯净起来！

27年过去了，这激动人心的场面多次在我的记忆中重现。那天学生们帮我举行生日庆贺，张锐是组织者之一。其实，孩子们当时误以为是我的生日，而那天根本不是我的生日。很长一段时间里，我一直对学生保密，不说我的生日。

前几天我给张锐说出我真实的生日时，他说："其实，那天是不是你的生日不要紧，关键是我们要找个理由向你表达敬意，让你开心。"

是呀，有了孩子们带给我的感动，我每天都有着生日般的开心。

吴涛：柔弱而坚强

乐山是我的"第二故乡"，我在这里生活和工作了很多年。寒假回到乐山，和一些多年前的学生聚会，总会勾起我许多记忆。看着他们就想到我的青春岁月，想到我刚参加工作那几年的点点滴滴。这几天，我在看老照片的时候，发黄照片上那一张张稚气的面孔，让我情不自禁地回到了二三十年前的情景中，也自然而然地遐想，这些孩子现在在哪儿呢？算起来，他们已经四十上下，他们在做什么呢？孩子多大了？等等。

其中可爱的吴涛又勾起了我的回忆。

"吴涛"这个名字很普通。我估计，在中国大概有成千上万的人都叫"吴涛"。就这么个普通的名字，却给我留下一个很深的印象。刚才，我出门疾走健身——假期里，我每天早晨都要走一个小时的路，我在岷江边走着，脑海里还想着这个班当年的情景，还想着吴涛的形象。我用手机上网，给吴涛留言："我要写一篇你小时候的博文，让你的女儿看看她妈妈当年的模样！"

也许是因为当时我还年轻，对这个班的记忆我真的是非常清晰。我还记得第一眼见到吴涛的情景。那是1984年8月31日，我迎来了我从教所带的第二个班。那天是新生报到，我坐在教室门口的一张课桌前，迎接陆续到来的新同学们。

不一会儿，一位母亲牵着一个小女孩来了。我笑眯眯地问：“叫什么名字啊？”小女孩有些害羞，小声说：“吴涛。”我这才专注地看了看吴涛，真是一个漂亮的小姑娘！个儿小小的，鹅蛋脸，眼睛特别大特别大，而且还特别亮，双眼皮很宽，眼睫毛很长，浓密的头发梳成两个长辫子挂在脑后（这个记忆我没有把握，吴涛刚进初中好像是小辫子，但后来吴涛的头发是在脑后扎成一个马尾巴）。

她妈妈对我说：“我这女儿成绩很好，在暑假里已经把初中第一册数学自学完了！”听妈妈夸自己，吴涛不好意思了，红着脸不要妈妈说。

但妈妈继续说，不过放低了声音：“李老师，她年龄小，胆子小，不要安排她当班干部……”吴涛一听，使劲地推她妈妈，想把妈妈推开。写到这里，我眼前都还浮现出娇小的吴涛憋着劲推妈妈的样子。

吴涛是班上年龄最小的同学之一。这个班的学生大多是71年和72年的，而吴涛是1973年5月9日——顺便炫耀一下，我教过的学生，特别是80年代我年轻时候教过的学生，他们的生日我大多都记得，不过，现在我有点不自信了，因为吴涛和程桦都是1973年5月的，一个是5月9日，一个是5月20日，好像吴涛比程桦大十来天；也许我刚好说反了。不管怎样，反正吴涛是1973年5月的，反正她是班上年龄最小的孩子。因为年纪小，吴涛的个子也最小，矮矮的，每次集会排队，她都是站第一排，在教室里的座位当然也是第一排。这个“纪录”，一直到初三毕业，吴涛都保持着。

班上个子小的显然不止吴涛，比如鲁明、汪皓，还有男生梁汉明、邹勋、谈俊彦也是矮个儿，都坐第一排。这三个男生都是超级顽皮，邹勋后来转走了，留下梁汉明和谈俊彦，而吴涛就“不幸”和梁汉明、谈俊彦先后同桌。尤其那谈俊彦，堪称顽童中的“出类拔萃”者，可以说是没有一刻不在动，坐在课堂上给人的感觉是他屁股下有钉子，老也坐不稳。一下课就挥舞着扫帚见人就打，女生们常常被他撵得鸡飞狗跳。有一次我去谈俊彦家家访，对他父亲说起谈俊彦的顽皮，他父亲说：“他不算什么，比我小时候差远了，我小时候天上都是脚板印呢！”可怜的吴涛摊上这么一个“同桌的他”，常常被欺负那简直就是家常便饭了。吴涛好静，谈俊彦喜动，换了个人，早就找我告状了，可善良温柔的吴涛从没找我告过状。她实在忍无可忍了，最气愤的表示便是对着谈俊彦狠狠地瞪几眼，然后又埋头写自己的作业。吴涛就是以自己的温和，和班上每一位同学都和睦相处，同时也赢得了同学们的尊敬。

是的，是“尊敬”，吴涛没有理由不被同学们尊敬。因为她特别善良，特别愿意为同学们服务，只要是集体的事，她都愿意挑在肩上。每次评三好生，同学们都选她，品德和成绩都没问题，可就是体育成绩有时候不达标，因为吴涛比别人小一两岁啊！但记得有一次开运动会，为了给班上争光，吴涛居然报了女子长跑，看着她弱小的身子在田径场上一圈一圈地奔跑，所有同学都为她鼓掌。吴涛的学习成绩更是拔尖，而且不偏科，无论数理化还是语文外语，她都学得很棒。让同学们佩服的，还有吴涛那手漂亮的字，简直和吴涛一样漂亮！教室后面的黑板报上，常常有吴涛美丽的粉笔字。1986 年 9 月 10 日教师节那天，吴涛的手抄报一贴出来，便引起了轰动。我为这张手抄报拍了一张照片，至今珍藏着。

吴涛成绩好，但绝不像现在有的所谓“尖子生”那样自私，生怕别人超过自己。吴涛很爱帮助同学学习，课间常常看见她给同学讲题目。她还曾在班会上给同学们讲学习方法。记得当时班上的同学轮流办《班级日报》，有一次吴涛贴出的《班级日报》上就有一篇《怎样解几何题》。她性格文静，不属于那种特别活泼的女孩，更多的时候是表现出一种腼腆与羞涩。我鼓励她战胜自己，锻炼自己的能力。于是她主动参与班上的各种活动。比如，在一次主题班会“思想节”上，她参加演说:“我想谈谈生活中‘小草’与‘大树’的关系问题……”滔滔不绝，让我和同学们刮目相看。

吴涛性格温和，看似柔弱，但内心深处却有一种坚强与志向。进初中第一天，她妈妈对我说不要让她当干部，可是到了初三，小小吴涛居然主动自荐参加竞选班长。为此，她和另一位竞选者程桦召开了模拟的“记者招待会”，回答同学们的各种提问。面对同学们排炮般的提问，吴涛落落大方，思维敏捷，沉着冷静，从容应对。记得当时我也提了一个问题:“我知道你的妈妈并不赞成你当干部，如果这次竞选成功，妈妈会支持你吗？”吴涛当时略一思考，回答说:“妈妈当初是担心我学习受影响，但现在我已经用自己的学习成绩消除了妈妈的担心，而且我是为同学服务，培养能力，妈妈会理解我的，也会支持我的。”最后，吴涛和程桦都被同学们选为班长。

吴涛当上班长不久，我妹妹生病住院，同学们知道后都非常着急。于是他们在吴涛的组织下，决定去医院看我妹妹。后来我知道，吴涛召集开了一个秘密会议，决定第二天让同学们每人从家里拿一个鸡蛋或苹果什么的，凑成慰问品，然后中午去医院。放学后，我刚离开教室，吴涛就对全班同学宣布了这件事。

第二天，吴涛的提兜里早已有了二十来个鸡蛋，还有一些水果。一贯调皮捣蛋的谈俊彦出人意料地拿了 12 个鸡蛋来！陆续来的同学一个个从身上各个部位变戏法似的掏出鸡蛋、水果。

那天学校在市中心广场开运动会，下午放学比较早。一放学，吴涛就背着我和同学们跑到了医院，到我妹妹的病床前，匆匆把各种慰问品放在我妹妹病房，问候了几句，便匆匆离去了——他们都怕我去医院碰着他们。

后来，我走进病房，妹妹给我说学生们刚走，她非常感动。我当时也感动极了，觉得我的学生是世界上最好的孩子。

毕业前夕，也就是 1987 年 5 月，大兴安岭火灾的消息传到我们班，还不用我动员，同学们就行动起来了。班长吴涛和程桦代表我们班率先在校园贴出了一份倡议书，倡议全校师生为扑灭大兴安岭火灾做出自己力所能及的贡献。在那次活动中，我班采取无记名方式捐款，所捐金额居全校第一。

有时看着吴涛我就想，要是我以后有这么漂亮聪明的女儿就好了。1987 年春天，我爱人怀孕了，去检查是一个女孩。我当时就想，女孩多好呀！如果这个女儿像吴涛一样可爱就更好了！嘿，结果年底，女儿出生，果真漂亮！记得当时爱人从医院回来时，吴涛和几个同学听说了，赶紧跑到我家里，看只有几天大的小宝宝。随着女儿长大，她果真像吴涛一样漂亮而聪明。

后来吴涛升入高中，我继续担任她的班主任和语文老师。但进入高二，学校文理分班，吴涛离开了我班。虽然不在我班了，但都在一个校园，所以在我的心中，吴涛和其他到理科班去的孩子依然是我班的学生。1989 年 1 月 25 日，学校放寒假第一天，我就带着一群学生向峨眉山进发了，开始了我们的风雪峨眉山之旅。在我们的队伍中，就有小吴涛和她在理科班的同学段晓群（好像是这个名字，但愿我没记错）。

多次游峨眉山，我和学生们对山上景色已十分熟悉，所以，一路上，大家谈论说笑多是风景以外的话题。一过息心所，山路上积雪渐多。石阶上、树上和草丛中，到处都是星星点点的积雪，使眼前的一切都勾勒着细细的银边。很少见雪的学生们，见到哪怕是一丝雪的踪迹，都要兴奋地互相通报："呀！雪！""看，多美！"山路由一级一级的石阶砌成，每一级石阶上面都积着雪，而石阶侧面则没有雪，这样，由近往远看去，蜿蜒的山路黑白相间，宛如一排钢琴的琴键；而我们走在上面，发出"沙沙"的脚步声，就是在演奏着柔和的《峨眉山冬之曲》！

徒步登上峨眉山，即使在夏天也需要两天，何况那时是冬天。大雪几乎把所有的山路覆盖。于是，我们只好从路边的农民手中买来为登山特制的铁钉鞋，把它套在脚上。这种鞋，实际上是铁爪，一走路，铁钉就刺进雪地，走起路来自然就不会滑了。吴涛虽然看似弱小，可她有着内在的坚韧，硬是和我们一步一步在雪地上艰难地攀登着。

继续向山顶进发，雪已经停了，眼前的峨眉山，简直就是一个巨大无比的玉雕！路旁的草丛，成了玲珑剔透的水晶珊瑚；高大的树木，披上了厚厚一层棉絮，随着树叶的不同形状，枝头的积雪也呈现出不同的奇特造型：有的像胖乎乎的弥勒佛，有的像毛茸茸的狮子狗，有的像晶球，有的像玉扇……远近的山峰都在积雪的覆盖下呈现出一派庄严肃穆的洁白。此时的山路，"钢琴琴键"已经变成了儿童乐园里的"滑梯"。在洗象池，本来有一段石阶路又直又长，现在，在厚雪的覆盖下，这条路成了光滑无比的陡坡。我们一行人走到这里，觉得实在不应该放弃对这天然滑梯的享受。于是，我们找来了一个破筲箕准备坐在里面，从上面滑下。开始学生们不敢往下滑，我便先试探着滑了一次，确认安全之后，吴涛和其他孩子便一一坐着那破筲箕开始顺坡而滑。坐在筲箕里的感觉真是妙不可言：身下的筲箕平稳而急速地下滑，耳边的风声呼呼地响着，眼前的树木飞快地掠过，整个感觉像飞翔又像在下沉，像驾驶冲浪的游艇，又像骑上下山的猛虎。一时间，洗象池一带热闹非凡。我和学生们的欢呼声在山谷间回荡，树上被震落的积雪纷纷扬扬地飘落下来……

记得当时我们在峨眉山住了一夜，是在雷洞坪住的，这是一座不大的寺庙。我们在庙内围着火炉，聊着天，记得当时有一位北京来的年轻人，和我一般大，也住在庙内。我们开怀聊了起来，1989年年初，中国的改革已经走到关键时刻，各种思想风起云涌，激荡着不安的中国。我们聊着，吴涛和段晓群也坐在旁边和我们一起烤火，她俩可能听不懂，但依然静静地听着。

再后来，吴涛高中毕业考上了重点大学，我调到成都工作了。她和同学曾到我学校看过我。刚到成都，我还是一个人，重新过上了单身汉的生活。一次吴涛和林玲来看我，还特意买了一条围裙送给我，说“要看看李老师系着围裙在厨房的倩影”。

后来联系就渐渐少了。等到再见面，已经是2006年7月，我和女儿到深圳，吴涛来看我，不过她不是一个人，而是带来了她四五岁的女儿。我不由得感慨，哎呀，在我心目中，吴涛还是一个天真可爱的小女孩呢，可现在居然也有一个和她当年一样漂亮的小女孩了！仔细一想，吴涛已经三十多岁了，当妈妈那不很正常嘛！只是在我的心目中，吴涛一直是那个鹅蛋脸、大眼睛、双眼皮、长睫毛、小个子的小姑娘。吴涛见了我女儿，我对她说，当年我就想我女儿像你呢，吴涛听了笑了。她女儿非常可爱，吴涛让她唱歌，她大大方方地唱了起来，唱了几句，突然停下，跑到洗手间拿了一个牙刷出来，握着那牙刷放在嘴边继续唱——噢，原来人家是要“话筒”啊！我们都笑了。我想，吴涛几岁的时候是不是也这样呢？

吴涛是我从教三十年所教过的天赋很高同时教养也很好的孩子之一。我这里强调她的天赋就想说明，吴涛的优秀不是我教出来的。她只是偶然——也许叫缘分吧——分到我班上。她的优秀首先是或者说主要是她爸爸妈妈家庭教育的结果。所以我经常对一些老师说：“不要以为优生是你教出来的！”她的聪明显然首先是源于她的遗传基因，而她的教养则首先来自她爸爸妈妈从小对她的教育。写到这里，我想到最近我常常在外面讲学时说的一句话：“学校教育很重要，但无论多么重要，也只是家庭教育的重要补充。”我这里不是贬低学校教育，我也承认可能——我说的是“可能”——在做人的一些道理上，我的教育对吴涛有一些潜移默化的影响，比如她就多次说过，我对她最大的影响是培养她的能力，让她由胆小变得大方起来。但即使真有一点影响，也不及她父母对她的影响。所以，现在年轻的爸爸妈妈们，要想自己的孩子优秀，千万不要把一切都寄希望于或者都“推给”学校。要知道，你现在的一言一行，就决定着孩子的未来。到了小学中学，你再希望学校老师怎么样怎么样，已经晚啦！

扯远了，回到吴涛的话题上。我今天写吴涛，纯粹是因为前几天学生聚会，自然产生了联想，联想到没来的学生。其实，我所有的学生都值得我想念。读者们可能已经注意到，我最近写学生，都没有说过他们现在是做什么的。我是有意回避这一点。不是我的学生现在“混得不好”，相反，我的不少学生按世俗的眼光看，还很不错呢，有教授，有老总。当然更多的是普通劳动者，但是在我看来，过去的学生，无论现在地位显赫，还是默默无闻，只要他善良正直勤劳，就永远是我优秀的学生。

只是，每次和学生们聚会，每次翻开发黄的教育故事和老照片，我都顿生时间飞逝岁月沧桑的感慨。当年我教这批学生的时候，不过二十多岁，现在他们的年龄早已超过我当年教他们的年龄，而他们的孩子都已经读小学读中学，见了我都叫爷爷了。我们每一天都在书写自己的历史，每一天都在给未来留下足迹，每一刻都在学生心中留下温馨的记忆。一代又一代的青春轮流璀璨，一轮又一轮生命交替辉煌。人生就是这样。在我们渴望长大的时候，我们已经老了；在我们回望历史的时候，我们已经走进了历史。但是，还是那句老话，只要和童心为伴，与青春同行，我们就获得了永恒的年轻。

这篇信马由缰的文字是从昨天（兔年除夕）开始写的，断断续续，一边写一边想，晚上看春晚，也一边看节目，一边写吴涛。今天早晨睡了个懒觉，起来后又继续写。从兔年除夕写到龙年正月初一，我已经不是在写一个吴涛了，而是在写我的青春。当然，也写下我的祝福——

祝福吴涛，祝福吴涛的同学们，祝福我所有的学生们！祝福吴涛的孩子，祝福我所有学生的孩子们！

董洁：大智若愚

到深圳讲学的前一天晚上见到董洁，我为董洁不能听我的报告而遗憾：“我特意为你准备了好多故事呢！我就想当着你的面讲给老师们听呢！”董洁说：“是呀，很遗憾！我明天有很重要的事，是早就定好了的，实在不能来听李老师的报告，所以我今晚一定要来看李老师的。”

我拿出当年董洁这个班的许多老照片，并结合照片回忆着当年的故事，董洁说：“李老师给我们留下这么多的照片，让我们有了太多的记忆了。”

听他这么一说，我马上说：“我现在还记得1984年9月1日开学第一天你就生病住院了，那天下午放了学，我和同学们还特意到医院病房看你呢！”

他说：“是的是的。李老师记性真好！”

简单的几句话，让我一下子回到了28年前那个傍晚。开学第一天我就发现少了一个孩子。当我得知这个叫董洁的孩子生病住院后，就组织同学们下午放学去看，一方面当然是要给董洁送去新集体的温暖，让他不寂寞，让他感到这个新集体的同学们是多么牵挂他；另一方面，我要把董洁生病这件事当作一次教育契机，当作对刚进初中的孩子进行集体主义的启蒙教育。

28年过去了，我现在都还记得起当我们走进病房时，董洁从病床上欠起身来的样子。

我说：“时间真快呀！一晃快三十年了。”

董洁说：“是呀！我都四十岁了。”

我心里略一盘算，说：“不对，你还没到四十呢！我记得你是1972年12月26日出生的。”

他无比惊讶：“哎呀，李老师的记性真好！是的。这不也快了嘛！还有一个多月。”

董洁是这样的孩子：性格温和，为人柔顺，聪慧颖悟，善良朴实，成绩优秀；笑起来有些憨憨的，但其实他智商很高，典型的大智若愚。我把他从初中教到高中，很难找到机会批评他。在一些“新潮”的“教育家”看来，这种孩子“太听话”，是不会有出息的。但我早就说过，我们的一些“教育理论”总是自以为是，似是而非。其实，无论哪个类型的学生，都可以找到“有出息”或“没出息”的例子。多年前，我写过一篇《质疑所谓“第十名现象”》，我说“教育哪有那么简单”！眼前的董洁，不一样有出息吗？他在他的职业领域，也颇有成就呢。

我和董洁一边聊过去的同学，还有许多趣事，一边把老照片从电脑中调出来给他看：他刚进初中时稚气可爱的样子，专心致志看女排夺冠电视转播的专注神情，游泳池边光着身子歪着脑袋的模样……

董洁感慨：“李老师，你给我们留下这么多的照片，也留下了这么多有意思的回忆！”

我特意把他们这个班的班级史册《未来》带来了。发黄的纸张上一篇篇当年的文字，让我们都回到了80年代。我说：“现在给班级出本书已经不稀罕了，而且现在的学生集子大多印刷精美，彩色照片，铜版纸……但说实话，还是我们这本蜡纸刻写、油印的书更有味道。”

董洁说：“是的是的！有一种历史的沧桑感。”

我翻看着，看到当年董洁给我的留言：“李老师，我相信，你的事业是会成功的！”不禁笑了。

初中毕业时，我带着董洁等孩子一起到重庆、云南、贵州一带旅游。重庆歌乐山、黄果树瀑布、滇池、石林……都留下我们的脚印。我指着一张照片说：“你看你那时多可爱！”这是我和董洁在黄果树瀑布前的合影，我搂着瘦小的他。

董洁特意带了相机，要和我合影。但没人给我们照，怎么办？他决定自拍。于是我们在房间里忙碌起来，选角度，调相机，找几本书垫在相机下面……然后他按动快门，赶紧跑过来挨着我坐在床头。

看着相机里的自拍合影，我又笑了：当年在黄果树瀑布前，我的手搭在董洁肩上护着他；现在董洁长大了，我老了，他把手搭在我的肩上，好像也想护着我。

荣建：守住内心的纯真与纯正

2012 年 4 月，在北京举行的“李镇西从教三十周年学术研讨会”上，我的初 87 届一班的学生荣建也来到现场做了一个发言。

在他发言之前，我先说了几句话：“刚才主持人介绍荣建是教授，是博导，是什么研究中心主任，我听着觉得很好笑，荣建，不就是那个小男孩吗？什么教授博导和他有什么关系？是的，在我心中，荣建一直是个可爱的小男孩的形象。同样，我相信，荣建来到这个会场，也会很吃惊或者说不适应，他会感到什么‘著名专家’之类称号怎么会和李老师有联系呢？在他的心目中，李老师就是李老师。因此，不管现在我有多么耀眼的荣誉，不管荣建有多么显赫的头衔，我和荣建就是最单纯的师生关系。”

是的，百度上的荣建有许多头衔：北京工业大学教授、博士生导师，北京工业大学交通研究中心主任，北京交通工程学会常务理事兼副秘书长，建设部市政公用行业专家委员会城市交通（公共交通）专家组成员，第 29 届奥林匹克运动会组织委员会委员，中国交通运输学会交通与物流科学研究分会常务理事，中国土木工程学会市政工程分会道路与交通工程委员会副主任委员，北京市城市交通北京技术转移中心指导委员会委员，北京城市规划学会理事，中国交通运输系统工程学会理事，《中国交通工程》杂志副主编……但在我的心中，他好像永远都是天真可爱的小男孩，这些头衔和他有什么关系？

我说：“荣建好像是 1972 年 3 月 26 日出生的……”荣建点头认可。我的话音刚落，下面老师们就鼓起了掌。我理解，他们是惊讶于我的记忆力之好。其实，那时候我年轻，记忆力当然好，但更重要的是每一届学生在三年中，我每一年都要给他们赠送生日礼物，自然会记得他们的生日。我又说：“我现在都还清楚地记得 1984 年 8 月 31 日新生报名的那一天，荣建是一个人来报名的。当时我看到许多同学都是爸爸妈妈陪着来报名的，而只有荣建是一个人来报名的，他又是那么瘦小，我当时是很感动的。便问他，为什么是一个人来，他说妈妈是盲人，爸爸在外地，所以就一个人来报名了。我问他家里还有哪些人，他说还有两个姐姐。荣建的家住得很远，住在城外岷江对面，当时荣建却是一个人走到学校的。这给我留下了很深刻的印象，所以至今记得。当时的荣建是一个很温顺很腼腆的同学，我印象中，好像从没批评过他，是吧，荣建？”

荣建说：“是的，我也不记得李老师批评过我。”

“荣建当时非常秀气，有点女孩的特点，许多女孩玩的东西他都会，比如踢毽子。当时他还没变声，声音特别稚嫩，唱歌特别好听，所以这个班那时候唱一休哥的歌，其中有一句‘噢，噢，开动脑筋噢——’就特别请荣建唱。还有一件事，刚进校第一学期，学校开运动会，别看荣建很小，可他体质不错，主动报名参加短跑比赛。运动会开幕前几天，他利用放学后的时间在校园练习跑步，结果有一天因为他练跑太投入，头撞着单杠了，整个脸都肿了。这里，我还保存着荣建当年的照片，大家可以看看……”

我一边说，一边在投影仪上展示一张张荣建当年的照片，大屏幕上的少年和眼前富有学者风度的教授同时出现，让人感到了穿越。

荣建开始他朴素的讲话，谈当年的我留给他的记忆。荣建的性格比较理性，所以他的发言没那么多的“激情”，但很真实。他的发言提纲如下——

1. 跟老师是正常的师生关系：既不是成绩最好的学生，也不是最有特长的学生，但我觉得我的成长很自由。李老师就是我心目中班主任应该有的样子。

2. 语文学习不用复习：朗读，报告新闻，组织歌咏比赛，办未来班班报，印象中没有现在意义的复习，更没有题海，而考试总是能应付得不错。

3. 班训：正直、团结、勤奋、创造，至今仍然记得很清楚。还有谷建芬老师谱曲的班歌《唱着歌儿向未来》。

4. 李老师是“单身汉”：有大量的时间在班上，每天20分钟的读报课，我们听了很多书，《爱的教育》《钢铁是怎样炼成的》《敌后游击队》、报告文学；春游。

5. 李老师培养民主意识：少年文学社，攀谈社；民选班干部。

6. 我记得清楚的事情，更多是做人、做事的道理，语文知识记得的不多了："你有你的好，我有我的好"，"卑鄙是卑鄙者的通行证，高尚是高尚者的墓志铭"。

晚上，程桦也来陪我一起吃饭。我很久没见程桦了，他一进来我真还没认出来，我直说"长胖了长胖了"。程桦来晚了，我们都快要离席了，所以他只能吃残羹剩饭了。程桦天赋很高，语文特别好，但他在高一便迷上了计算机。所以，他现在在一家外资公司做计算机软件开发工作。关于程桦当年的故事，我已经写有很多文字，这里不再赘述。

吃完饭，我请他俩到我房间。路上我问程桦身体现在如何，他说很好呀，我说你那时不是经常哮喘吗，他吃惊："啊？李老师居然还记得我曾经有支气管炎，记性太好了。"

在我房间，我先打开了那段时间我抢救出来的当年的声音，随便点开一个文件，是一个男孩正在说话，我们都不知道是谁，不过我们都肯定不是程桦或荣建，但听着听着，我听出来了，这是当时竞选班长的实况录音，我大叫："这就是程桦的声音嘛！"程桦也惊叫："哎呀，简直想不到，想不到！不像我现在的声音。"

我问荣建是什么时候评为教授的，他说是2004年，我和程桦都说很早啊，才32岁。我问，你怎么这么快就评为教授呢？他说是因为他的博士论文的主要内容后来取得了科研成功，获得了国家科技进步二等奖。我又问："我现在感到高校学术腐败很严重，你在高校，你说是不是很严重啊？"他肯定地点头："的确很严重！"于是他给我说了很多内幕……程桦说："现在的腐败已经无处不在了！太可怕了！"我说："这还不是最可怕的，最可怕的是，大家都认为这一切是正常的！"

欣慰的是，在这样的环境中，荣建面对许多"潜规则"，还能够守住内心的良知，守住正直，虽然他因此也失去了不少。他说这些话很朴素很平淡，但我相信他说的是真话，因为凭我对他本质的了解，我相信他能够守住内心的纯真与纯正。

洪哥：亲如兄弟的师生情

那年去广州，和杨嵩郑洁夫妇一起吃饭时，我就说想见李崇洪——当时在班上，大家都叫他“洪哥”。杨嵩说李崇洪也想来见我，但他在深圳海关工作，实在走不开。一晃过去五六年了，这次我去深圳讲学，就想到洪哥了。给他联系，邀请他来听我讲座，他说：“一定去一定去，好多年没见李老师了，这次一定要见见！”的确“好多年”了——1990 年我把他们这个班送毕业，22 年过去了，我们真还没见过面呢！不过，我倒是常常想起洪哥。

第一次见到洪哥，他给我的印象有二,一是个子高，二是体形瘦。我记得他来自农村，从当时的穿着看，他家里比较贫困。但他不但没有遭到同学们的冷眼相看，相反赢得了大家的尊敬。这不光是因为他成绩好，尤其是数学很棒，更因为他特别善良，脾气好，热心助人。这样的同学，自然用现在的话来说，就是“人气高”。

毕业前夕，刘驰写过一篇言语调侃、叙述夸张但感情绝对真诚的文章，记载洪哥的许多逸事。我现在摘录片段如下——

李崇洪本诨名“洪哥”，但我更愿意叫他“红哥”，一个红得发紫的“红哥”。

……他的学习也够红的。那是一个夏日之夜，学校熄灯已多时，我因感肚子不适，便上厕所去走了一遭。刚到门口，一阵清脆的肉与肉相撞击、拍打的声音便跳入耳里。进去一瞧，哟！可不得了。“红哥”全身上下只披挂着一件短衫，一条短裤，一双拖鞋，站在厕所明亮的灯光下看书，一只手不停地在身体各裸露部位拍打着，抵御着蚊子大军的进攻。抬头见是我，那笑便挂在脸上了，说：“看看历史书。烦得很，蚊子多了点，味道也不对。”每晚忍着厕所臭气，抵御着蚊子的骚扰，他的成绩一天赛一天地“红”

了起来，长时间名列前茅。

咱“红哥”自身挺红，待同学，对集体也不含糊。他的心红似火。真正做到了“对待同志如春天般温暖，对待工作如夏天般火热”。哪位要是有了难事，找“红哥”准保没错，靠得住！要是哪位违反纪律，不听号令，那么这位当室长兼体育委员的“红哥”，也坚持原则，准保使您黑榜题名。每天晚自习下课，“红哥”准保是最后一个离去，唱着那经过他加工处理的抒情歌曲，扭着那变化多端的迪斯科，将一扇扇窗户关好，将教室前后门上锁，然后一溜烟地下得楼来。因此，大家都拥护他，爱戴他，他也一次次被全班同学选为三好学生、优秀干部。

在我的记忆里，我和这个班的学生——特别是男生的关系，简直可以用“铁哥们”来表述。记得高二高三的时候，我担心学生课间肚子饿，便在每天的课间操为他们买烧饼，全班每个学生一个。男生们很是开心，于是，在一次课间洪哥和一群男生把我托起来往上抛，并伴随着阵阵欢呼声，好像我是奥运夺冠凯旋的英雄。

但洪哥也有“可恶”的时候。我班当时设立了“玩笑节”——其实就是可以互相开玩笑甚至恶作剧。有一次“玩笑节”我带他们去郊游，路上我和几个男生狂打，在地上滚成一团。关于详情，班上的一女生杨建，曾写过一篇《我们的玩笑节》，她这样记录道——

高二（1）班五十八位同学，却有着五十九肚子“坏水”——因为还有一位“永远长不大”的班主任。

星期六下午，“玩笑节”正式开始。天公也作美，春光融融。全班同学渡河到了美丽的太阳岛。刚到岛上，有人玩牌，热火朝天；有人品茶，悠闲自得；有人欣赏音乐，神情怡然；还有的忙着放风筝，天真烂漫……

但以李老师等人为一方，以杨嵩等人为另一方的两帮人马却各自心怀鬼胎，酝酿着一场“阳光下的罪恶”。他们用眼神和各种微妙的手势向“自己人”传递着旁人难以知晓的信息，脸上的表情故作镇定而又高深莫测。

果然，就在大家歌舞升平之际，岛上突然杀声四起。我惊讶地抬起头，只见杀声中男生们已兵分两路。其中一路是杨嵩打头，他拼命地摆动双臂向前飞奔，活脱脱一支离弦的箭。后面另一群同样姿势的男生在李老师的带领下正边追边嚷："抓住他！"

正看得起劲，忽然又听一阵欢呼，我忙扭头一看，原来几个男生已将杨嵩手下的一员大将李崇洪掀翻在地。正竭力追赶杨嵩的李老师见状，立即抽身返回。霎时间，李崇洪被男生围了个水泄不通。我们一群闻声赶上来围观的女生只能看见两只已没了鞋的脚在拼命地又踢又蹬。很快，袜子被踢破了，脚丫子从袜子的破洞口钻出来，粘满了泥沙。人群中心传出李崇洪不住的哀叫："哎哟！放开我！哎哟！烦得很！……"

仿佛有人指挥，"轰"的一声，男生女生都笑着散开了。李崇洪立即从地上坐了起来，拂拂脸上的泥沙，拍拍身上的杂草，无限委屈地清理着自己的破袜子。他想站起来，两只脚却被死死地捆在一起。他只好蹲也不是坐也不是地原地不动，真是狼狈极了！同学们都被他这个滑稽的造型，逗得哈哈大笑。

远处，脱逃的杨嵩、王英浩一定被李崇洪的"下场"吓住了吧？确实，这突然的一幕大出女生们的意料。因为按我们先前的估计，李老师会挨男生们一顿饱打，我们甚至还暗暗决定在他"生命垂危"的关头帮他一次。不想，这顷刻之间，他竟将全班大多数男生招到自己麾下！嗯，毕竟"姜还是老的辣"啊！

这时，杨嵩从远处走过来，好像请求和李老师谈判。李老师当即同意，过去把他揽在自己的怀里，看似亲密无间地大步走了过来。仔细一看，他们两人的表情大不相同：杨嵩走得僵硬，目光严峻，一脸悲壮，似在沉思；李老师则大摇大摆，左顾右盼，扬扬得意，趾高气扬！

走近了，李老师手下的几个"喽啰"冲上去把杨嵩的两只手扳背后捆了起来。此刻的杨嵩面不改色心不跳，神色凛然地走上一个高坡，然后，慷慨激昂地向所有人发表演说，他不愧是学生会主席，说话很富有煽动性，他说："我早知我会被暗算的，但我不怕！总有一天我会报仇的！"又说："同学们应分清是非，站在正义的一边！不要上了某些老奸巨猾的人的当！"等等。

遗憾的是，听众们却无动于衷，无人响应。大家都当是在看他演小品。

直到李老师觉得杨嵩实在是太可怜了，才使了一个眼色，于是，几个

“喽啰”便把杨嵩的手解开了。

“下一个目标——捉拿王英浩！”李老师手臂一挥，一群男生又向远远躲在江边竹林里的王英浩冲去了……

杨建写的是在郊外的事，但较量并未结束。回到学校后的一天，我记得那是一个中午，洪哥跑到我家里，说“班上出事了”。我急匆匆跟着他来到班上，结果被杨嵩、王英浩等一群男生死死按在桌上，用胶布把我的嘴贴上封条……显然是“无耻的报复”！他们还把我当“战利品”合影，气死我了！但现在想起来，还是挺美好的。想想，全中国，能够享受这种待遇的老师，空前绝后，绝对只有我一个人了。

不得不说到那次冬天的峨眉山之行。1989 年 1 月 25 日，也就是放寒假的第一天，我带着包括洪哥在内的一群学生向峨眉山进发。在一片积雪齐膝的空旷地上，我和学生兴奋地扑在地上打滚。我们还睡在地上，用自己的身体摆成“一班”的造型（因为我们是高 90 届一班）。我和几个同学摆“班”字，因为洪哥个子最高，我们推举他摆“一”，他欣然同意，而且睡在地上时还特地把脚尖微微跷起，说“这样显得有笔锋”。

于是一张经典照片就这样诞生了。

可是，照完这张照片我正准备从地上爬起来时，突然，仿佛有人指挥似的，洪哥等人猛然向我冲来，扭胳膊的扭胳膊，按腿的按腿，硬是把我死死地压在了雪地上！“你们要干什么？”我知道自己惨遭暗算了。他们什么也不说，只是一个劲地把雪往我身上盖，还往我嘴里塞——他们居然要“活埋”我！

峨眉山的记忆当然不只是我们在雪地上摆“一班”，还有我们从峰顶坐着撮箕顺着山坡往下滑，还有我们以玉树琼枝为背景做出各种雕塑的造型，还有我们打雪仗……记得下山的时候，学生们又和我狂起来了：“其实，李老师牺牲了才有意思！”“那我们今天就在峨眉山举行隆重的葬礼！”说着说着，他们真的来劲了：洪哥等人又把我掀翻在地，还未等我爬起来，其余的学生立即在我身边围成一圈，呈低头默哀状，杨嵩拿起相机极为敏捷地“咔嚓”了一声……

从此，我的影集里多了一张“向李老师遗体告别”的“历史镜头”。

2012年11月，我和李崇洪在深圳

写到这里，眼前浮现出23年前峨眉山的一幕幕欢乐的场景，我的心里无比温暖。

我的相册里，还有一张男女同学之间拔河的照片。照片上，洪哥在最前面双手拉绳，嘴巴大张，一副豁出去了的样子。男生怎么和女生拔河呢？原来我们班是文科班，男生只有十几位，其余全是女生。但男生当时志在必得。最后当然赢了，但赢得非常狼狈。是这样的，我知道女生虽然人多，但肯定是拉不过男生的，便事先悄悄告诉女生："等他们使劲拉的时候，你们一起松手放开绳子。"女生们果然照我说的去做。结果，当男生使劲拉的时候，突然全体仰面倒在地上，"哈哈哈！"女生们全都笑了起来。

这样的记忆还有很多很多。真希望时光倒流，回到那可爱的班级生活……

这次深圳的报告本来是上午九点开始，可洪哥八点过一点就到我房间了。他走进来的时候，我第一个反应是"长胖了"。其实也不是很胖，只是当年他实在是太瘦了。1990年他高中毕业后，就再也没见过我。但我知道他后来大学学的是日语，毕业后分在深圳海关工作。

他握着我的手，说："李老师，我昨晚失眠了，老想着高中时你教我们的许多往事！"

他回忆说："我记得最清楚的，是李老师每天早晨都和我们一起跑步锻炼，那时候没有老师这样做。"他还说："李老师对我最大的影响，是锻炼我的口才。我以前很胆小，根本不敢对着全班同学说话，但李老师那时的语文课，常常锻炼我们的口头表达能力。后来我慢慢地就越来越会说了。"

几个学生陪着我来到会场，洪哥帮我提着包，拿着相机，因为人多，他还处处护着我。付饶和吴涛笑了："李崇洪最适合做李老师的秘书了。"

我也笑了："而且还兼保镖！"

在我做报告的过程中，洪哥时不时举起相机为我拍照，我后来发到博客上演讲的照片，都是他拍的。

当那张著名的"一班"照片打在显示屏上时，全场都被震撼了。我说："这个'一'字今天也来到了现场，他就是李崇洪！"李崇洪站了起来，转身向大家鞠躬，这对所有老师来说，算是一个惊喜，大家热烈鼓掌！

时间太短，我吃了午饭就得离开深圳了。几个学生陪我吃午饭。洪哥不停地说："怎么不多待一点时间嘛！下次你来深圳，一定要多留着点时间，我陪你玩玩。我还要让我儿子来听你的讲座。"

吴涛开车送我去机场的路上，我接到洪哥的电话："李老师，一定一定要注意身体啊！"

晚上，我刚到家，洪哥便在网上和我聊了起来。他说他每次读我们的班级史册《花季》都流泪，但在一次回家坐船时《花季》掉进岷江了。我说不要紧，我给你复印一本寄去。他又问起当年班上几位来自农村的女生的情况，我说有的同学我也没联系了，但我一定想办法联系一下。

他发给我一段文字，是他听了我的讲座后的感想——

知道今天要见李老师，虽然上了夜班，回家还是睡不着，心情异常激动，脑中始终不停掠过高中时光的影像，李老师带着同学们跑步、郊游、读报、排节目的光景仿佛就在昨天……22年后终于见到李老师了——人老心不老，童心不泯，爱心还在！当年在乐山一中给我们上语文课的精神还在！（这一点，现在的老师望尘莫及，许多老师没心思教学生，想得更多的是怎么教多几个补习班赚钱。）22年后聆听李老师向大众讲我们当年的故事，情真意切！"他怎么精神还那么好，好像有使不完的劲！"我和吴涛听完课激动不已。李老师今天这样说的，当年他也是这样做的（当时他倡导的素质教育曾遭到许多老师的非议）。中国的教育现在问题多多！看着每天作业很多很多的儿子，我多么希望他有我一样纯真快乐的童年、少年！希望他能碰上像李老师一样的好老师！今天很多人都对我说："你们作为李老师的学生，真幸福！"是的！我们幸福了三年，受用却是一生！保重身体，我亲爱的李镇西老师！

杨嵩：在顺境中不断战胜自我

杨嵩与程桦是高中同班同学，但是，当程桦在市初中作文大赛上“激扬文字”时，杨嵩还只是本校同年级另一个班的不太懂事的“小调皮蛋”。

“小调皮蛋”的确是他给我的第一印象。本来初中我并没教他，但是初三快毕业时，教他们班的语文老师病了，于是学校便派我去给杨嵩他们班代了两个星期的课。在上课时，班上的同学都很专注，毕竟毕业考试已迫在眉睫了。但我发现最前排有一个年龄、个头看起来都和班上其他学生差一截的小男孩，表现很特别——他很少说话或干扰别人学习，但总是不停地搞小动作：不是在草稿本上画画，就是折纸飞机之类的玩意儿，或者把钢笔、圆珠笔拆了修修了拆……总之，一到上课，他就忙个不停，似乎他总有做不完的事。

我和他的班主任谈起这个小男孩，班主任说：“你说的肯定是杨嵩！这个学生脑子特别聪明，9岁就读初中。他是从上一年级因病休学降到我班上来的，现在才12岁半。他性格比较内向，不是很爱说话，就是‘阴到费’（方言，‘暗中调皮’之意）。有时，甚至上课都悄悄溜出教室玩。唉，娃儿是很精灵，但我怀疑他有‘多动症’……”

我当时想，幸好我只是代他几天课，要是我班上也摊上这么一个“阴到费”，那才够我伤心啊！

然而，几个月后，我接任高一一个新生班班主任，在我的新生名单上，“触目惊心”地印着两个字：杨嵩。

据我校一位与他同住一个院子的老师讲，杨嵩是“哭死哭活”要到我班上来的：初三毕业前夕给他们班上了几堂课，我对他印象不太好；他却对我产生了崇拜之情，说我的课讲得好，特别适合他的口味……于是，暑假里，当他得知我将担任高一班主任，而他又没有分在我班上时，他便在家一次次哭闹着纠缠其父母，要他们到学校“做工作”，希望能把他调入我班。

经过其父母的一番口舌努力，他总算如愿以偿。

而我却有些哭笑不得："唉！杨嵩啊，杨嵩……"

但有一点我是懂的，那就是杨嵩及其父母对我真诚的信任。我当时真的很感动，并在心中发誓：我一定要对得起这份沉甸甸的信任！

然而，刚进高一的杨嵩确实太调皮了：贪玩，好动，酷爱打乒乓球，每当下课铃响起，他就迫不及待地紧握球拍跃出教室向操场边的乒乓球桌冲刺。上课（至少是上我的课）也不太认真，很少参与课堂活动，从不发言，只是坐在自己位子上忙自己的"活路"。

不过，每次考试，他的分数总不会太低，毕竟他的确很聪明。

像这样的学生，我还真拿他没办法！

但是，有一次，在我的语文课上，杨嵩终于让我看到了希望。

那堂语文课，我给学生读《文汇月刊》上的一篇报告文学《16岁，在金字塔尖》。这篇报告文学写的是复旦大学少年班的事迹：年仅十二三岁的少年班孩子们，在同龄人还只知道在妈妈怀里撒娇时，他们已经把目光对准了下一个世纪的中国和世界，因而以常人难以置信的毅力克制着自己的贪玩欲望，顽强地在求知的山路上攀登着。

当时，我一边读，一边联系我班学生的实际评论着。整个教室十分安静，但我能感受到此刻全班学生的心灵都正在受到震动。其中，杨嵩的神情我至今不忘：他身子前倾着，情不自禁伸直了脖子，一动不动，两只眼睛一直凝视着我，眼里闪烁出激动的光泽……

当天放学时，平时很少主动和我说话的杨嵩找到了我："李老师……"

"什么事？"我和蔼地问。

"能不能……能不能……把，把您今天……"他欲言又止。

"哎呀！爽快些嘛！"我拍拍他的肩膀，"都是小伙子了，有什么尽管说，说错了也不要紧的。"

他的话终于连贯了起来："李老师，能不能把您今天读的那篇报告文学，借给我拿回去再看一看？"

我当然很乐意地把那本《文汇月刊》借给了他。

过了几天，他还书时，还给了我一份他写的读后感《战胜自我》："李老师，这是我写的一篇读后感，请您帮我看看。"

一向不喜欢作文的他，居然主动写了一篇“读后感”，而且写得很真诚：

“听李老师为我们读《16 岁，在金字塔尖》时，我的心灵的确受到了震撼。李老师把书借给我后，我又把这篇作品复印了一份。反复阅读，我感到的是惭愧。我 4 岁即读小学，以后不断听人说我很聪明，我也很得意，觉得自己不怎么刻苦学习，可每次考试成绩还可以。现在比比少年班的学生，我简直脸红！要说聪明，他们才是真正的神童，可是，他们没有一个有半点骄傲自满。我呢，总以为自己学得很轻松，不愿深入刻苦地钻研，贪玩，特别迷恋乒乓球。我有时也下决心控制住自己，可就是缺乏毅力。现在，我总算找到学习的榜样了！……”

在这篇文章的最后，杨嵩还主动为自己出了一个“难题”：“以前，我每天中午都是在乒乓球桌前度过的，浪费了许多宝贵的时间。现在，我决定，以后每天中午打乒乓球不得超过 1 点钟，到了 1 点钟必须进教室学习。当然，我一开始不一定能做到，但我请李老师提醒我、监督我，发现我中午 1 点钟过后还在玩乒乓球，就叫我回教室。”

我丝毫不怀疑杨嵩这个决心的真诚，但我确实担心他这是一时冲动。然而他很快就以自己的行动回答了我的担心。

有一天吃了午饭后，我在校园散步，走过操场时远远地看到杨嵩正在那边乒乓球台前厮杀。我一看表，刚好 1 点整。于是，我高声呼喊他：“杨——嵩——”

他回头看着我，好像在问：“什么事？”

我对着他扬了扬左手腕，并用右手指了指表，意思是“已经 1 点钟了”。

他明白了我的意思，有些犹豫地收起了乒乓球拍，正要离开球桌时，又高声问了我一句：“李老师——是已经过了 1 点呢，还是刚到 1 点，或者是还差几分钟到 1 点？”

我也高声对他说：“刚好 1 点整——”

于是，他立即大步向教学楼走去……

为了促使他不断战胜自己并体验战胜自己的感觉，我给他出了不少作文题：《两个自我》《一次战胜自我的经过》《灵魂的搏斗》《做自己意志的主人》等等。在我那次提醒他“刚好 1 点整”不久，他在一篇《灵魂的搏斗》的文章中，真实细腻地描写了那次他从乒乓球台走向教室的心理过程：

“当时，我是多么希望李老师回答‘还差几分钟到 1 点’啊！那样的话，我还可以多玩一会儿，因为当时我正赢着。但时间毕竟是无情的，我只好向教室走去。也许在李老师和同学们看来，当时我走得很爽快很坚决。可是，对我来讲，从操场到教室不过百米的路程，却是那么遥远，走起来又是那么艰难：我的脚很沉重，简直可以说是一步一步地挪动。当时，我是多么想回头看一看乒乓球桌啊！然而我在心里对自己说：‘千万不能回头啊！如果一回头，你可能就控制不住自己而弹回乒乓球台旁去了！不能回头，一定不能回头！’我终于走进了教室。这是一段十分痛苦的路程，却又实实在在是令我无比自豪的，因为我又一次战胜了自己。”

当我在班上朗读这篇文章时，全班同学都被杨嵩在看似微不足道的小事上所表现出来的毅力感动了！杨嵩高中毕业已经 7 年了，可是他 10 年前写的这篇作文，我至今还保存着，并经常给我后来一届又一届的学生念。

如果说，“克制打乒乓球”是杨嵩在我的引导下自己为自己出的一道“难题”的话，那么，我决定借助他这个良好的开头，继续给他出“难题”，让他在越过一个又一个难关的过程中看到自己的潜力，进而“超越自我”。

杨嵩的本性其实是比较活泼开朗的，但由于他年龄很小，因而在班上显得很幼稚而且胆小。比如，他很难在课堂上发言，更不要说在班上当众讲演了。所以比起程桦来，他各方面的能力是比较弱的。我准备就从能力培养入手，“折磨”一下他。

一天放学后，我把他请到我的家里，在高度赞扬了他最近在战胜自我方面的进步后，又同他聊起了“志向”的话题。

我说：“看来，你很佩服复旦大学少年班的同学。我认为，他们值得你学的，首先是他们都有明确的志向，即一生的奋斗目标。你想没想过自己这一生的志向呢？”

杨嵩回答：“我想过。我的理想是做一名建筑大师。”

把“志向”理解为具体的职业，虽然很认真，但确实表现出杨嵩特有的幼稚和纯真。不过我仍然满腔热情地表示赞赏：“很好！”

我进一步引导他：“当然，最后你是否真能成为一名建筑大师，除了取决于你本身的努力外，还受许多客观因素的制约。但是，有一点是可以肯定的，这就是不管今后你是不是真的成了一名建筑大师，或者阴差阳错干了别的什么行当，你这一辈子不打算过得很平庸，而希望干一番事业，是吧？”

“是的！”他很真诚地使劲点了点头，脸上呈现出与他这个年龄不相称的庄严。

“那么，你现在就应该仔细检查一下自己：为着将来大干一番事业，自己目前还缺些什么？”

我和他一起分析起来。论学习成绩，他显然是没多大问题的；论品格意志，他已经开始磨炼自己了；最后，说到能力，他感到惭愧了：“我就是不好意思做抛头露面的事，怕做不好，被同学们笑话。”

我说：“我不是给你讲过吗？不喜欢做的事，而强迫自己努力去做并且要做好，这正是战胜自己啊！”

“可是，我从哪儿入手培养自己的能力呢？”

我给他出主意：“最近班上的班委正好要改选。你去主动争取竞选，怎么样？”

“可以是可以，但是……”他有些踌躇，“我从没当过班干部，如果同学们不选我，怎么办？”

我毫不犹豫地说：“即使你没被选上，对你来说也是胜利！因为你又一次在‘面子’上战胜了自己，而且经受了一次难得的受挫锻炼。”

我又说：“当然，你应该尽量争取获胜！这样吧，在同学们投票前，你发表一下演说，谈谈你为什么要竞选班干部，你打算怎么为同学们服务，并请同学们给你一次机会。我想，同学们会被你的真诚感动的！”

他说：“哎呀！我是最不敢上台讲话的，一说话我的腿就发抖。”

“不要紧的。”我笑着对他说，“我给你出个主意，今天晚上回去你写一篇讲演稿，明天拿给我，我帮你改一改，然后，你再回家把稿子背下来。你的记性不是特别好吗？同学们又不知道你是背稿子，听到你有条有理的讲演，一定会佩服你的口才。”

“好吧！”他同意了。可临离去的时候，他又想起一个问题：“李老师，你说我竞选什么班干部好呢？”

我说：“这就是你自己考虑的问题了。不过，我提醒你，哪一项班委职务最能锻炼你的能力，你就考虑竞选哪一项职务。”

第二天，他果真交给我一篇写得很认真的《竞选演说》，他打算竞选体育委员。我问他原因时，他说：“体育委员经常要组织同学们集队集会，每天都要组织课间操。我觉得事情多，更能锻炼自己。而且，这些事情都是抛头露面的，正好让我的脸皮‘厚’起来，变得大方些。”

果然，在几天后的班会上，杨嵩以自己诚恳的态度和大方的演说，赢得了同学们的信任，他如愿以偿被选为体育委员。

当上班干部，有“身份”了，杨嵩可就忙了起来：每天上午第二节课刚下课，他就大声催促着同学们：“快点，快点！出去做操了！”每当体育课时，他总是站在我班队伍前，像煞有介事地指挥道：“立正！稍息！”虽然口令喊得还不是那么熟练，但观其神情，俨然是一位将军。

但是天天如此，杨嵩好像感到了一种乏味，倒不是他不愿为同学们服务，而是他觉得自己的工作是一种简单重复，缺乏新鲜感。

我没有简单地批评他“看不起平凡的岗位”，而是从他这个“不满足”中看到了杨嵩一种可贵的思维品质：希望创新。

是的，对杨嵩来讲，争当班干部，并不仅仅是锻炼胆量，当天天喊“立正”“稍息”因而日渐大方起来后，他就渴望一种工作的创造性。而且，作为教育者，所谓对学生能力的培养，与其说是手把手地训练，不如说是想方设法为学生提供机会，让学生“在游泳中学会游泳”。

我又给他出主意了：“1988年元旦即将来临，你能不能想想办法搞一次活动，既有迎新内容，又与体育竞赛有关，而且要让同学们耳目一新？”

我和他一起探讨了多种方案，最后杨嵩决定举行一次“迎新室内田径运动会”。

“室内田径运动会”？这名称岂止是新颖，简直是令人费解！

然而，杨嵩毕竟是杨嵩。在1987年最后一天，我班的“迎新室内田径运动会”不但在教室里如期举行，而且大获成功。关于这次别开生面的活动，任何文字描绘都不足以表现出当时的热烈气氛。不过，我还是借我保存的一篇当年杨嵩写的题为“小小空间任驰骋”的作文中的有关记录，向可能感到好奇的读者介绍一下，在这“小小空间”，杨嵩是怎样组织同学们“驰骋”的：

“本届运动会设有标枪、铅球、短跑、跳高、跳远等项目。不知情的人也许会疑惑：教室里怎么能投掷跑跳？嘿，这正是鄗人的发明！其实，所谓‘标枪’，就是50厘米长的竹签，‘掷标枪’就是立定掷竹签；所谓‘铅球’，就是氢气球，‘掷铅球’也就是掷氢气球；所谓‘短跑’是跑100厘米，当然，得把双腿捆住……尽管如此，比赛场面仍然十分激烈精彩。你看掷‘标枪’的同学，虽然只是掷一根细细的竹签，但比赛规则是肩膀不能动，只能小臂运动，所以有的男子汉虽有鲁智深一般的力量，却仍然哀叹英雄无用武之地。相反以细心灵巧著称的女同胞可就大显身手了。别看她们平时斯斯文文，可此刻她们细细的手指捏着细细的‘标枪’，轻轻一扔，就超过许多男同学。不过在‘铅球’比赛中，身材矮小毫无运动员应有的强壮体魄的尹德君，却以自己的灵巧为男同学赢得了一项冠军。……比赛项目都很‘袖珍’，但气氛却不亚于奥运会：喝彩声、加油声、欢呼声，还有差一点就夺冠的叹息声以及心有余而力不足的捶胸顿足声汇成一片，也成了我班迎接1988年的迎新曲！”

刚进入1988年，也就是杨嵩主持“室内田径运动会”后不久，他又迎来了一次机会，当然从事情后来的发展看，毋宁说这是一次考验——

华中某大学少年班的招生简章传到我校，我首先就想到杨嵩，不仅仅因为班上只有他的年龄符合条件，也不仅仅因为他的成绩拔尖，更主要的是我希望给他一次在更大范围内冲刺的机会，让他经受一次锻炼。

当杨嵩父母得知少年班招生的消息，也很想让杨嵩报考；杨嵩本人更是跃跃欲试。

但是杨嵩真的要报名了，我却有些犹豫了：他面临的功课负担实在太重了——他不过才学完高一上学期的课程，可是半年之后却要通过六门功课的高考。如果他这几个月的时间，不能很扎实地掌握有关课程的知识，那么不但考不上少年班，而且还会影响他以后的学习。

但是，杨嵩的态度很坚决：“李老师，让我试试吧！即使考不上，我也可以检验一下自己的自学能力啊！你不是经常要我战胜自我吗？”

就这样，在高一下学期的四个月里，杨嵩一个人在家开始了艰难而顽强的跋涉。其间他所遇到的困难和他所表现出的毅力，非三言两语能够说清，不过，对此读者一定也不难想象。

当年参加高考，杨嵩以西南地区第一名的成绩被获准赴华中某大学复试。

一路过关斩将，复试也非常顺利。但是，就在杨嵩几乎要跨过大学少年班门槛的时刻，却因招生过程中的某些原因，他被人为地拒之于少年班的门外！

应该说，在出征之前，杨嵩就想到过失败的可能性，但那种可能性不过是因为文化考试的失利，现在以这种原因而使理想成为梦想，不但杨嵩而且连他的父母和我都是不曾想到的。因而，对小小杨嵩来说，这个打击就不但是沉重的，更是残酷的。

而且，早在他报名之初，个别学校领导就劝阻过他："应该清醒地认识自己的分量，不要过高地估计自己的水平，更不要头脑发热……"

因此，我非常担心杨嵩"无颜见江东父老"。

不过，从某种角度看，我又觉得对他这样一直很顺的学生来讲，这件事又并非没有一点积极意义。关键是我怎么充分挖掘这次"挫折"所潜在的教育因素。

自然又是一次震撼心灵的谈话：从"天降大任"到"好事多磨"，从韩信的"胯下之辱"到爱因斯坦的"第三个小板凳"，从信心、勇气、毅力到人格、胸襟与心理素质，从"这次应考至少让你看到了以前连你也不相信的智力、能力和潜力"到"当若干年后，你在事业上取得成功之时，再回头看今天的挫折，你就会发现这不过是人生长河中一个小小的旋涡而已"……

最后的结论是："你应该感谢命运给了你这次打击，你应该把它当作一个新的起点。"

新学期开始了。高二年级按文理科分班上课。我班已被拆散：读理科的学生转入其他班，读文科的学生留下。分班学生名单是上学期期末确定的，因为当时杨嵩正参加高考，学校便根据他的学科优势，将他分在了理科班。我也认为根据他的兴趣爱好、学习状况和智力特点，读理科是理所应当。

但开学第一天，杨嵩却找到我，要求留在我班读文科。我无比惊讶，他的解释却让我既感激又感动："我不想离开你，而希望一直跟你到高中毕业。还有一个更重要的原因是，我想在文科方面加强一下自己的知识与能力。经过这近半年的自学，我已经把高中的数理化功课学完了，但我深感自己的文科素质还比较弱。你不是常常对我们说，未来需要的人才应该是知识广博、能力全面的吗？”

于是，在同学和老师惊讶的目光中，杨嵩留在了文科班。

接着，杨嵩又一个行动让大家看到了他确实没有半点受挫后的颓唐之气：他要求在新学年班委改选之际竞选班长！

这里，我还是引用当年杨嵩的同班同学郑洁的作文《新班长诞生记》，再现一下当时杨嵩的风采——

班长竞选人为潘芳奕和杨嵩，两位都是班上富有个性的人物，他们之间激烈、精彩的竞选在同学们的掌声中开始了。

……

潘芳奕演说完毕，杨嵩便踏着如潮的掌声神采飞扬地走上了讲台。杨嵩年龄在班上最小，上课虽总不老实，但学习成绩却总是第一。他有时如小孩一般为一点小事而天真地大笑，但办起正经事来，又一脸成熟凝重，常使人觉得他是否太出老相了。今天，他满脸纯真的笑容，侃侃而谈，再不是过去那个不好意思发言的小弟弟了。他说：“我当班长嘛，大部分是想为集体为同学们做一点事，但是，我也毫不掩饰地说，我也有一点个人目的，就是想通过当班长来锻炼自己的能力！”话音未落，掌声便响起了。显然，我们正是需要这样真诚坦率的班长。面对同学们的掌声，他格外冷静，似乎受宠不惊，继续用他的热情发表着自己的鸿篇大论。他的话，给人一种活力，一种积极向上、勇于进取的活力。

下面是答辩了。面对种种提问，两位同学胸有成竹，从容对答。

“假如你们在上面讲话，下面的同学不听，怎么办？”一位同学问道。

潘芳奕说：“反正有纪律，该怎么办，就怎么办！”

杨嵩却说：“若大家不听，就说明我们的讲话没有切合同学们的心愿，那我们就应该改变说话方式和内容，让大家感兴趣！”

又是一阵掌声！

李老师发问了：“假如我出差不在班上，你们怎么办？”

这次杨嵩迅速接过话题，笑眯眯地答道：“你要走，就放心地走。有了我这个班长，你这个班主任可以说是可有可无的了！”

全班哄堂大笑！笑声中，同学们的敬佩信赖之情油然而生。

最后，经过同学们投票，杨嵩当选为班长，潘芳奕任“第二把手”。然而，对他们来说，新的考验才刚刚开始……

以后的事实证明，杨嵩在竞选时的自信是不无道理的。有他这个班长，我这个班主任虽不能说是“可有可无的”，但确实轻松多了。仅仅是一年的时间，我和同学们明显地感到杨嵩各方面的进步是极为显著的。

而且，他的进步还在继续——到了高二下学期，他又当上了校学生会主席；到了高三，他被选为乐山市学联副主席……

他可没有把“学生官”当成“荣誉称号”，而是实实在在地体现出一种责任感和奉献精神。就任学生会主席不久，他就干了一件算得上是轰轰烈烈的“大事”。

当时，乐山一中外面一条叫致江路的街道，又脏又烂：晴天尘土飞扬，雨天泥泞难行，而且坑坑洼洼，连公共汽车也开不过来。这样一条严重影响周围居民生活，更影响全校学生上下学的街道，却由于种种原因长期得不到整治。

于是，杨嵩经过深入调查，决定代表全校师生投书报社。他先写了一份《关于申请整治致江路的呼吁书》，请我修改后寄到了乐山报社。然而过了很久没有回音。可他并不泄气，准备写第二封呼吁书。我提醒他：“何不直接给市长写信呢？”

他问：“这妥当吗？”

我说：“市长是市民的公仆，市民有困难找公仆怎么会不妥当？”

于是，他真的写了一封《致市长的公开信》，说明致江路早已变成了“制浆路”，并严重影响了周围市民生活，特别是学生的学习，恳请市长督促一下有关部门，尽快整治该路段。

信写好以后，杨嵩突发奇想，来了个全校签名征集。于是，这封公开信后面便有了长长的而又沉甸甸的签名。

可是，信怎么才能让市长亲自收到呢？杨嵩又犯愁了：“总不能又投寄报社吧！”

“简单得很！”我又给他出了一个主意，“你亲自给市长送去！”

“这……”毕竟没有经历过类似的事，本来在我看来已经够勇敢的杨嵩却仍然有点犹豫。

我说：“怕什么怕？主人见仆人，居然还要怕？”

杨嵩终于还是鼓起了勇气。

一天晚上，杨嵩费了不小的周折找到了市长的家。

开门的是市长夫人：“你找谁？”

“我找市长。”虽然心怦怦直跳，可杨嵩还是故作镇定。

看着眼前这个似乎乳臭未干的孩子，夫人有些惊讶：“找市长？找市长干啥？”

“我代表乐山一中的师生向市长反映情况，请求整治致江路。”杨嵩的心已经平静多了。

“哎呀！为这点小事就找市长啊！你应该去找有关市政部门嘛！”夫人把门关上了，末了补充了一句：“我们那位嘛，不在。”

被拒之门外的杨嵩可没泄气，他准备再跑一趟，直接把信送到市长办公室。

正好那几天我班要代表学校到市里参加“五四”歌咏比赛，市长将出席这次歌咏会。于是，比赛前，我见市长端坐在主席台中央，便对杨嵩使

25 年前，我担任杨嵩和郑洁的班主任。2012 年 11 月，我在广州讲学时，杨嵩夫妇一家三代来听我的报告（前排右起：杨嵩、杨嵩女儿、郑洁、郑洁父母）

了个眼色："上！"

据杨嵩后来对我说，市长接过他的信，知道内容后，和蔼地拍着杨嵩的肩膀说："很好！我一定尽快过问此事。谢谢同学们！"

一个月以后，致江路焕然一新。

当杨嵩后来捧回"乐山市优秀学生干部"的荣誉证书时，我想起当初那个喜欢"阴到费"的小男孩，不禁感慨：对社会而言，教育当然不是万能的；但对学生而言，没有教育的确是万万不能的啊！

高中毕业，杨嵩被保送就读复旦大学经济学系。

那年，他只有16岁。

附录——

昨天（2012年11月24日），我在广州讲学，杨嵩郑洁夫妇还有他们的父母以及可爱的女儿都来听我的报告。一家三代听我讲教育故事，而且这故事的主人公正是杨嵩和郑洁，我感到很有意思。

今天下午三点半，我从广州乘飞机回成都。

傍晚，我的车刚进车库。电话响起了，是一位年轻女子的声音："是李老师吗？"

我有些迷惑，是谁呢？但我还是礼貌地说："你好，我是李镇西。"

"哦，我是东风日产驻成都一个机构的工作人员，杨总有份礼物要我转交给您！"她说。

"杨总？哪个杨总？"我没反应过来。

"噢，就是杨嵩。"

我乐了，杨嵩现在是"杨总"了！昨天晚上和他分别，今天他就把礼物送到我家里了！

"喂，我一个小时后，把东西送到您手上，好吗？请问您家住哪里？"电话里的女子还在给我说话。

我赶紧谢谢她，并告诉了她地址。

放下电话，我在想，我前脚刚到家，杨嵩后脚就托人送我礼物了。这既不是中秋也不是端午，元旦也还早，这杨嵩给我送什么礼物呢？

想了想就不想了，反正我估计是剃须刀呀或腰带之类的礼物吧。但我心里还是很感动，毕竟这是学生的一片心意。

一个小时后，那姑娘已经站在我所住小区的门口了。她递给我一个很大的纸袋，我谢谢她跑一趟，她说不用谢，杨总嘱咐的事一定要办好。

她走后我打开纸袋，吓我一跳：竟然是一部价值上万元的佳能相机！

我一下蒙了：这杨嵩怎么想到送我相机呢？这么贵重的东西，我又怎么能够收下呢？

我拨通了杨嵩的电话："杨嵩，你搞什么名堂？我今晚睡不着觉了，心理压力大呀！这么贵重的礼物，我怎么好意思收下。"

他说："李老师，昨天听了你的报告，看到那么多的老照片。后来你又把课件拷给我了，我看了PPT上那么多照片，但我看到你拿的还是一个小的傻瓜相机，所以我就想给你买个好一点的相机……"

我说："哎呀，杨嵩，李老师虽然不如你有钱，但买个相机是没问题的"。

他说："这是我的心意！李老师就不要客气了，这就是工具，我知道李老师一直喜欢给学生照相。我希望李老师用这相机拍出更多的教育照片，为以后留更多的资料。这相机对你来说，最有用。宝剑赠英雄，李老师你就收下吧。"

我的确感动极了，心里真的想，以后我一定要拍出更多的校园照片，为学生留下更多有意义的镜头！

我以前曾经很有底气地说："我从来没有收过来自学生的贵重礼品！"但从今晚开始，我不敢这样说了。杨嵩这份礼物实在是太贵重了。

谢谢你啊，亲爱的杨嵩！

程桦：让思想飞翔

1985年春天，我班上转学来了一个男生，名叫程桦。

也许是刚到一个新的环境还不太适应，程桦给我和同学们的印象是不太爱说话，性格似乎有些内向。但他的学习却十分优秀。他交来的第一次作业《翻译〈愚公移山〉》就让我刮目相看，且不说那准确生动的文笔让人不相信这是出自一位初一学生之手，单是看那印刷体一般美观的书写就使人赏心悦目。

“这位新同学写的字就像钢笔字帖一样！”班上的同学议论纷纷。虽然程桦现在还谈不上有什么好朋友，但在同学们看来，他无疑是一位优秀学生。

随着时间的推移，程桦各方面的才能逐渐显露了出来：绘画、书法、作文、朗诵、表演……其中最让人羡慕的，是他拉得一手漂亮的小提琴。

现在的中小学生，擅长一两样乐器，当然不算什么稀罕。但在80年代中期，像程桦这样有“艺术特长”的学生的确少见。于是不但本班同学十分敬佩他，甚至在外班，程桦都颇有些“知名度”。

其实，程桦的家庭是很普通的。父母都是长期在边远山区工作的中学教师，程桦也随父母长期生活在相对闭塞的少数民族地区。现在，他父母深感当地的教育不能满足程桦的成长，于是依靠程桦姑姑在乐山一中工作的关系，才把他转到了这所省重点中学。

于是，12岁的程桦便开始了自己半独立的生活。平时他寄住于姑姑在学校分的一间简陋的小木板房，日常生活当然有姑姑照顾，但有时姑姑要回自己的家——乐山师专，这样程桦就得自己照顾自己。

但无论在什么样的情况下，每天傍晚，在学校那间小木房里，总是准时飘出悠扬的小提琴声——那是程桦在练琴。

我毫不掩饰自己对这位学生的喜爱，但这种喜爱并非宠爱，而是一种精心雕琢的欲望。这种欲望使我细心观察并认真分析了程桦现在的优势和不足：他天赋较高，反应很敏捷，对知识的接受能力很强；比起同龄人，他有着较强的自我控制能力，而且他身上保持着十分纯朴的本色，没有一般优秀学生的矜持和傲气。但是，他的不足也是明显的，可能是由于长期生活在边远落后的地区，他的思维不够开阔，知识面相对较窄，比起他扎实的基础知识，他的能力特别是创造能力明显较弱。显然，仅就学习成绩特别是分数而言，程桦当然是一个“尖子生”，然而，作为未来社会需要的高素质人才，他还有着不小的差距。

但是，程桦无疑是具备成长为高素质人才的潜质的。作为他的老师，我应该让他今后的发展出类拔萃。我也有这个信心。

我从谈心入手。于是，在学校操场的环形跑道上，我常常和他一圈又一圈地散步。我们聊天的内容十分广泛：学习、生活、我的学生时代甚至童年趣事、他的志趣和理想，也包括当时国内外的热门话题，比如中曾根访华、“挑战者”号失事、夏时制的利弊、步鑫生的沉浮……在这一次次平等愉悦的谈心过程中，我不知不觉走进了他的心灵，他也由衷地把我当作最尊敬也最信赖的师长。

我并没有直接向他大谈“志向”“能力”“责任感”之类的字眼，我只是努力通过我们之间的心灵交流把他的视野引向一个更广阔的空间。

除了谈心，还有推荐书籍。程桦特别爱看书，于是，几年间，他陆续从我的书架上借走了《马克思的青年时代》《周恩来传略》《徐悲鸿一生》《历史在这里沉思》《傅雷家书》《超越自我》《长征：前所未闻的故事》《将军决战岂止在战场》《第三次浪潮》……

渐渐地，他对集体活动和班级事务热心起来，并有意识地锻炼自己各方面的能力。他的第一次崭露头角是在我班为纪念鲁迅先生逝世 50 周年而举办的“思想节”上，程桦扮演马克思发表热情洋溢的演讲：

“各位先生、各位女士，你们好！”虽然是模拟讲演，但由于程桦事前准备充分，再加上他的表演才能，因此程桦一出场，他颇有风度的演说便吸引了同学们。“马克思”谈到了对中国的敬仰：“我终于来到了中国，这是我一百多年前就向往、关注的东方文明古国。”他谈到少年时代的立志：“17 岁时，我曾在一篇作文中写道：如果我们选择了最能为人类福利而劳动的职业，我们就不会被它的重负所压倒，因为这是为全人类所做的牺牲；那时，我们感到的将不是一点点自私而可怜的欢乐，我们的幸福将属于千百万人！我们的事业并不显赫一时，但将永远存在；面对我们的骨灰，高尚的人们将洒下热泪！”他谈到了马克思主义的发展：“我十分高兴地看到，以毛泽东为代表的中国共产党人在实践中丰富发展了我的学说，在中国这块多灾多难而又充满光荣的土地上建立了真正属于劳动人民的共产主义政权。而在最近几年，以邓小平为代表的新一代中国共产党人，在改革的伟大实践中为社会主义事业注入了更蓬勃的生机！”最后，“马克思”以一段气势磅礴的话结束了演说：“当然，在共产主义运动的前进路上，也许还会有曲折和困难，但不管怎样，我仍然坚信：共产主义革命必将胜利。在这场革命中，无产者失去的只是锁链，他们获得的，将是整个世界！全世界无产者，联合起来！”

也许从讲演技巧的角度看，这段演说还略显幼稚和生硬，但如果我们知道程桦此刻还只是个 13 岁的初二学生，我们就不得不佩服他的勇气了。作为他的班主任，我更赞赏他在准备时的认真态度：仅仅为了这段不太长的演说，他硬是半懂不懂地读了好几遍《共产党宣言》和《青年在选择职业时的考虑》。无疑，通过参加这样的活动，程桦所得到的能力锻炼和思想提高是相当大的。

又一届班委改选了，我鼓励程桦竞选班长。结果在四位竞选者中，程桦当选班长。

为了进一步锻炼两位班长的能力，同时为了调动全班同学参与班级建设的积极性，我决定在班上搞一次“做班级主人”的主题班会，让程桦发表“就职演说”，并主持“模拟记者招待会”。

班会之前，我对他进行了一些组织能力和应变能力的指导，特别告诫他不要紧张，面对各种问题，怎么想就怎么答。实在回答不出也不要紧，说声“很抱歉，请允许我以后回答你”就行了，反正都是自己的同学。

于是，这次班会就以程桦别开生面的“就职演说”拉开了序幕。

“我既然自荐当班长，就一定能尽力当好。请同学们相信我，并拥护我！”在程桦自信地做完“就职演说”之后，他紧接着宣布道：“现在，由我主持‘记者招待会’，在座的同学都是‘记者’。欢迎大家就班级事务广泛提问，我将尽力答复。”

第一个“记者”问道：“我是《未来日报》的记者。首先祝贺你就任班长。请问，你上任后做的第一件事是什么？”

程桦答道：“我做的第一件事情，既不是督促大家学习，也不是批评不守纪律的同学，而是设法发挥全班每位同学关心集体的积极性。比如，我准备在班上搞一次评选‘全班之最’的活动，选‘最真诚的同学’‘最热心的同学’‘劳动最踏实的同学’‘做值日最负责的同学’等等，通过评选，让每位同学发现自己的长处，激发同学们关心班集体的热情。”

一位女同学问：“你对同学们有什么希望吗？”

程桦答：“希望同学们多给我提意见和建议！”

同学们的掌声刚落，一位男同学站了起来：“对你自荐当班长的精神，我极为钦佩。请问：将来你有没有胆量自荐当国家主席？”

程桦显然对这个问题没有思想准备，但他略加思考，便朗声回答：“我有这个胆量！不过，仅有胆量是不行的。照我现在的样子，若当上国家主席，一定会把国家搞糟。”同学们发出一阵笑声。“但是，只要以后我的思想、知识、能力达到了国家主席的水平，而又有这么一个机会，我想我一定敢自荐当国家主席！”

又一个同学发问了：“请问，你的家长支持你自荐当班长吗？”

“我的父母不在乐山市，”程桦回答，“但我相信他们知道此事后一定会支持我的。因为我爸爸、妈妈一向教育我不仅要勤奋学习，而且要关心集体，培养能力。”

教室里又响起了一阵掌声。

“记者招待会”的气氛越来越热烈，同学们的提问越来越多，程桦也越来越从容自如。教室里不断响起朗朗的笑声和热烈的掌声。在半小时之内，三十多位同学提出了四十多个问题。下课铃响了，我想给程桦出个难题，试试他的应变能力：

“作为你的班主任，请允许我也问一个问题，你自荐当班长，有没有名利思想？请说实话。”

十几秒钟的沉默之后，程桦从容回答：“可以说没有，也可以说有。对于我个人来说，是不存在任何名利思想的，因为我只想为大家服务。但是，既然是为集体服务，我就应通过自己的工作争集体之名，图集体之利。这就是我的‘名利思想’。”

“哗！……”程桦的妙语激起了空前热烈的掌声。

日本市川市市长高桥国雄一行将到乐山一中参观访问的消息，使学校一下子开始了紧张的迎宾准备工作。我却产生了一个大胆的想法。

我找到程桦和几个同学：“你们能不能在高桥国雄来访时，主动采访采访他？一来是为了锻炼一下自己，二来想让日本人看看我们中国中学生的形象。"

程桦等同学当即便答应了，而且还兴奋地跳了起来。

到了采访那天，小"记者"们友好而勇敢地向高桥市长频频发问："请问高桥先生，对我们学校印象如何？""请问，贵国中学生教育开了哪些课程？""贵国中学生最感兴趣的是什么？""请问，贵国是怎样对中学生进行思想教育的？"……高桥先生看来对孩子们的采访很感兴趣，从容而风趣地回答着各种提问。

规定时间到了。程桦鼓起勇气提了一个事先对"上级审查"隐瞒的问题："请问高桥先生，贵国是怎样对你们中学生讲日本侵华战争的？"

高桥国雄稍稍顿了一下，随即便十分和蔼而坦率地答道："我们一般还没对中学生讲这些。不过，我们总是教育我们的青少年学生要热爱世界和平、维护日中友谊。"市长还笑盈盈地拍了拍程桦的肩膀，显然不认为这是一个"不友好"甚至"影响中日人民世世代代友好"的提问。

但程桦却"固执"而天真地向高桥国雄提出："请市长先生回国后代中国中学生向贵国政府建议，教育日本青少年全面正确地认识历史，珍视中日友好关系。"

应该说，程桦的采访是相当成功而得体的。

临近初三毕业之际，程桦代表学校参加了乐山市中学生现场作文比赛。

这次作文比赛的题目是临场抽签决定。初中的题目有三个："笑后的思索""生活中美丽的一瞬"和"从夏时制说起"。程桦的运气似乎不太好，他抽中了"从夏时制说起"，题目要求写议论文，而且重在"说起"，即展开联想，通过发散性思维发表议论。这对初中学生来说是比较困难的。但程桦在有限的时间内，充分调动自己的思想积累和表达能力，写了一篇令后来的评卷老师拍案叫好的佳作。

文章以驳论的方式一开始就展示出对"夏时制"持不同意见者发出的种种言论（"现在简直什么都跟外国学！""就是，连时间也……唉！""中国有中国的时间，外国有外国的时间，为什么连时间都要跟着别人学？"），接着对这些概念不清、观点糊涂的言论进行分析论辩：

诚然，这"夏时制"确实为"外国引进"，但这时间却怎么分"中国的”“外国的”？正如天上的月亮，中国境内人说是中国的，外国境内看着的人又说是他们的。然而不管怎样，那天上却只有这么一轮月亮。时间也如此，不管怎么争，时间，却也是地球上的时间，大家都在过的时间，从何谈起“中国的”“外国的”？

接下来，程桦紧扣“引进”二字大做文章：

中国和外国，都同生活在这个世界上，这天底下。为了生活得更好，各自想了些好主意。有时中国有的，外国没有；有时外国有的，中国又没有。如指南针、火药，外国不是稳稳当当地学去了吗？那么，外国好的，我们为什么又不能学呢？

程桦进而剖析这种盲目排外的历史根源，指出这是一种自鸦片战争以后中国人吃够外国人的亏而引起的变态心理的反映：

从什么时候开始由这种怕“外国的”，而产生盲目排外思想的？大概是从那“鸦片战争”开始的吧！外国人说的是让我们享受“西方文明”，却让我们享受了鸦片、炮火、军队的滋味。大概从那时起，我们民族有个普遍心理现象：啊呀呀，不得了，那、那是外国的！“外国的”是瘟疫！

最后程桦站在清醒中国人的立场论述道：

我们是中国人，因而也要有自己的脑袋，要用它来辨别什么是好，什么是坏。中国的东西有好有坏，外国的东西也有好有坏，我们都要分出好坏，然后留下好的，去掉坏的。这留下的，也就势必有中国的，也有外国的，我们都应该充分占有和利用。特别是当前，世界科技发展神速，倘若坚持“外国的不用”，恐怕哪年又要被别人，被我们蔑视的“外国人”欺侮了！

这篇文章一举夺得那次作文大赛一等奖的第一名。

我这里不厌其烦地评述程桦的获奖作文，并不是因为我也是那次作文比赛的优秀指导奖的获得者，而是这篇作文反映出程桦在我的影响下，思维已比较敏锐活跃，思考比过去严密周到，思想也开始犀利深刻起来。这正是我所期待的。

两年之后，已是高一学生的程桦受学校委托主办了一期纪念国庆 38 周年的专栏，又在全校引起了反响。

一位高三学生说：“这期板报内容别具一格，不落俗套，很有新意！”

一位语文老师说："这是我在学校任教二十多年来看到的最好的一期学生板报！"

然而，也有个别人提出了非难："国庆板报怎么能这样办呢？""这些学生的思想太片面、太偏激！"

所谓"国庆板报怎么能这样办呢"是因为这期板报没有像以前的"庆祝专栏"一样，摘抄几句"从井冈山上的星星之火到天安门城楼上的盏盏红灯"之类的"诗歌"，也没有堆砌一些"建国以来"或"三中全会以来"的"伟大成就"，而是以"热爱祖国风华正茂，关心改革激扬文字"为通栏标题，登出了一组论国事、话改革的议论文——《让我们连接历史与未来》《血泪国耻不能忘》《评电影〈T省的八四、八五年〉》……程桦还特意在《写在前面》中告诉读者："对共和国母亲生日的庆贺，莫过于对祖国命运的思考和对改革事业的关心。"

所谓"这些学生思想太片面、太偏激"主要是针对报中程桦《血泪国耻不能忘》一文而言。程桦在文章中对当前的中日关系发表了自己的看法，对"我国领导人邀请三千日本青年访华，而日本方面仅邀请五百中国青年访日""东芝事件""日本企图做政治大国"等问题提出了批评，认为"中日友好不能忘记历史""越是在共和国生日的时候，越要居安思危，想一想我们母亲所遭受过的耻辱"。应该说，作者善于独立思考，勇于说真话，热爱祖国的精神是难能可贵的。

但是，板报仅存在了10天，就被强行擦掉了。

又是一个黄昏，我和程桦漫步校园。我对他说："不要灰心，你肯定没错。你应该豁达些，表现出男子汉应有的气度。"并告诉他应该怎样对待复杂的社会，同时勉励他在成长的道路上一定要有坚韧不拔的精神。

我期待着程桦走向成熟。

然而，他毕竟是个孩子，考上高中时也不过十四岁。他当然也有着这个年龄男孩子顽皮、活泼甚至倔强、任性的特点。

高一时，我继续担任他的班主任和语文老师。开学不久，就发生了一件让我和他的父母头疼的事。

他的父母已在一年前调到乐山一中。在一个星期六的夜里，大概已经十一二点了吧，他的母亲焦急万分地叩开了我的寝室门："李老师，程桦他……他……他出走了！”

我一惊，连忙随她赶到程桦的家。原来，这天傍晚在饭桌上，他母亲不停地告诫他“要专心学习”“不要分散精力”“特别要注意和女同学的交往”等等，说得程桦心烦，总觉得母亲不信任自己，就和母亲顶了起来，父亲见状，便骂了他几句。程桦一气之下，丢下还没吃完的饭，便冲出了家门。

现在已是深夜，程桦还没回来，他父母当然心急如焚。

我寻思，程桦是个有头脑的人，又是男孩子，估计不会出什么大事。便安慰他父母，并同他们聊了起来。我问程桦最近在家的表现，他父母告诉我，最近一段时间，程桦脾气特别犟，逆反心理很重，不像原来那么温顺听话了。

我问：“你们嘱咐他要特别注意和女同学的交往，是不是发现他在这方面有什么不好的迹象了？”

“不是。”他母亲说，“我们纯粹是一种担心。现在社会复杂，我们是怕他在外面学坏了啊！”

我说：“这样说他，他肯定感到委屈。程桦现在这个年龄正是处于一个心理发展很关键的阶段。既不可能脱离父母，又处处想独立自主；既渴望找到知心朋友，又对大人们处处防范；自我意识特别强，自尊心也特别重；受不得半点冤枉和委屈……因此我们以后对程桦的教育应更加细致耐心才是。”

程桦一直没回来，于是我和他父母一起出去找——虽然明知不一定能找到。我们先在校园里的每一个角落里呼喊，后来又进入教学大楼，一间教室一间教室地搜寻。结果，在一间教室的门背后把程桦找到了……

第二天，我与程桦整整谈了一个下午的心，虽然他口头上承认自己错了，并答应向父母道歉，而且保证今后不再出走，但我感觉得到，他是出于对我的尊重或者说怕伤了我和他的感情才这样表态的，而内心深处并没有真正想通。

从程桦在班上的表现来看，他的成长也的确进入了一个“多事之秋”：上课特别爱说话，常常被老师批评；下课更是无比活跃，有一次在教学区内踢足球，竟把教室玻璃窗砸碎了（当然，他事后主动来找我认错）；学习也不如以前抓得那么紧了，作业也开始有敷衍的时候；最让我着急的，是不管他是否意识到，反正至少客观上他开始给人一种骄傲的印象了。

我也感到程桦不如过去那么“纯”甚至有点“油”了。

本来，就程桦的智力、能力来说，他似乎有骄傲的“资本”：从小到大几乎都是在老师的赞扬和同学的羡慕中成长，可谓“一路顺风”。而且即使保持目前的状况，以他的学习基础而言，应该说两年后他也可以考上一所重点大学。但是，那很可能不过是一个平庸的大学生而已，绝不是程桦发展的最佳境界。

正在我和他的父母担心的时候，程桦期中考试一下跌落到了班上第24名——要知道，从我教他以来，他的学习成绩从来都是班上乃至年级前3名啊！

期中考试后的一次全校集会，我班的纪律不错，可程桦居然坐在自己的位置上又说又笑。我给他递了好几次眼色，可不知是他没看见还是看见了不理睬我的提醒，反正他依然谈笑风生。我一怒之下，大喝一声：

“程桦！站起来！”

他一愣，随即狡辩道：“我又没有违反纪律！”

我更加怒火中烧：“我叫你站起来！”

他不吱声了，可一动不动，丝毫没有要站起来的意思。

我一气之下，走到他的旁边，一把把他拖了出去，让他站在过道边。

于是，在全校一千多师生的众目睽睽之下，程桦以这种方式被“亮相”了。

曾被人誉为“神童”的程桦，什么时候受过如此“奇耻大辱”？果然，全校集会一结束，我刚准备和他谈一谈的时候，他便和我大吵大闹起来：什么“我并没有违反纪律”呀，什么“你冤枉了我”呀，什么“你成心让我出丑”呀，等等。

见他情绪激动，我知道是谈不出什么结果的，便对他说过几天再谈。他却倔强地说：“没什么好谈的！”

那几天，我也在冷静反思我对他的教育。说实话，就一般教育原则来讲，我强硬地把他拉起来在大庭广众之下“示众”，的确有些过火（当时我也在气愤之中，未能控制住自己）。但是，对程桦这样的“尖子生”，我以为这是一种“歪打正着”的“受挫教育”。试想一下，如果程桦在成长过程中，连一点委屈都不曾受过，连一次“打击”都不曾有过，他将会形成怎样脆弱的心理素质和畸形的人格形象？那才是真正令人担忧的呢！

我决定利用这次冲突，和他进行一次认认真真的心灵交流。几天后，我把他请到我的家里……

当时谈心的具体细节我已记不清了，但基本的谈话要点，我至今没忘。

我和他谈起了我的中学时代。我读高中时，成绩很好，尤其是写作拔尖，因此深得老师们的喜爱，我的班主任张老师对我甚至可以说是“偏爱”：不但在学习上对我很关心，连生活上对我也特别关照（那时我住校，她甚至还帮我缝被子）。也许是听表扬听多了，也许我真以为自己多么了不起，总之我渐渐得意忘形起来。有一次我借口开玩笑，居然嘲笑班上一个年龄较大、成绩不好的农村同学，当面对他说：“你反正都学不好，还是回家去安度晚年吧！”结果在班会课上，我被张老师骂得“狗血喷头”：“李镇西！你简直被我惯坏了！你连自己姓什么都忘了！你有什么资格嘲笑自己的同学？你不就是有个城镇户口吗？你不就是考试成绩多那么几分吗？……”当时我感到无地自容，觉得张老师太绝情。但现在想起来，那是张老师对我的真正关心与帮助，因为从那以后，我随时都提醒自己不要自我感觉太好。

我还给他算了一笔账：在全国，并不是所有适龄儿童都能读上书，换句话说，小学毕业的人也只是同龄人中的一部分（虽然是大部分）；而在这一部分人中，并非人人都能够读上初中，也就是说，读上初中的也只是一部分人；再看，现在全国远远还未普及高中，那么，能够读上高中的人，在同龄人中所占的比例就更小了；而能够读上像乐山一中这样的省级重点高中的人更是少数；在已经读上重点高中的同学中，像程桦这样的拔尖学生也是极少数——这样一算，程桦这样的学生，无疑是处在同龄人的金字塔尖。那么，这类学生在比同龄人享受更多荣誉的同时，实际上也就肩负有更沉重的使命。如果我们国家的这少数学生，都没有理想或对自己要求不高，那我们的民族真的就没有什么前途可言了。（我记得当时说到这里，我很激动；程桦的表情也十分真诚严肃）由此看来，包括老师和家长在内的教育者，对这些同学的要求高一些严一些。不是很自然很应该的吗？为什么得不到理解呢？

我和他谈得最多的，是“超越自我”这个话题。我列举了许多杰出人物的事迹后说，古今中外一切有作为的人，无一不是在青少年时代便比同龄人更加成熟。这个“成熟”，一方面是指目光远大，富于理想；另一方面则是表现在能够自己同自己的弱点做痛苦而顽强的斗争，所谓“战胜自我”就是这个意思。孟子说：“天将降大任于是人也，必先苦其心志，饿其体肤，劳其筋骨，空乏其身……”意思是身处逆境，能够锻造一个人的巨人品格，能够造就一个时代英雄。但是处于丰衣足食的和平时期，青少年哪里去找“苦其心志，饿其体肤”的机会呢？我认为，这就只有靠“自己与自己过不去”，在战胜自我中超越自我！如果“顺其天性”，我们好像不是不可以放纵一下，不是不可以懈怠一下，甚至好像“潇洒走一回”“游戏人生”都是可以理解的。“但是——程桦，你应随时提醒自己，别人可以这样，我不可以，因为我今后是要干一番大事业的人！这是李老师对你的希望，也是你父母对你的希望，更是我们的国家对像你这样的学生的希望啊！”

这以后，程桦的发展当然也有过反复和曲折，但总的趋势是良好的。特别让我欣慰的是，程桦的思想之翼在重新起飞后，变得更加矫健；他富于个性的思想在继续飞翔：《血的证言和泪的反思》《读〈神圣忧思录〉有感》《对教育投资的担忧》《做平凡岗位上的伟人》……一篇篇文章闪烁着思想的火花，令我和同学们赞赏。

他又参加了一次作文大赛，但这次他敏锐的思想却没能使他获奖。这次的题目是“写在郭沫若的故乡”。面对题目，程桦再一次让自己的思想展翅飞翔——

“郭沫若无疑是我们故乡的骄傲，但是，作为他的家乡人和后辈，一味拜倒在郭沫若的脚下而仰视巨人，是没有出息的。只有勇于超越前人的民族才是有活力也有希望的民族。因此，今天我们对郭沫若最好的纪念，莫过于以郭沫若不迷信权威的创造精神，超越郭沫若！”

听说评奖时，这篇文章引起争议：多数评委对程桦的思想观点极为赞赏，但个别人却认为：“这娃儿太狂了！”总之，在我的印象中，最后我好像没有得到程桦获奖的消息。

然而，令我欣喜的是，程桦仍然执着地以“超越郭沫若”的精神奋然前行——

从高一下学期起，他的学习成绩再次名列年级前茅；到了高二，他担任了班上的学习委员；到了高二下学期，他当选为学校团委副书记，并被评为市级三好学生；最后，到了高三毕业的1990年，他因品学兼优而被北京大学免试录取。大学本科毕业时，他又因发展全面、成绩优异而保送读本校研究生，专攻“美国经济”。

今年春节，程桦携女友来看我，送我一本书：《微软的秘密》。我翻开扉页，上面赫然印着“翻译：程化等人”。

——当年的“程桦”现已更名“程化”了。

宁玮：祝你一路平安

矮矮的个头，看起来弱不禁风的身材；一头稀疏的黄黄的头发，让人觉得严重营养不良；一身朴实的衣着，散发着来自农村的气息，然而，比衣着更朴实的，是她苍白脸上一双善良明亮的眼睛。这双眼睛告诉我：这是一个老练成熟的、也许过早就承担着家庭重担（至少经常为家庭重担忧虑）的懂事学生。这样的学生在五六十年代的中学是很多的，然而在当今的校园，尤其是城市校园已经是非常少见了。

——这是我第一次见宁玮时的印象和感想。当时，是1987年8月30日，高一新生报名的时候。

现在回忆起来，好像是开学第一个周末的晚上，我从教学楼走过，突然听到楼梯转弯处的角落里传来嘤嘤的哭泣声，循声过去一看，竟是宁玮和几位住校女生在哭。她们看见我，都在黑暗中使劲擦泪，企图不让我知道她们哭过。

然而，我却问道：“为什么哭呀？”

她们都不好意思地低着头，一言不发。

“是不是想家啊？”

仍然沉默，不过宁玮使劲点点头。

于是，我把她们请到我家里，和她们聊了起来。

“想家？可以理解。”我说，“和你们一般大的时候，我也曾‘流’学他乡，也哭过呢！”

说笑中，这几位学生的情绪渐渐开朗了起来……

虽然宁玮想家想得流泪，可在同寝室同学的眼里，宁玮像个老成的大姐姐。赵琼同学在开学不久的作文中这样描写宁玮：

报名那天，寝室里的同学一个个陆续由父母“护送”来了。宁玮最后一个到，穿一件淡绿色短袖上衣，一条白底方格裙，不高，短发，像个听话的小姑娘……床铺、蚊帐整理好后，寝室的地下满是废纸、床草，她立即拿起扫帚扫起地来。下午逛街时，周慧肚子疼了起来，脸色惨白，宁玮万分着急，急忙找到一家药店买来药，端开水给周慧喝了，接着又把周慧扶回了学校。第二天，周慧住进了医院，一放学，宁玮就叫上我赶到医院去看周慧……我们一致推选她当我们寝室的室长。妈妈送我到学校报到时，只见了宁玮一面，可她直夸宁玮懂事；妈妈走时再三叮嘱我要跟宁玮学，有事找宁玮。是的，宁玮是我的榜样。而且，我们班许多同学都和我一样喜欢而且信任宁玮。

宁玮很快以自己的善良赢得了同学们的尊敬，她被选为班生活委员。于是，我常常看到她在课间清点着一大把钞票——那是她替同学们买饭菜票收的钱。

然而，在她每月经手的那么多饭菜票中，属于她自己的却少得可怜。由于家庭困难，她的生活非常节俭。赵琼同学有一次悄悄对我说：“李老师，宁玮给自己规定，每星期只吃一次肉。”

我听后一惊：连两三毛钱一份的肉她都吃不起，可见她的确很困难。但这怎么行？难怪她那么孱弱。

于是，在一次晚自习下课后，我把她叫到身边，塞给她五元钱：“拿着。多买些菜票，不注意身体，早晚你会垮的。”

她硬是不接：“谢谢李老师！但我不需要，我早就习惯了。”

我严肃地说：“如果不接，那我明天就通知你父母来把你领回去！”

她只好含泪收下了。

可是，没过多久，赵琼又来找我了："李老师，你给宁玮的钱，她根本没拿去买菜票。她给我说，她要把李老师给她的这张人民币珍藏起来，作为永久的纪念。"

这次，我真的生气了，我把宁玮狠狠批评了一顿："连老师的话都不听了，算什么好学生！"

这学期期末，宁玮考试成绩名列班上60个同学中的第22名。这个成绩当然不能说很好，但我认为，对宁玮来说，她已经尽力了，因为她所面临并克服的困难是其他同学没有的。

但宁玮很难过，觉得对不起苦苦供自己读书的父母……

放假那天，我在校门口碰见她提着一个大包，准备去车站乘车回家。我刚叫了一声"宁玮"，她却看了我一眼，便满脸愧色地低下了头，然后头也不回地走了。我心里完全明白她如此失礼的原因。望着她那远去的背影，我也很难过：这样的好学生，我对她的关心太少了！

于是，寒假中，我特意给她去了一封信：

宁玮同学：

你好！代问你爸爸妈妈好！

回家一切还好吧？

放假已经好几天了，可那天你离校时，为这次没考好而呈现出的黯然神情一直还浮现在我的眼前。其实，你第一次考试就名列班上第22名，还是不错的。因为和班上许多原来就读本校初中的同学比，你对环境、对老师的教法都还有一个熟悉和适应的过程，而且，你还面临许多生活上的困难；同时，你还担负着班上的一些工作……在这样的情况下，指望学习上一鸣惊人，显然是不现实的。你学习是很刻苦的，我相信，你会不断有进步的。千万不要因这次考试而灰心啊！毕竟这才是高中的第一次考试呀！

宁玮这一期给我和同学们留下了非常好的印象：善良、正直、勤奋、懂事。我为有你这样的纯朴学生而感到自豪，同时也为自己对你关心不够而感到内疚。这是我的真心话。作为你的老师和朋友，我这里要提醒你，一定要注意身体啊！

学习刻苦当然是应该的，但不注意身体，不注意营养，伤了身体反而会影响学习的。到那时，你想学习也心有余而力不足啊！

以后你有什么困难，无论是学习上的还是生活上的困难，尽管提出来，好吗？

春节快到了，祝你春节快乐！

你的朋友　李镇西

1988年2月10日

信寄出去不久，我很快就收到她的回信：

李老师：

您好！

首先感谢您在百忙之中给我写信。您的信虽然不长，却给了我很大的安慰，心情也开朗了许多。而且，这封信还让我免受了一顿父母的责骂。如果没有老师那封信，父母只看成绩通知书后，不知要叹气多久，会说我不争气，学习不努力，考得那样糟……谢谢李老师！

李老师，放假那天，我刚走到校门口，便碰见了您。您亲切地招呼我，我却不好意思和老师告别。因为当时我的心里实在是惭愧极了。过后在去车站的路上，我又一直很内疚，甚至想折回学校跟您说声“再见”，却终于没有。但是，回来以后，我对老师的尊敬、崇拜之情总会情不自禁地表露在我的初中老师、同学、亲戚和其他朋友面前。他们都很羡慕我，有的还祝贺我遇上了您这么一位好老师。

李老师，我从来是不会轻易说出“崇拜”二字的。可短短几个月时间，老师为人的正直、清廉以及洁身自好的气质，还有您高尚纯正的思想，确实令我崇拜，想起以前我认为的一些“最好”的老师，比起您来，是那样的世故、圆滑。您确实令我崇拜！

现在，我不再犹豫地奉行自己的一条对人的准则：我尊敬、崇拜一个人，是尊敬崇拜他的人品，他的才识。回家后第二天，我去看望以前的班主任时，他曾好言对我说：“为将来升大学做准备，春节你最好去拜访一位远房亲戚（现在他任我县教育局局长），而且应该多带些厚礼。”我当时听了很不舒服，但不好当着他的面说“不”，毕竟他是教过我的老师。对于送礼拉关系之类，我很反感，可以说是十分憎恶。但我的这位老师竟如此教我！我还感到气愤的是，为什么像我这般大的学生中，已经有人沾上了这世间的脏尘呢？我这才感到唯有我的高一（1）班是多么干净，生活在我们的班集体中是多么幸福！我又想，一个人要在社会中保持自己的纯洁品格是多么困难呀，那需要多大的韧性和毅力啊！像老师您这样的人是多么难找啊！

李老师，实话对您说，我这人脑子笨，老学不好。我多少次恨自己为什么不能像其他同学学得那么好？我的学习太差劲了！要依以前的我，看了这次的成绩不知要哭多少场。但这次我没哭，充实的精神生活和您的鼓励冲淡了我心头的愁闷和悔恨。

不知怎么的，没放假我盼着早点放假；放了假，我现在却盼望早点开学，好早点看到同学，看到老师，也早点开始我新的学习。

祝李老师全家春节好！祝您的小宝宝少哭少闹，让您睡个安稳觉！

学生　宁玮

1988年2月10日

我引用这封信，并不是想以此夸耀自己如何博得了学生的“崇拜”。不，我从来都认为，学生对老师的溢美之词更多的时候是一种真诚的礼貌。教师若真的就“陶醉”起来，那真是“自我感觉太好”了。我一字不漏录下宁玮这封信，是因为这封信直接表露出了她单纯善良的本质，这一特点将在她以后步入社会后的人生历程中产生说不清是好还是坏的影响。读了这封信，我想了很多：宁玮的正直善良当然不是我给她的，但从信中看，在她几个月的高中生活中，我无形中强化了她的这个为人信念。读到她原来的老师要她去送礼“拉关系”时，我一方面为宁玮的纯洁而高兴，同时我又有一种莫名其妙的担心。担心什么呢？我好像又说不清。

不过，有一点我是坚定的，她的善良应该永远保持！

寒假结束后的一件小事，再次显出了宁玮人格中的亮色。

本来按规定，住校生必须在开学典礼的前一天返校，而宁玮却是在开学典礼时匆匆赶到的。我问她为什么迟到，她支吾了很久，才吞吞吐吐地道出了原委——

宁玮的确是头天下午乘上返校的公共汽车的。但行车途中，公路阻塞了，等了很久，一直没有通。

天色渐渐晚了，公共汽车上的旅客纷纷拿出糕点、水果等当作晚饭吃了起来。宁玮也从提包里拿出煮鸡蛋吃了起来。这时，她突然发现一位四五十岁、戴着帽子、穿着半新不旧的棉袄的农村妇女静静地坐在位子上，手里既没有糕点，也没有水果。宁玮想，可能她没有带吃的吧。

于是，她便又拿出两个鸡蛋递给那人："阿姨，你吃鸡蛋吧！"

那人似乎有些惊讶。车里的其他人看着这一切，似乎也很惊讶。

宁玮直接把鸡蛋塞进那位妇女的手里："拿着吧，都是出门人，不用客气！"

那人很感动，接过鸡蛋，但硬要付钱给宁玮，宁玮坚决不要："我不要你的钱。这蛋是自家的，不是花钱买的。"

车上的人都看着这温馨的一幕，不少人感慨："这姑娘的心多好！""现在这种人真是不多见！"

可车厢里居然有一个痞子模样的人怪声怪气："啊哈！活雷锋，也给我一个嘛！"

宁玮的脸一下子涨得通红。

但是，那位妇女站了起来："你想干什么？"

车厢里的大多数人也对那痞子吼了起来："你想干什么！"

结果痞子没声了。

那位妇女和宁玮聊了起来。原来，她也是农村人，是去乐山看她一个亲戚的。

阻塞的公路终于开通了，但车到乐山已是深夜，那位妇女怕宁玮不安全，一直把她送到乐山一中，但学校大门早已关闭。于是，那位妇女主动把宁玮带到了她亲戚的家里……

讲述完这一切，宁玮自责地说："我如果前天赶车或者昨天上午赶车，也许就不会迟到了。"

面对她那颗水晶般的心，我还能说什么呢？

以前我们不少教育论者谈到教育，总是把学生当作空荡荡的容器，而所谓“教育”就是教师往这些“容器”里面装“高尚的思想”装“美好的道德”……但从教多年，在和学生深入交往的过程中，我深深感到：其实，在很多时候很多方面，学生的心灵倒比我们教育者纯洁得多也高尚得多！“学历”“阅历”“经历”等使我们“成熟”起来，也冷漠起来。从这个意义上看，我们的确应该向学生学习。

那么，教育者真的就没有什么事做了吗？不，在有些时候，面对有些学生，教育的灌输也是必需的。但面对多数学生，特别是像宁玮这样的学生，我们要做的是“保持”“扶持”与“引导”：让学生保持一颗童心，扶持学生美好道德的萌芽并不断健康生长，引导他们面对复杂甚至有时显得比较阴暗的社会现实，让“纯真”更坚强也更机智！

宁玮后来对好友赵琼谈起返校“奇遇”时说道：“我当时一看到那位妇女，我就觉得她像我们乡里的好多父辈的农民，他们朴实善良，他们真正是一辈子‘面朝黄土背朝天’啊！比起来，我们这一辈人很幸运，我们在城里读书，父母们却在乡下辛劳，用他们的汗水供养我们。或许包括那位中年妇女的儿女不会再像父辈那样辛劳，但正是为了我们这一代人的翻身，他们可能付出了更大的代价！真的，我一看到她，就想起了我的父母……”

宁玮朴实无华的言行，感染了她的同学。毕业前夕，赵琼在作文中写道：

宁玮对乡村有一种特殊的炽爱之情。她爱花，爱草，走过一块小小的菜地也要蹲下去仔细瞧瞧那每一根嫩芽。她是那样深深地爱着她的父母姐弟，爱着她的乡村家园！也许是为了把这种感情化为行动，她发奋地学习，认真地工作，真诚地待人。高中三年来，无论是当班干部还是当室长，或者是为学校管理广播室，她都尽心尽力而且严格认真。她抓紧每一分钟时间学习，上课积极思考并主动发言。她在课余给同学们带来欢乐：为同学们剪漂亮的纸花；在晚会上以清纯的歌喉为大家唱《洪湖水，浪打浪》；在太阳岛，她俨然像个特级厨师，给大伙儿煮好吃的饭菜……因此，她受到同学们深深的爱戴，也因此连续两年被同学们选为三好学生。

然而高考结果下来了：宁玮落榜！

其实，她就差那么几分，如果她是城市户口，或者她的父母稍微有点“头脑”与“社会活动能力”，或者她家里多少有一点“经济基础”，她完全可以通过“委培”或“自费”或其他途径踏进大学校门的。事实上，当时同班的不少同学分数比宁玮低得多，最后仍然通过各种门路上了大学——因为他们是“城里人”！

我绝无半点鄙薄这些“城里人”的意思，因为他们毕竟也是我喜爱的学生，我真诚地为他们最后还是如愿以偿而高兴。我之所以把他们与宁玮比较，只是想说明并突出宁玮的“不幸”而已。

宁玮返校看高考分数那些天，她和几位远道而来的农村同学就住在我家。面对她控制不住的眼泪，我虽然一遍遍苍白无力地劝慰她，但在心里再一次升起沉重的负疚感……

当年的10月，我收到宁玮的来信：

李老师：

您好！刚开学一定很忙吧？您新的一批学生听话吗？

几个月来，我如同大病了一场。想起高考，我就觉得自己对不起多年来为我辛劳的父母，对不起老师三年来的培养。但想到老师您是那么关心我，我还是应该向您谈谈我的心里话和今后的打算。

李老师，通过这次高考失败，我第一次因为自己是乡下人产生了自卑感。我的分数只差那么一点点，如果我有一个城市户口，我完全可以像班上其他同学一样读“委培”。这段时间我不止一次地感叹，命运对我为什么这样不公？请您不要以为我看不起自己的父母和自己的家乡。不，我从来都不因为自己出身农家而觉得比别人矮一截，而且现在，我对家乡的感情仍然没有变。但对在分数面前，城里人和乡下人不能完全一视同仁而感到不平。当然，如果我在高考时能够再多考几分，使我的分数上统招线，我就能和其他人一样拥有同等的被录取的权利了。唉，还是怪我自己不争气啊！李老师，我是您最没出息的学生，辜负了您的希望，以后真没脸来见老师了！

本来，我可以再补习一年，而且如果那样，我相信经过一年补习我是很有可能考上的。我的父母也希望我这样做。但想来想去，我还是放弃了这条路。因为我的弟弟还在读中学，他的学习比我好，以后肯定比我更有出息。家里现在应该全力支持弟弟读书，我不能再增加父母的经济负担了。我已经 19 岁了，再让父母供养我，我实在不好意思了。我想出去找点事，既养活自己，也帮助家里资助弟弟。当然，具体干什么，现在还没有定，反正是出去打工。我虽没有什么本事，但有一双还算勤劳的手和能吃苦的精神。

李老师，虽然我没有考上大学，但三年的高中生活我没有白过。我毕竟在您和其他老师的教育下学到了不少以后有用的知识，而且更重要的是，我幸运地成了您的学生，并生活在一个充满温暖的班级！我真想有一天，我能够拿起笔写写我难忘的高中生活，甚至写一部当代的《青春万岁》。李老师，您放心，不管今后怎样，我永远会做一个正直的人，至少不能有愧于自己的良心。

祝李老师工作愉快！

学生　宁玮

1990 年 10 月 6 日

我很快给她回了信：

宁玮：

你好！

来信收到。

如果我用“正确对待人生挫折”之类的话来安慰你，已经没有多大的意义。但是，你现在确实只有正视现实。我们对生活对未来都有着美好的愿望与憧憬，然而，每一个人的生活道路总是不一样。这个“不一样”还不仅仅是指有的好，有的坏，更多的时候是意味着每个人的一生都是独特的。这个世界如同一个大森林：有挺拔的乔木，也有繁茂的灌木；有参天的巨树，也有缠绕的藤蔓；有鲜艳的花朵，也有翠绿的小草……但都在阳光下展示着自己一份独特的勃勃生机。也许，我这样说，抽象了一些，但我真的坚信，宁玮未来的人生道路可能是平凡的，但绝不会是黯淡的！

我从来就不认为没考上大学的学生就不是好学生。尤其是对宁玮，我就更不会因为你高考落榜就对你另眼相看。你的朴实、善良与正直，我是永远忘不了的，同学们也是永远忘不了的。而且我相信，在以后的生活道路上，这些可贵的品质也许会为你带来一些烦恼，但更会使你赢得人们的尊敬与信任。当然，社会是复杂的，特别是现在社会风气、社会治安都不太好，你在外奔波一定要多一些心眼，多一份机智，要学会自己保护自己啊！

我永远是你值得信赖的朋友，有什么需要我帮忙的，尽管对我说。

真诚地祝你一路平安！

你的朋友　李镇西

1990 年 10 月 15 日

从此，在紧张的工作中，我的心灵深处多了一份惦念与忧思。我常常收到许多学生来自大学的书信，每当这时，我总是忍不住想：宁玮现在又在什么地方呢？而每每这样想的时候，我的眼前总是情不自禁地浮现出宁玮刚进高中的第一个周末因想家而流泪的面容……

终于收到她的来信，已是第二年 6 月了。那时，我已调到了成都玉林中学。信是从北京寄来的，她说她现在在北京西四的一家酒店打工，干得还不错。“老板挺信任我的！”信的字里行间洋溢着一种乐观。随信还寄了一张照片：天安门前的宁玮一脸灿烂的笑容。

这次我没有回她的信，因为我 7 月份就要去天津讲学，我打算路过北京时去看看她。

那天，我在北京下车时，正好遇上瓢泼大雨，我真想在车站直接乘车去天津算了，但我还是想去看看宁玮，于是，在风雨中，我挤上了公共汽车……

当我出现在宁玮面前时，一向举止娴静的宁玮，居然兴奋得跳了起来：“呀！是李老师！”

接下来是我们滔滔不绝的“龙门阵”。我了解到宁玮确实干得不错，老板的确很信任她，最近特意安排她收钱管账。而且这里的打工妹、打工仔们都很敬重宁玮，在我们交谈的时候，几位姑娘和小伙子都在远处羡慕地看着宁玮。

她去为我冲茶时，我无意地翻了翻放在桌上的顾客留言簿，上面几乎每一页都是对“宁小姐”的夸奖。

一晃到了中午吃饭的时候，我起身告辞，但宁玮硬不让我走：“我已经给厨房说好了，你一定得吃顿便饭！”我看她急得好像要哭了，只好说：“好吧，今天我就吃宁玮一顿！”

一桌丰盛的饭菜，简直让我不敢动筷子：“宁玮，你这……”

“没什么，不费钱的！”她又补了一句，“我们老板对我可好了！”

吃饭时，她提起当年我给她的五元钱，由此又谈到我对她的关心、教育云云，颇有些滴水之恩当涌泉相报的意思，我却笑了：“那我可赚了呀！”

我又提醒她在保持善良的同时，待人接物也应多长一点心眼儿。她点头称是：“您放心，我会注意的！”好像是为了让我真正放心，她又悄悄对我说：“老师，您看那个小伙子——”她眼色给我偷偷指了指远处正在忙活的一个英俊小伙子，“他正在追求我，可我没同意，因为我觉得他这个人不大实在。”

在送我去赶车的路上，她突然硬塞给我一个东西：“这是我给小晴雁买的连衣裙。”还没让我反应过来，她又拿出一个黑色的皮革小包：“这是我送给万老师的。”连我女儿和爱人她都想到了！

我真不知说什么好！

告别宁玮后，我已不像原来那么担心她的处境了，相反我庆幸她找到了一个比较满意的工作，而且我相信她会在酒店继续干得很好的。

然而我想错了。两个月后，我又收到宁玮的来信，但不是寄自北京，而是寄自她的老家四川省彭山县黄丰乡中和村四组。

李老师：

您好！

自八月中旬后，酒家情况不怎么好，人心浮动，月底酒家只好转租给别人。我的工作也调动了，到了另一个大酒家（西直门立交桥南侧的白天鹅大酒家）上班。但过去没几天，就发生了这样一件事：一天酒店来了几个顾客吃饭，他们吃着吃着不知为什么就吵了起来，后来竟大打出手。后来，一个喝红了眼睛的男子顺手抓起桌上的一个盘子，向另一个女人砸去！我见状赶忙扑上去拉那个女人，可是，盘子却砸在了我的鼻梁上，顿时血流满面。到医院一看，鼻梁骨折了……

于是，我只好回家养伤。

当然，回家后的日子是无聊的。我想重返学校补习，因为我现在毕竟挣了几千块钱，可以供自己上学了，我实在是想读大学。可是，小弟还在上学啊！于是，上学的机会又错过了。那天，我收到赵琼从大学寄来的信，还没看，我便伤心地大哭了一场，心里说不出是什么滋味。

李老师，我很清楚我在家也做不了什么农活，父母也希望我出去继续找事干。我现在有三条路可走：一是重返学校，争取考大学；二是学个专业，挣钱养活自己；三是返京打工。究竟下一步怎么办，我仍拿不定主意。我很想到成都来看看您，望得到老师指点，可我现在的伤还未完全好。

我想，等橘子成熟了的时候，我再来看老师。

学生　宁玮

1991 年 9 月 27 日

读完信，我百感交集：宁玮啊，宁玮！明知飞旋的盘子会砸伤人，你为什么还要扑上去呢？我又一次为她的善良惶惑起来了。她的大学梦仍然没有破灭，我是支持她的。而且凭我对她的了解，我觉得只要她经过一年的发奋补习，是很有希望考上大学的。

我本来准备给她回信，鼓励她补习功课准备明年考大学。但想到她“橘子成熟了的时候”就要来看我，一算时间，不过还有个把月。所以，我便没有回她的信。

但是，“橘子成熟了的时候”她并没有来，也没有一封信寄给我。

是她的鼻梁留下了什么终身伤痕而不好意思来看我吗？是又得了什么重病了吗？是她进了补习班，紧张的学习使她无暇给我写信吗？还是发生了什么我意想不到的其他事变呢？……我这样不安地猜测着，同时，也盼望着。

一年过去了，没有消息。

两年过去了，没有消息。

三年、五年过去了，仍然没有消息！

宁玮，你在哪里？

宁玮，你还好吗？

1996年10月，我到长沙出席中国学会第十次年会刚回到学校，同办公室的一位同事告诉我，有一个人曾经给我打了个电话，我不在，对方便留下一个电话号码，叫我回来后去个电话。

当时，我根本没有把这个电话和宁玮联系在一起，可是，当我拨通电话，话筒里便传来一个声音："您是李老师吗？我是宁玮啊！"

我简直不相信自己的耳朵："宁玮""林伟""凌卫"……同名同姓的很多呀！于是我谨慎地问道："请问你是哪个 ning wei？"

对方急切地说："李老师，我是您的学生啊！"

我也更加激动地说："啊，宁玮啊！你现在在哪里？"

"我就在成都。现在在四川省委党校旁边的光华园酒楼。"

……

足足通了半个小时的电话，仿佛一放下电话，宁玮就又会失踪似的，于是不停地追问，不停地回忆，不停地叙说……她说她几年来一直在外奔波，干的都是餐饮；她说她的弟弟终于大学毕业，现在已是一位中学教师；她说她是去年下半年到成都光华园酒楼的；她说她现在就住在成都，而且已经成家，爱人是一个厨师，孩子也快满1岁……

我再次为宁玮而庆幸：好人应该一生平安！

几天后，我收到她的来信：

李老师：

您好！

仿佛隔了一个世纪，我又听到您熟悉独特的声音，而在电话里我却不知先说什么才最贴切。搁下电话，才觉得最想说的一句也没有说，还有许多都想说。

虽然已过六年，可乐山一中的朝朝暮暮，却记忆犹新。无论生活怎样变迁，都抹不去我对高中生活的眷念……

很多时候，我好想老师，好想赵琼，好想我们高90届一班的同学啊！我想原来朝夕相处的同学们，该毕业，该谈恋爱，该成家了吧？想起来总让人感慨万千、回肠荡气。

回到成都我就想和老师联系，但一直没有机会，而且也不知老师还在玉林中学没有。写信怕收不到，打电话又不知电话号码。那天，我突然想起“114”，于是我知道了玉林中学的电话号码。我马上便往学校打电话，可打几次都没打通，失望之余我想老师恐怕早已不在玉林中学了。但我仍不死心，几乎天天都打，就在接到老师电话当天早上我都打过电话，可仍没人接，令人惊喜的是稍后我便接到了老师的电话。这几天我精神很好，心情特别愉快，仿佛找回了许多失去的美好东西……我好激动！

老师，这些年来，我与老师和同学们失去了联系。虽然我奔波的天地似乎很大很大，但我生活的世界却很狭小。我一直过着动荡、平庸的生活。经历了几次恋爱，我成了个简单的家，现在与爱人就住在成都。去年我生完孩子两个月便又去了北京上班。走了几个地方，都不理想。去年九月份回来后就断断续续在光华园酒楼上班。现在，我担任酒店经理，整个酒楼全由我管，但我并不满意。由于老板背景复杂，加上在外欠账多，惹了许多麻烦，他一直在外面漂泊，酒楼现在也不景气，我也只能维持着。

李老师，我非常想见您和您一家人。万老师还好吗？小晴雁一定长大了吧？

盼早日见面，许多话都想说。

祝老师愉快，全家幸福！

学生　宁玮

1996 年 10 月 26 日

一周以后，我一家和宁玮一家在光华园酒楼相见。宁玮自然比过去显得更加老练了，几年奔波的风尘好像还蒙在她的脸上，使她看上去仿佛是一张有些发黄的照片。但她那双善良的眼睛，仍是那么明亮。

我们约定在不久后，召集在成都的老同学在此聚会，畅叙友情。

但是，在新年前夕，我几次给光华园打电话，却一直无人接。过了元旦，我去光华园找她，看到的却是人去楼空……

我和宁玮又失去了联系。我翻出她前次给我写的信，按信封上的地址成都市外北梁家巷爱民路 94 号写了一封信寄去。

然而，没有回信。

不过，这次仅仅过了半年，我便得到了她的回音：

李老师：

您好！

您年初写给我的信，我最近回四川才看到。让您担心了，实在对不起！

光华园终于还是没能维持下去。从光华园出来后，几次想给您打电话，都没有勇气。春节过后不久，我们几个姐妹应邀到H省L市为一个即将开业的大酒店做筹备工作。忙了一段时间，酒店终于开业，而且生意一直不错。仅仅两个月，酒店的名声就在L市打响了。我很高兴，准备在这里大干一番。

可就在这时，发生了两件事：

头一件发生在5月初。一个与我挺熟的客人头晚在酒店用餐，第二天中午他打电话来说价值近两万元的项链丢在酒店，他要我帮忙找找。我很快向上层经理反映此事，没想他们并不在乎，认为是顾客讹诈，想找“赔偿”。客人跑了两趟，经理都没露面，他一怒之下报了警。警察很快过来调查，并把两个服务员带到派出所拘留24小时。见被抓的服务员受委屈，我又着急又难受；见经理爱理不理，我又气愤又无奈。我尽量在经理和那位客人中间调解，没想到经理认为我轻信客人偏向客人而不维护酒店利益；客人呢，又认为我不相信他，很气我。最后，事情不了了之，可我的心里却难以平静……

再有一件，就刚发生不久。5月下旬的一个晚上，酒店来了一帮不速之客，他们大吃大喝，吃了两千多元。后来故意找碴，说有一个菜没做好，我再三解释他们也不听，我急忙把厨师长给叫出来亲自做解释。没想到，厨师长刚刚讲了一句话，他们就大施拳脚，大声侮骂，厨师长当场被打昏过去！情急之中，我报了“110”。

第二天，被打的年轻厨师长和他在酒店当服务员的女友双双辞职。他们悲愤难忍，准备到省城上告、申诉。我也很同情他们，也很难过，于是我再一次去派出所，请求他们让打人的人来给厨师长赔个不是。我找到一位看起来比较面善的年轻警察请求他帮帮忙。没想到他劝我别管这事，甚至最好别再在这家酒店干了。他又说我脾气太直、太坏，爱管闲事。又说我们“招惹”的是连当地市长的女儿也敢欺侮的流氓地痞，当地人提起他们就谈虎色变，何况我们是外地人呢。

李老师，你未身临其境，是无论如何也想象不出那几天我是怎样过的。干餐饮这行当已好几年，可这是头一次与流氓、无赖打交道。不管怎样，我是没有忘记高中第一天坐在教室里，看到那黑板上方的一行大字：“团结、善良、正直、向上”。眼见这无奈的社会，我心里很痛苦。最后，我大哭一场后，便决意不在那里干了！

面对好不容易找到而又失去的工作和高薪，我没有犹豫，毕竟人活一辈子，做一个善良正直的人比什么都重要。我和爱人回到了四川。

李老师，从迈出乐山一中这么多年来，我一直过着辗转不定的生活，虽然在每一个地方我都干得很卖力、很出色，也深受老板器重，但这行当始终不稳定，成都的家又很拥挤，待着难受。有时我真想一个人找个地方过着那世外桃源般的生活，可我又舍不得儿子和丈夫，于是只好委屈自己，姑且过着这游荡而平庸的生活。

好，就写到这里。

祝老师全家幸福！

学生　宁玮

1997年6月6日

又：李老师，这几天忙着找工作，所以信写好后一直搁在那儿，今天才寄出。过两天我要和我爱人一起到北京颐和园一个酒家上班，所以你收到信后别再回信。我到北京后再跟老师联系。

我不知该怎么评论宁玮这封沉重的来信。面对邪恶，她没有躲避更没有同流合污，而是勇敢地迎了上去！一向和蔼温柔的宁玮，居然在一些人的眼中成了“脾气太直、太坏”“爱管闲事”的人，这恰恰说明了她的高洁她的正直她的疾恶如仇！对于她对这个社会发出的某些激愤之辞，我已不想再对她进行什么自以为是的“引导”了。我相信，她的人生信念和她今后所面临的生活会使她更加成熟也更加坚韧的。

直到我7月份和家人一起上北京旅游前，她都还没有来信。

7月25日，我和爱人及女儿游颐和园时，我们甚至还怀着一丝侥幸，希望能在熙熙攘攘的人群中突然发现宁玮那熟悉亲切的身影……

直到10月，我又收到了宁玮的来信：

李老师：

您好！

很久没有给您写信，不知您现在怎样。

我刚从北京回来，这次出去，辗转几个月、几个地方，还是回来了。我之所以想在成都找份比较稳定的工作，因为从乐山一中出来这七年多来，我一直干餐饮，可工作和生活都不稳定。儿子三岁了，我和他待的时间陆陆续续加起来也没有一年。家也不像个家，“成家立业”对现在的我来说，仍是开始。

我最大的愿望是能有自己的一个摊子，哪怕再小再苦再累，我会非常乐意做好。目前，原光华园的厨师长在本市白果林小区联系了一个比较大的餐厅，有五十多个台面，他准备让我给他管前厅。干这么多年，我和他合作时间最长，一般都是他管后，我管前。在没有自己独立干的情况下，我只能先这样干着。

刚回来我还想着让老师帮帮忙，托您帮我找一份比较稳定的工作，干什么都行。现在看来暂时不需要麻烦您了。等我哪天实现了自己的愿望，有了自己的小店面，那时，咱们高90届一班在成都的师生就有一个固定的联系点了，咱们就可以经常聚集在一块，聊聊人生，聊聊社会。虽说当初大家都在一块学习生活，可一踏入社会，这么多年，还没有团聚过呢。

拿我来说，多想有一间自己的书房啊！放张写字台，在夜深人静的时候，坐在桌前写出自己刹那的人生感悟——不成，家里人多，房间又太小；我又想一个人回老家，去过陶渊明似的田园生活——不成，你还必须待在这拥挤喧嚣的城市，还得挣钱养家。有时我觉得能着实地拥有孤独也是一种幸福。独处的时候，人会清醒，孤独和痛苦反而会触动人的灵魂并激发人对生活的感悟；而平静富足的生活往往会腐蚀一个人，让他变得庸俗和迟钝。当然，这只是我的体会而已。

我时常在想，赵琼她们现在不知怎样了。我相信更多的高90届一班的同学比我过得充实而幸福。但这七年打工的人生经历，正如在乐山一中的三年一样，它虽然没有丰硕的果子，但却同样让我得到了很多很多，是我人生最重要的一页！

好，就写到这里。我衷心祝老师愉快！祝老师写出更多更好的作品！

学生 宁玮

1997年10月21日

从那以后，我又没收到过宁玮的音信了，也不知她的餐厅开业没有。

前不久，我去广汉市参加四川省青年教师语文教学大赛。当我上完课走下舞台时，几位青年老师围了上来，要我签名并请我合影。我欣然答应了他们的要求。

照完相，其中一位看起来特别朴实精干的小伙子突然问我："李老师，您还记得宁玮吗？"

我一惊，在这个地方，居然有人提起"宁玮"！我连忙问他："你是……"

小伙子有些自豪地说："我就是宁玮的弟弟！现在彭山青龙中学工作，和您一样，也教语文。"

"啊！你就是宁玮的弟弟！"我激动地一把抓住他的手，仿佛他就是宁玮。

我问他宁玮的近况，可他说："我也不太清楚，因为姐姐几年来一直是东奔西走。不过，她应该回四川了。"

茫茫人海，宁玮在为自己的理想而不停地奔波着……

当我写到这里，又禁不住想：此刻宁玮又在做什么呢？不过，我现在已经不太担心她会和我失去联系。因为说不定哪一天，我又会突然收到她寄自某某酒店的来信，或者电话铃响起的时候，我提起话筒，里面会传来宁玮那亲切的声音：

"李老师，您好！我是宁玮。"

崔涛：怀揣善良追逐理想

我第一次见崔涛就喜欢上了这孩子。

那双眼睛特别大，特别亮，特别有神，清澈而温暖，仿佛通过这双眼睛就能看到他纯净的心灵。唯一遗憾的是，他皮肤黑黑的，但正因为如此，那双眼睛就显得更加明亮了。我相信不只是我，任何老师和同学第一眼见了崔涛都会喜欢他的。

崔涛是我在成都市石室中学任教时的学生。1997 年秋天，孩子们刚进初中不久，便迎来了学校的艺术节。崔涛报名参加卡拉 OK 比赛。说实话，我当时对崔涛能否获胜并没把握，可据从小学一年级就和他是同班同学的潘琴说，崔涛的声音很好，在小学时，就是音乐老师的宠儿，只要代表学校参加唱歌比赛，老师都叫崔涛去。于是我对他有了一些信心，鼓励他好好准备。

谁知道就在艺术节快开幕的时候，崔涛在课间踢球时把脚摔骨折了。同学们都在叹息，这下完了，卡拉 OK 比赛参加不了了！可崔涛说他一定要参加。但我还是不放心，问他："崔涛，你真的行吗？要不还是换一个人吧？"

但他坚定地说："没关系，我能唱，放心吧！"这句话让大家也放心多了。但我们还是担心他连走路都一瘸一瘸的，唱歌更不方便了。

那天下午天气很热，卡拉 OK 比赛在学校逸夫艺术楼开始了。这是艺术节中最受欢迎的节目，礼堂里座无虚席，连过道上都坐满了人。终于轮到崔涛了。报幕员说："下一个节目由初一（3）班表演，请听《长江之歌》。"

只见崔涛被卢星月扶着摇摇晃晃地走上了舞台，站在台子中央，他只能一只手撑着拐杖，用一只脚站着。看着他带伤参赛，全场响起了热烈的掌声。音乐响了起来，他开始唱了："你从雪山走来，春潮是你的风采……"

刚唱了两句，掌声就再次响了起来。他的声音是那样高亢，那样悠扬，回荡在大厅，震撼着每一个人的心。一曲终了，满堂喝彩。

那次是崔涛第一次在全校亮相，他为了集体荣誉而拖着伤腿登台演出的风采，就已经征服了所有的人，更赢得了全班同学的尊敬。

崔涛的确颇富艺术天赋，他不但歌唱得好而且还弹得一手好钢琴。我班参加学校歌咏比赛时，我担任指挥，他担任伴奏。这也算我和他的一次合作。

别以为他是因为成绩不好才学艺术的——当今中国，这样的艺体生不少，好像学艺体是迫不得已的选择一样，真是悲哀！崔涛的成绩那可真是棒，而且不偏科，可以说是门门优秀，包括语文。他的作文在班上不算最好，但也不错，而且有时写出一些颇有灵气的句子，比如有一次我让同学们以“阳光”为内容写诗，崔涛写了这么两首小诗——

（一）
一束束阳光，
似那一根根琴弦。
一阵风吹过，
便弹奏出缥缈而又美妙的声音。

（二）
宛如金色的小溪，
在那树叶上流淌……

我说过，我特别喜欢既聪明又纯真的孩子，崔涛也是这样的学生。他特别善良，只要是为了同学为了班级，他随时都愿意效力。

开学第一天，我给孩子们送的见面礼是一句话：“让人们因我的存在而感到幸福！”崔涛记住了。开学后，我给孩子们推荐的第一本书是《爱的教育》，崔涛同样记住了并认真阅读。有一天，他来找我：“李老师，请您把安超同学安排来挨着我坐吧！”

“为什么？”我问。其实我是感到奇怪，因为安超成绩不太好，又很调皮，如果和他同桌，学习肯定要受影响的。然而，崔涛居然主动要求和他同桌。

崔涛说：“我看安超上课不认真，经常说话，或开小差，如果我挨着他坐，就可以随时提醒他。”

我真是被崔涛的纯真的爱心所感动，答应了他的请求。从此以后，不但每堂课崔涛都要提醒安超认真听课，而且几乎每天下午放学后，崔涛都要把安超留在教室里，检查他当天的功课是否听懂了，给他讲解他还没弄懂的问题。

天天如此，我更感动了。但常常很晚才回家的崔涛，却让他妈妈不高兴了，她给我打电话，要我把崔涛和那位同学调开，她还请我劝劝崔涛，把自己管好就行了。我找到崔涛问他是否同意把安超调开，崔涛坚决不同意，他决心继续帮助那位同学。我又问：“是不是你妈妈不让你帮助安超了？”他说：“是的，我妈妈担心我受影响。”我说：“你是对的，应该坚持！我支持你！”

班上选班干部，崔涛踊跃报名，并积极准备竞选。他妈妈又打电话来了，要我劝劝崔涛别当班干部。我当然理解崔涛妈妈，谁不爱自己的孩子呢？作为一个母亲，担心儿子学习成绩被拉下，也是很正常的。但是，我还是给她说：“当班干部也是一种学习，而且是更重要的学习，不仅培养爱心，还培养了综合能力，不吃亏的，也不会影响学习的。”

我对崔涛说：“你的选择是正确的！我支持你竞选班干部！”

热爱班级热心助人的崔涛自然赢得了同学们的拥护，他如愿当上班干部，任学习委员。但他的服务绝不止于学习方面，只要什么地方需要，他总是二话不说挺身而出，并全力以赴。我有午休的习惯，每天中午都要眯一会儿。一天，我在家休息了一会儿后，来到学校，刚进校门，看到远处操场上，崔涛正在大声地喊着口令带领全班同学做广播操——因为学校马上就要举行广播操比赛。后来听说，崔涛对同学们说，李老师睡眠不好，我们要好好训练，别叫李老师操心，让李老师安心休息。办公室的老师对我说：“你看你班的学生多乖！”

很多年过去了，崔涛中午带领同学们练习做广播操的场景还常常浮现在我眼前，让我感动不已。

初三的一天早晨，我刚到学校办公室，教我班数学的方青老师便对我说："李老师，最近我发现每天晚自习下课后，你班一些同学都没回家，而是在教室里继续学习。"经过了解我才知道，原来包括崔涛在内的一些成绩优秀的同学，每天晚自习结束后都留在教室里为后进同学当小老师，为他们补课。

这实在让我感动。哪个学生的时间不珍贵？哪个学生不面临激烈的升学竞争？而崔涛们这样的付出又是一种怎样的牺牲？数学方老师也感动地对我说："只有你们班的优秀同学才能做到这一点！"在升学竞争的巨大压力下，为了个人的利益和前途，有的学生往往容易产生自私自利的思想，学生之间可能会出现钩心斗角的现象。我一开始就警惕这种现象在我班发生，如果真的出现了这种现象，这将是我教育的失败。而崔涛们的行为让我无比放心——我的学生是不可能那么自私的。直到临近毕业的最后一天，我们集体都洋溢着同学之间真诚的爱。面对应试教育的惊涛骇浪，"风雨同舟"成了我们共同的信念。

崔涛带后进同学补习功课，但他给他们补上的绝不仅仅是功课，还有一种不惧困难的刻苦精神。我至今保存着崔涛初三时的一篇作文——

初三是青春的摇篮

"初三"这个词，原本听来是多么的可怕——作业多，学习压力重，老师很苛刻……可真正进入了初三，充满内心的却不仅仅是这些，更有无数欢乐与喜悦。

初三是青春的摇篮！早晨，一踏进教室门口便看见许多同学或奋笔疾书，或演算习题，或抱着书背英语单词……一股激动的暖流便涌上心头，自己便放下书包，迅速地投入"战斗"。在这种时候，即使你还想睡会儿懒觉，难道你睡得着吗？不会的！你一定会学习的——青春在召唤着你！课堂上，一双双眼睛都盯着老师，全神贯注的，一只只耳朵都竖了起来，聚精会神地听老师讲课。在这种时候，你会去找别人讲话吗？你会开小差吗？不会的！你一定会专心地听课——青春在感动着你。晚自习时，虽夜幕早已降临，可石室中学许多教室的灯都亮着。黑暗的天幕更衬托出灯火的辉煌。在这种时候，没有一丝风，学校里的树叶和花草更是静谧与芳馨，它们也在聆听教室里“沙沙”的写字声，怀着一种羡慕久久注视着教室……你难道不感到这是种幸福和甜美吗？不会的！青春在温暖着你。

初三，是这样的青春！它让我们去拼搏，去友爱，去战胜自我。“沧海横流，方显英雄本色！”让我们这些青春的同学，扬起风帆，冲破重重阻碍，共渡中考难关！让我们携手共进，去热爱，更去挑战这青春的初三！

崔涛读高中后，我没有再教他，因为我读博士去了。三年后我回到成都，崔涛已经进入高三，而且再有三个月就要进入高考考场了。一天早晨，我在学校教学楼碰见崔涛，他正吃力地背着一位同学上楼。我仔细一看，那同学腿上打着绷带，显然骨折了。原来这位同学打篮球时不慎摔伤。于是，崔涛便每天去家里接他，先坐车到学校，然后背上他从一楼走上五楼。

当天晚上，我又接到崔涛母亲的电话：“李老师，崔涛就听你的话，你帮我劝劝他，别每天都送那个同学了，马上就要高考了，时间耽误不起啊！”

我一听就火了，我说：“你知道你有一个多么优秀的儿子啊！”

高考结束后，以优异的成绩考上中国科技大学的崔涛和向启、蔡峰、王立玮、卢星月等同学请我吃火锅。记得当时一坐下，我就说今天我埋单，因为你们是学生，还没有收入呢。可学生们说：“不可能！今天我们要感谢你！”崔涛说：“李老师生日的那天，我们就想给你庆贺生日，可你在苏州。今天我们算给你补贺生日。”

我们一边吃一边聊。崔涛说他也听到个别人对我的教育思想不理解甚至反对，“但是，我认为，李老师的做法是否有效，李老师的教学如何，李老师是否爱我们，作为他的学生，我最有发言权！一个老师好不好，首先应该听学生的”。他说，他正在写一篇文章，专门谈他所感受到的李老师的教育。

崔涛还像大人一样鼓励我：“李老师，坚持你的理想，不要管别人说什么！”

我说：“那当然！”那一刻，我觉得崔涛俨然是我的老师。

不久，崔涛果真把他写的文章发给我。不过，这篇文章远不止是谈我对他的影响，而是很宏观地对中国教育进行反思剖析，他特别谈到他对素质教育的理解——

素质教育不是叫学生玩，而是教会学生怎样更好地学，怎样克服学习生活中遇到的困难——排除一切干扰学习的因素，并且让学生不自我满足，不断地挑战自我。应试教育其实只是素质教育的一部分，它只管学生的学习，而忽略了影响学习的因素。

素质教育是让人终身受益的，而应试教育只是一种不负责任的表现——只在中学阶段看着满意，而不管学生的未来。

更准确地说，素质教育包括做人教育和常规教学。做人教育便是培养学生的基本素质，包括坚强、自信、自立、自强、乐观、善良、正直、尊重师长、爱护老幼、积极好学等等，而常规教学便是引导学生学习，教他们怎样学习，教会他们知识点，为积累知识为高考……

从学术上说，崔涛的这些论述也许不那么严谨，他却非常朴素地说到了素质教育一些本质的内涵。作为刚毕业的中学生，能够有这样的理解，难能可贵。

崔涛还分析了为什么今天在中国搞素质教育那么不容易——

因为这对老师而言，很难，很累。因为首先老师必须自己具备这些素质，其次就是要做太多的教学以外的事情。本来老师备课上课批改作业就够辛苦的了，还要做比这些更累更苦的事情，自然是不好做的。但这毕竟是方向，是老师的目标，老师都是为教出自己满意的学生而欣慰和自豪的，我想这也许就是老师追寻自己快乐的方式也是老师的责任。但这也是做得到的。

由此他谈到了我——

我至今仍对我初中时的班主任李镇西老师充满敬意和感谢。他便是这样做的，不管多忙多累，都要通过跟学生谈心、家访等等及时了解每个学生的情况，了解他们的兴趣爱好、当时的朋友等等以了解这个学生的性格等，做好每一个同学的工作。而且利用班会课等不断地给我们进行做人教育，既对整体又对个体进行全面的做人教育。当然学习这一块也没落下，最后我初中班的中考成绩也是相当好的。这种细致入微的作风是我从未见过的，效果也很好。做好了做人教育全班的凝聚力有了，学习生活上互相帮助。我感觉自己就受益匪浅，因为那时更强化了我的一些品质，在高中时我就靠着这些品质获得了今天的一点点成绩。有时我自己想想，如果初中没有遇到李老师，那自己到现在就是另一个人了……

2004年春天，我去中国科大讲学，又和崔涛见面了。我邀请他来听我的讲座。于是，第二天，面对崔涛，我在讲座中讲了他的故事。

崔涛大学毕业后，很顺利地在上海找到了一份不错的工作，但半年后回成都过春节时来到我家，对我说他想改行。我吃惊地问："怎么了？对现在的工作不满意？"他说也不是，但他更想从事教育。我追问为什么，他说，他感到现在中国的教育有问题，培养了很多自私的人，他想通过自己的努力改变，或多或少改变一下这种情况。他当然不会天真到以为靠自己一个人就能改变中国教育，但他说做一点算一点，尽力而为。——当时他的原话我记不全了，但意思就是这样的。

我当时很感动，说："崔涛啊，你就是温家宝总理所说的那种'仰望星空'的人！"

后来我给他介绍去了我的好朋友杨东平先生那里，在21世纪研究院工作。记得那次杨东平到成都来，我专门叫上崔涛，结果杨东平一见了皮肤黑黑的崔涛就说："整个一个成都奥巴马嘛！"几年后，他又回到成都和朋友办了一所教育机构，继续追逐着他的教育理想。

2008年春天，我曾经请崔涛到我现在工作的学校给学生们做讲座，他以聊天的方式结合自己中学时代的经历谈学习，谈成长，谈人生，最后，他介绍了美国一个叫福尔姆的哲学家所写的《我们得回到幼儿园》中的一个忠告——

1987年5月，75位诺贝尔奖获得者在巴黎聚会。有人问其中一位老人："您在哪所大学学到您认为最重要的东西？"那位老人平静地回答："在幼儿园。”“在幼儿园学到什么？”老人回答，在幼儿园学到：

要乐于同别人分享你的一切东西；

要公平正直、光明正大地与别人竞争；

永远不要打人；

把你找到的东西放回原处；

你弄乱的一切要由你来负责整理得井井有条；

不要拿不属于自己的东西；

在你伤害别人时要道歉；

吃饭之前要洗手；

要知害羞，要有廉耻之心；

热牛奶有利于身体健康；

要让生活过得丰富多彩；

不仅在每天都要有所学，有所思，还要在工作的同时作作画，唱唱歌，跳跳舞；

每天下午要小睡一会儿；

在踏入社会的时候，要随时注意交通安全；

要互相团结，彼此扶助；

要始终保持一颗惊喜、好奇的心。

李之：聆听花开的声音

记得李之刚进初中时，高挑的个子站在同学中便有点鹤立鸡群。不过，比她个子更引人注目的是她那一头乌黑的长发。按学校德育处“男平（头）女短（发）”的发式规定，李之留着长发显然违规。当我告诉她学校对学生发型的要求时，她说：“我会弹琵琶。”她的意思是她有艺术特长，而学校对艺术特长生的发式则网开一面，允许留长发。要知道，那个年代尽管擅长乐器的孩子已经不稀罕，但那些孩子大多学的都是钢琴小提琴之类的西洋乐器，而会琵琶的孩子不多。所以，每次学校演出，高高的李之抱着琵琶登上舞台，总能吸引不少敬佩的眼光。不过，我印象中李之在学校弹琵琶没弹多久，因此后来她也把长发剪短了。

在不少人心目中，有艺术特长的孩子大多成绩不好，或者说正因为文化课成绩不好，才学点音乐，为的是将来升学时能够加分，考大学文化考试的门槛也要低很多。学艺术不是着眼于素养而是为了增加应试加分，艺术教育被绑在了应试教育的战车上，学音乐的人文化素质却很低，这也算是中国基础教育的悲哀。但也有例外，比如李之。

李之的学习成绩那可是一流。门门功课都很优秀，包括女生往往不容易学好的数学之类，她也学得很棒。她一点都不偏科，理科好，文科也优秀。尤其是她的写作，常常让我这个语文老师拍案叫绝。她的文笔温婉细腻，比如："年轻的我拥有所有的欢乐。尽管年轻的我走得并不怎么稳，但我脸上始终灿烂。暖暖的阳光照在我的脸上，我闭上眼睛。一片梧桐叶落下来吻了我年轻而不安分的头发，点点温柔如水一样。"这样的句子我显然是写不出来的。同时，李之的语言也不乏诙谐活泼，比如，她有一次写放学回家路上，肚子正饿，"忽然闻到一股烤香，我精神顿时大作，定睛一看，原来是一家烧烤店，生意还挺红火。我立刻将卫生知识抛到了脑后，停了车冲了进去"。这样的叙述非常富有生活气息，且符合儿童的心理。

李之的心非常细腻，能够从生活中点点滴滴收获感动。比如下面这几句关于烧烤的文字，写的就是一位普通劳动者的细节以及李之的感动："叔叔不停地用作料调味，将土豆翻动着。谁知，大概用力过猛，其中一串上的一个摇摇欲坠的土豆掉进了炭火里，我心里暗想：这下倒霉了！叔叔没说话，又重新拿了一串放到火上烤起来。'好了！'终于等到了这句话，叔叔给了我两串，我付了钱。谁知他又拿起那串只剩下三个的土豆，递给我，说：'拿着，拿着。'我被搞得莫名其妙，又不好拒绝，只得再掏钱，可叔叔却硬是不收。"

再看李之这篇文字——

大概现在很多少女们都很喜欢"浪漫"，拿本班来说，潘琴是最好的一

个例子，她总是设想：在一片绵绵细雨的世界中，自己穿着长长的白裙子，撑着一把美丽典雅的小伞，风吹过来，长发飘飘……

我想我也是一个爱浪漫的人，但我的观点和潘琴不同，我认为，真实的感动、平凡的温馨就是浪漫。

我曾经在一辆拥挤的车上见到过这样一个情景：

一对老年人互相搀扶着站在我对面，而我稳稳当当地坐着。汽车颠簸得很厉害，我心里暗自思忖：要不要让个座？我考虑了很久，最终还是没动。

车里的人挤得更加热闹了。

我始终看见，白发的丈夫努力用手挽着满头银丝的妻子，那双饱经风霜的手并不十分有力，但很顽强。丈夫的目光里流露出的丝丝温存，将他们带到一片宁静的世界，那里没有嘈杂，没有拥挤。

其实，这只是生活中很平凡的一幕，绝没有琼瑶故事的大起大落以及那些山盟海誓与天长地久，却让我产生了一种特殊的感动，这里没有鲜花，没有月光，没有小河，也没有俊男靓女，更没有缠绵泪水，而浪漫却在这里停住了脚。

我想起潘琴，想起了她认为浪漫的“雨中情调”，我不禁笑了。我明白了：浪漫是一种真情，是一种心与心的碰撞，甚至，它可以成为一种岁月的象征。它在任何角落都可以找到，不需要花前，不需要海边，也不要在月下。

我曾说过，我欣赏的人是天赋很高同时又特别纯真，李之正是这样的人。前面我说了，她学习成绩非常好，又有艺术特长，但她从来没有表现出一点点傲慢与虚荣，她非常纯真，特别是非常善良。有一天晚上，我突然接到她的电话：“李老师，明天是郭丽同学的生日。”我说：“是呀，我已经给她写了生日贺卡了。”她说：“哦，我怕你太忙，把她的生日忘记了。”我说：“怎么会呢？”那一刻我很是为李之感动。郭丽是一个相貌平平的女孩，成绩不是太好，李之对她却非常关心。在郭丽同学生日前夕，李之怕因为李老师忘记郭丽同学的生日而让她心灵受伤，于是特意打电话提醒我。这就是李之。

读了李之三年的作文，我印象最深的是这一篇——

不能一无所有

这几天下午的太阳很大，让人口干舌燥。放学后，我和竺商量了一下，决定到校门外的小卖部去买水。

竺没有带钱，我摸摸裤兜，翻出了仅有的3块钱。于是，我们急切地走到一家小卖部前，我抽出一个最大的纸杯，问竺:“你想喝什么味的？”她说:“随便，来杯苹果汁吧！”

这时，来了一帮穿得很“耐克”的学生，他们很高，自行车也很漂亮，看样子家里很有钱，我和竺有意识地朝边上站了站。小店的宁静立刻被他们的来到打破了:“老板！二十串羊肉串。麻哥，你还要什么？”“哎哟！咋那么挤哟！”“让让让，没看到我是人嗦！喂喂喂……我还要两块巧克力……”

我和竺很厌恶地看了他们一眼，我赌气似的接了一杯苹果汁，便拉上竺走了。

我们端着水，回到学校，看到正在操场上练跑步的同学，心情又好了许多，那毕竟是我们可爱的同学真诚的朋友啊！我和竺开始为他们鼓劲，买水时的不愉快也就慢慢地淡忘了。

晚上回家睡觉的时候，我发现裤兜里的3块钱竟如数未动，这才想起昨天由于一时的疏忽我竟忘了付钱。

今天早晨，我把这件事告诉了竺，她回忆了好久，说:“好像是没有给，那么多人，又那么吵，头都吵昏了。”我问:“我们是不是该送回去2块钱？”竺笑着问我:“我想，我们……送回去，是不是别人会觉得有点假？”她的声音越来越小，其实我心里也有这样一种担心才问她的。

“算了，让人笑死了！”竺说。

“就是就是，挺傻的。”我赞成了她的想法。

事情好像这么定了。可是……可是，我今天整整一天心里都不踏实，不知是为什么。

现在，夜已很深了，我做完了作业，又想起了这件恼人的事。我想了好久，终于决定给竺打电话，告诉她明天我们一起把这2块钱送还给摊主。我想，竺一定很乐意跟我一起去的。

钱不算什么，可是，如果失去了童心，我们真的一无所有了。

李之毕业后，我也去苏州读博士，后来她和同学们回来看过我。再后来，我听说她随父母移民加拿大。我还在网上给她开玩笑：“呵呵，以后我就多了一位外国朋友了。”

中断了几年的联系，有一次突然收到了她问候的电子信件。我很是激动，回复她：“李之，最近在外讲学，我总要讲那次我去西安学习三个月，离开你们时，你和同学们在火车站跟着开动的火车一边跑一边叫李老师再见的情景。”

她回信说，那也是她永远不会忘记的最温馨的一幕。

是的，我们都永远不会忘记。那次我把头探出车窗望着月台上奔跑的孩子们，挥手叫他们别跑了，可孩子们依然在奔跑。突然，我看到李之跑不动了，不得不蹲在月台上哭了起来……

无论是当时，还是现在，想起这些，我的眼眶总是湿润。

过了一段时间，我又收到她给我发电子邮件，说告诉我好消息：“我收到华盛顿大学的录取通知书了！”

我赶紧祝贺她，她却说：“我想再等等，因为我同时申请了好几所大学，比如耶鲁大学，万一我又被耶鲁大学录取了呢。”

没过多久，她又来信了：“李老师，我被耶鲁大学录取了！”

我再次祝贺，可她还不满足：“我再等等，说不定还有更好的大学等着我呢！”

果然，随后她先后等来了密歇根大学的通知书，埃默里大学的通知书，加利福尼亚大学洛杉矶分校的通知书和哈佛大学的通知书！

我的天！李之啊李之，你怎么那么牛！

最后，李之选择的是第一个给她寄通知书的华盛顿大学。

这又是好几年过去了，最近一次和李之的联系，是请她写回忆我的文章。《语文世界》杂志约我写“我的中学时代”，还要配我学生的读后感，我当然就想到李之了。李之已经在美国工作，相当忙——顺便说一下，李之后来并没从事我认为她很能发挥自己天赋的文学或人文领域方面的职业，而是在癌症研究所搞搞研究，用她自己调侃的话说“是个科学家了”，但我还是给远在西半球的她提出了请求。结果她很快发来一篇短文——

记忆中的浪花朵朵

李 之

李老师的《我的中学时代》，不少地方看得我乐坏了。

“于是我不再迟疑，也跟着跳进了大渡河”让我忍俊不禁，不禁想象起当时的场面来，因为李老师的描述太有画面感了。我脑海中出现的一群几十年前的少年，他们的中学时代无疑有那个年代的时代感，他们捣乱，上课对老师不敬，甚至摘掉老师的帽子扔了，但他们善良、热情，充满着朝气和对未来的希望。而这些，和年代无关，是我们每个人青春的印记。

让我感动的是李老师文中的各位老师们，他们中的绝大部分已经作古，但他们对李老师的影响无疑是深远的。李老师也何其幸运，能遇到这么多好老师，我想他在写这篇文章的时候，一定会无数次地感慨时光飞逝，感叹命运无常。我为李老师把几十年前的事情记得如此清晰而感动惊讶，也突然意识到，我的中学生涯离我也已有十年之久了，有过许许多多的老师，温和的，严厉的，幽默的，刻板的，喜欢的和不那么喜欢的。十年过去，那些快乐或尴尬的陈年逸事，就像浪花朵朵，在记忆的长河里跳动着，时不时地，仍能带给我温暖和微笑。

李老师是我初中的班主任，也是我踏进中学大门认识的第一位老师。他的特点很多，上课有趣轻松，当班主任更是很有自己的一套，现在回想起来，能让刚步入青春期的一帮小孩如此服他，真是一件不容易的事！不过要说他最大的特点，在我看来，则是他非常爱我们，这种爱是与生俱来毫无遮掩的。他真诚地为我们每一方面的进步感到高兴，更是真心地为我们的退步着急。

上中学之前，我的语文是非常差的，我也不喜欢语文。上李老师的课之前，我觉得这不过又是一位让我们不停地读课文和概括文章中心思想的老师。可是我大错特错了，他真正让我爱上了语文，喜欢上了读书。我还记得全年级的四个班里，我们班是唯一一个语文课经常用来读世界名著的班，让别的班的同学羡慕不已。我们班的同学们会按学号每天由一名同学出一份名为《石室晨报》的小报，有趣的是我正是负责提醒各位同学，并每天在教室后面的黑板报上张贴报纸的人。小小年纪的我为此感到无比骄傲！只是这份报纸只从初一办到初二的暑假结束，因为初三我们不得不面对中考的压力。为了写一篇作文，李老师带我们出门到大自然踏青，让我们有更好的感受和更开阔的思维，为此他跟学校领导申请，甚至争执，当时我没意识到，现在才知道这多么需要勇气、责任感和他对语文、对生活的热爱。每篇作文完成之后，我们都有两节连在一起的作文课，分为8个环节，其中“佳作亮相”“片段欣赏”“老师随笔”都是同学们呼声很高的亮点。很多当时我的朋友们写过的作文，都曾给过我深深的感动，比如黄璐莎的《记府南河边踏青》和周晓竺的《礼物》，十多年过去，还能够被我记起。在我们初三毕业之后，李老师为我们编辑了一本班级史册《花开的声音》并且出版了。每一次翻起这本书，就像看到了很多当年的日子，当年的小伙伴，当年那些为我们付出太多的老师。

岁月匆匆，时光荏苒，生活在前进，一站又一站。脚印掩去我们，灰尘又湮没足迹。只有记忆中的小浪花，还在那里，晶莹剔透，随手采撷，都还有当年的芬芳。我想李老师的中学时代，我的中学时代，每个人的中学时代，无疑会在我们脑海中伴我们一生，因为那是我们每个人的无价青春。

我至今保存着一张照片，这是2000年春天，我和即将毕业的孩子们在学校外锦江边的一棵大树下拍的。当时李之为这张照片配了几句诗——

叶底将吹起岁月的风，
树梢会掠过记忆的云。
大树下，
五十八张灿烂的笑脸；
心湖里，
荡漾起温柔的涟漪。
我们在同一片蓝天下，
静静聆听那花开的声音。

原诗没有题目，我帮李之这首小诗配了个题目：“青春”。

胡夏融：善良的人格魅力

1999 年 2 月，在新学期的班委改选时，我请同学们投票选举新班长，结果全班同学都异口同声地大声喊着一个名字：“胡夏融！胡夏融！”

于是，胡夏融成了我班第一位没有采用无记名投票的方式而确定的班长。

胡夏融为什么在大家心中会有这么高的威望呢？

胡夏融未当班长前是团支部书记。我想起这样一件事：在一次发展新团员的时候，因为名额有限，本来表现也很不错的尹萍和陈婧月未能得到填写入团志愿书的机会。作为班主任，我想找个机会和这两位女同学好好谈谈，鼓励她们不要灰心，继续争取。谁知刚找到她们，她们就都笑着对我说：“胡夏融已经找我们谈过了！”

尹萍同学在当天的随笔中记下了胡夏融找她谈心的事——

课间，我正在收作业本，胡夏融把我叫出了教室。在过道里，他跟我谈起了这次入团的事：“你和陈婧月都是很好的同学，但实在是因为名额有限，所以这次你没能被推荐。希望你能够继续保持你的优点，继续努力争取，千万不要放弃。”他还给我指出了我的缺点，让我开朗些，说我应该多展示自己。听了他的这些话，我真的很感动，我以前很少见到像胡夏融这样关心人的同学！当时，我的整个心灵充满了无限的感激和对他无比的敬意！

在胡崇锴的随笔本中，还记载了这样一件小事——

今天下午自习课前，郭锐和蒋翔宇不知什么原因吵了起来，不一会儿干脆动起了手。

可是下了自习课后，我惊讶地发现郭锐和蒋翔宇居然坐在了一起，并且有说有笑。同样奇怪的林媛问蒋翔宇:“你们刚才还在对骂，现在怎么又……”蒋翔宇说:“全靠胡夏融调解得好。”

我听了很感动，这只是小事一件，可反映出了胡夏融高尚的品德。我为有胡夏融这样的同学而骄傲!

作为老师，我当然也为有胡夏融这样的学生而自豪。

我至今记得，有一次奥地利的一个代表团来我校参观，并和孩子们联欢。因为我有点急事需要马上处理，所以我中途离开了学生们回到办公室。

不一会儿联欢会便结束了，胡夏融走进办公室，脸上呈现出天真的笑容:“李老师，我请你吃糖！”他把一颗糖递到我眼前。

我说:“哪来的糖呢？”

他说:“是联欢的时候，奥地利的一个伯伯给我的。”

只有一颗糖，他却想着我。我很感动。但我说:“只有一颗糖，我吃了，你呢？”

他拿出一把铅笔刀，把糖切成两半，一半给我，一半塞进嘴里。

我也把那半颗糖放进嘴里，说:“胡夏融啊，李老师今天吃的这半颗糖，是我吃过的最甜的糖！”

虽然胡夏融特别尊敬我，可他执行制度从来不迁就我。

1999年4月12日，我出差半个月后回到了学校。那天是星期一，升旗仪式结束后，胡夏融递给我一个纸包:“李老师，您走了以后，我按有关规定在班上搞了一次对您的评议，请同学们对您投了一次信任票。这是结果。”

胡夏融所说的“有关规定”，是指我们的班规第44条:“每月全班以无记名形式对班主任工作进行一次信任投票，信任票未获半数，罚独自扫教室一次；连续两次未获半数，由班委向校长写投诉信。”

我打开纸包看了看，里面的59张纸条上写满了学生们对我的评议。因为是“无记名”，所以当然都没有署名。

学生们是根据胡夏融提的四个问题对我进行评议的:1. 你是否给李老师投信任票？ 2. 你认为本期以来，李老师的工作有什么值得肯定的改进？ 3. 你认为李老师最应该保持的优点有哪些？ 4. 你认为现在李老师还存在哪些需要改正的缺点？

结果，全班 59 个学生中，有 57 个人投了信任票。

作为班长，胡夏融不仅仅是为同学们服务，同时还代表同学们依据制度监督我这个班主任。

善良与正直，当然是胡夏融给我最深的印象，也是他被同学推为班长的原因，但他就任班长不久后处理的一件事，使我和同学感到他不仅仅拥有善良和正直，还有宽容。

中午，我走进教室，看到每日课堂纪律记分栏内，有两堂数学课是“B”。这在我班已经算得上是一件极为严重的“事件”了。我向数学杜老师了解情况，原来有好些同学上课说话，影响了老师的讲课，于是，杜老师便给课堂纪律打了很低的分。

正在我非常气愤的时候，胡夏融找到了我：“李老师，这件事让我来处理吧！”

对胡夏融我是非常信任的，他也是本期同学们“民选”出来的班长，可见他在学生中也有着很高的威信。听了他的请求，我便答应他。

可是，他是怎么处理的呢？请看尹萍同学当天写的随笔——

今天上午的两节数学课课堂纪律只得了“B”，李老师没多说什么，可是班长胡夏融却通知大家放学后留下来。

放学后，同学们都坐在教室里等待着李老师，我们都估计李老师会因为上午的两个“B”，批评大家。可是李老师没有来，走上讲台的是胡夏融。他说：“今天得的这个‘B’，是开学以来的第一次。的确令我们每一个同学感到刺眼。但是，我们班委经过讨论，决定原谅大家一次。人嘛，不可能不犯错误。我们都希望能把这个班搞好，作为班长，我实在不忍心去罚哪个同学……我也希望大家能够理解班委的这片心……你们想想，再过一年半以后，我们都不可能再遇到这么好的老师，这么好的班，我们应该珍惜今天的一切啊！……刚开学的那几天，当看到杜老师、赖老师脸上的笑容时，我自己心里也感到安慰，老师是为我们的自觉而露出的笑容。但这种‘笑容’不应该只是昙花一现……对今天数学课纪律不好的同学，我们就再给你们一次机会，相信你们已经知道自己错了，相信你们明天就会改正的。我希望明天班上的纪律就会有很大的变化！”胡夏融的话刚一说完，教室里就响起了一阵热烈的掌声。他的脸上显出了欣慰，也露出了信心。我想，此刻他内心一定很激动，为同学们而激动；而我们也为有这样的好班长、好班委而感到幸福！

说实话，当我知道胡夏融并没有单独追究那几个违纪同学时，我对他是有些意见的，认为他太纵容违纪同学了。但是，我读了许多同学写的随笔后，我不仅仅是被感动了，而且还进一步理解了胡夏融，理解了他对同学的宽容。

第二天的情况怎样呢？让我们再看林媛同学当天的随笔——

今天的天气很怪，特别是下午天空变得越来越暗，像是暴风雨来临的前兆。

与外面恶劣天气形成鲜明对比的，是我们教室里的气氛，一种其乐融融的气氛。刚走进教室，你一定有一种很暖和的感觉，然而教室里绝对没有暖气机，而是59颗心靠在一起所发出的热量，是一种发自内心的温暖，这种温暖是无与伦比的！昨天，我们班的数学课上得很不好，只得了“B”。班长胡夏融十分着急，专门留下了全班同学开了一个班会，亲切而又郑重地给大家敲了敲警钟。班长对我们的信任是起到了很大作用的。今天，课堂纪律又恢复到了以往的“A”。可见，胡夏融的苦心没有白费，同学们已经认识到了自己的错误，正在努力改正。这一点，恰恰体现我们班的温暖。

窗外，天空昏黄阴暗；教室里，永远温馨无限……

胡夏融的宽容赢得了全班同学的尊敬，并唤起了整个集体的上进心。

我常常琢磨胡夏融的“宽容”，进而思考自己的工作。我认为，胡夏融对同学的宽容，绝不是纵容，而是一种真诚的信任。“我们班的每一位同学都是好同学！”这是胡夏融经常对我说的一句话。

当时，我在班上让优秀同学一对一地帮助后进同学。胡夏融负责帮助邹冰，他自然也就和邹冰同桌。除了在上课时随时提醒邹冰守纪律并督促作业之外，胡夏融每天还要在谈心本上给邹冰的父母写邹冰当天在学校的表现和当天的各科作业。这个谈心本实际上是四个人在写：邹冰本人每天都要在上面写反思，写出当天的表现；胡夏融给邹冰爸爸妈妈写邹冰的情况；我在上面和邹冰谈心，包括表扬和批评，也跟邹冰的爸爸妈妈交流；邹冰父母也要写反馈意见。

我随便摘抄几则——

阿姨：

您好！今天邹冰表现良好，做清洁很认真，上课也很认真。只是今天下午的数学课他有些心不在焉，我希望他能改正。

另外，在劳动周里，班上有部分同学有松懈现象，不知道邹冰是否松懈？我希望他能够抓紧时间，努力学习，切莫松懈。

阿姨：

您好！今天邹冰在课堂纪律上（生物、历史课）不够好。上课说话，不认真听讲，这一点很不好，受到了李老师的批评。首先我应该承认，这跟我的管教也有关系——我对他太不严格了。可有时我稍严格一点，他也是不理不睬，甚至是嬉皮笑脸，我希望您要教育一下他。今天邹冰的其他方面都较好。

特别要注意的是，明天要带《英语指导丛书》，星期三代数考试，邹冰一定要复习。

今天作业如下：

1.《物理作业指导丛书》。

2.生物做一张卷子。

3.明天带《咬文嚼字》以及《自读课文》。

至今我还保留着邹冰的谈心本。今天早晨我翻开看了看，真是激动又感动。激动的是我的心一下回到了十五年前；感动的是，胡夏融对邹冰的真诚和耐心，还有邹冰的进步。

胡夏融对邹冰的帮助，不仅让邹冰感动，也让邹冰的父母感动。在这本谈心本上，还有不少邹冰妈妈留下的文字——

李老师：

您好！

今天邹冰在家的表现很好，能认真完成作业，按时睡觉。

今天在家长会上，听了胡夏融给邹冰提出的优点和缺点，说得很实在。邹冰确实在学习上不够刻苦，上课又不记笔记，所以成绩老是提不高。但是邹冰在课堂上能积极发言，不说脏话，我作为家长感到非常高兴，这和胡夏融同学的帮助是分不开的，在这里我非常感谢胡夏融同学。

家长：况莲

12 月 30 日

胡夏融同学：

你好！

谢谢你对邹冰一直的帮助，邹冰的进步是和你的帮助和关心分不开的。非常感谢！

邹冰没带副科书，今天我提醒他了。

在这里，我也代表邹冰的爸爸向你的全家祝贺：

新年快乐！爸爸妈妈身体健康！祝胡夏融同学，学习更优秀！

家长：况莲

1 月 4 日

有一次，我又要出差。临行前，我开了一个班委干部会。在会上，我问班干部："李老师走了以后，你们估计会在工作上遇到什么困难？有没有什么担心的？"

胡夏融毫不犹豫地回答："没有什么困难，也没有什么担心的！李老师，您放心吧！"

我提到了几个平时特别调皮的同学，希望班干部们要"特别注意"他们。这时，胡夏融说了一段话，让我至今想起来都很感动："李老师，我觉得我们班每一个同学都是非常好的同学。就说您提到的几个同学吧，尽管他们有时很调皮，也有违反纪律的时候，但每次犯了错误，我找他们谈心时，他们都很后悔，真诚地表示要改正。我也觉得他们真心是想上进的，只是有时不知不觉就控制不住自己了。这次，您出差走后，我相信，他们一定会表现得很好的。”

听了他的话，我除了感动，还有暗暗自责：我为什么反而不具备这种对学生的高度信任呢？

我进而又想到，我（其实也包括现在为数不少的教师）在学生犯了错误时，每每首先想到的是“一定要刹住这股邪气”，如果学生有所争辩，教师更会激起“我就不相信制服不了你”“不……决不罢休”之类的“斗志”。其实这是何苦呢？这样想这样做，至少在潜意识里是以学生为敌，这必然把自己与学生对立起来了，其结果往往不但不能从思想上解决学生的问题，反而严重伤害师生情感，为将来的教育埋下了隐患。教师把自己缺乏宽容的“好心”视为“严格要求”的“爱心”而不能自省，最后失去了学生的心灵，也最终失去了教育，这是多么的可悲啊！

出差期间，我收到胡夏融的一封信，上面专门提到那几个同学的表现——

课堂纪律同学们都相当不错。虽然也有管不住自己的时候，但一经班委提醒，大家想到您对我们的无比信任，同学们一下子就好了起来。特别要提出的是平时不太管得住自己的邹冰等几位同学，他们这一段时间表现很好。有好几次自习课的时候，我都看见邹冰提醒其他同学不要说话。每当此时，我都十分感动。这不正标志着邹冰决心上进吗？还有郭锐同学，这一周来，他的课堂纪律相当好，上课听讲特别专心。相信他坚持下去，成绩一定会上一个台阶的。陈晋科同学最突出的进步，是对学习开始表现出极大的热情。每当我看到他和同桌讨论学习的情景，便很激动，我相信陈晋科在学习上会创造出喜人的成绩的。总之，请李老师尽管放心，全班同学的良好纪律、学习的进步，定会让您回来后感到欣喜不已的。

胡夏融就是以这样宽容的胸襟和信任的眼光去对待班上的每一位同学，因而赢得了同学们的尊敬。

学校又一届艺术节开幕了。为了为班争光，喜欢唱歌的胡夏融决定组织一个小合唱，演唱《激情飞越》。许多同学出于对集体的爱，也出于对胡夏融的爱纷纷报名加入小合唱组。本来只需 4 人，结果有 10 个同学报名！

淘汰谁呢？“心太软”的胡夏融决定一个也不淘汰，全部都上。在一篇谈这次演出的随笔中，他这样写道——

虽然就演出效果来说，是不需要这么多人参加的。但是，面对同学们那一颗颗热爱集体的心，我怎忍心拒绝他们的请求呢？比如蒋翔宇，他平时常常犯错误，为集体争光的时候较少，而今让他高歌一曲，展现个性，这实在是再好不过的机会了。我想这一定会大大增强蒋翔宇学习的信心，因为掌声总是催人奋进的！再比如郭锐，他平时特别调皮，而这次他能主动要求参加，这已经让我激动不已了。我想，我无论如何也要让郭锐上场，虽然他唱歌的音调不太准。为什么呢？郭锐平时因多次给集体荣誉抹黑而常受批评，有的同学总认为郭锐什么都不好，可我这个班长，就是要让全校所有人看看，郭锐是有着极其可爱的一面的……

最后，在正式演出时，虽然没能获奖，但他们充满激情的表演果真赢得了最热烈的掌声。

但是，他的宽容也绝不是对同学无原则的迁就。

前面提到的郭锐同学，尽管他积极参加学校艺术节歌咏演出受到了胡夏融和同学们的表扬，但不久后在一次生物课做实验时，郭锐严重违纪，胡夏融当场就狠狠地批评了他。

第二天，我们班准备去杜甫草堂活动。出发前，胡夏融对大家说：“我认为，郭锐同学不能去！郭锐同学昨天的生物课上得太糟糕，而且不听我的批评，他太让我生气了！所以，我认为这次应该给他一个惩罚。”

同学们和我同意了班长的意见。于是，郭锐便留在学校自习。临走时，我问郭锐：“对胡夏融给你的处罚，有什么想法吗？”

他说：“没什么想法。的确是我错了！他是真心为我好。”

胡夏融多次对别人说他“非常崇拜我”，但我实在愧对这份“崇拜”。我不止一次地在班上真诚地说过：“胡夏融是我的老师！”的确，胡夏融的正直、善良和宽容，不但感动着全班同学，凝聚起大家对集体的感情和责任心，而且也感染着我。作为他的班主任，我却常常以他为镜子，由衷地向他学习。每当遇有同学犯错误而我忍不住想大发雷霆时，我就提醒自己：

11年后，胡夏融已经是一名工科博士了

如果是胡夏融遇到这件事，他会怎么处理呢？

初中毕业11年后的2011年，胡夏融已经是电子科大的工科博士生，专业为微电子和固体电子学。他回忆自己的中学时代，以“善良：李老师对我最大的影响”为题写了一篇文章，全文如下——

……现在回忆起来，那段时光是我人生中非常宝贵的经历。是李老师改变了我，告诉我，也告诉大家，“让人们因我的存在而感到幸福”，是李老师告诉大家，让我们的心中充满爱与关怀，孝敬爹娘，爱护弟妹，关爱他人，乐于奉献……

李老师对我，应该说对我们大家最深的影响，就是他那充满爱的心怀，不论你是怎样的学生，学习成绩好不好，生活习惯好不好，家庭背景好不好，他都一视同仁，而且越是学习落后或者习惯不好的学生，李老师越是倾注了更多的心血。

李老师到我们每一个同学的家里家访，让我们爸爸妈妈感动。父母对子女的爱，那是一种人类最最伟大的爱，而李老师对我们的爱，一点也不比我们的父母少，他是一个老师，但更像一个父亲，对我们的成长倾注了无限情感和心血……

在我的记忆中，初2000届三班就是一个家，同学们就是这个家的孩子，李老师就是这个家的父亲。在这里，没有冷漠，没有孤独，没有自私自利，没有钩心斗角，处处充满了帮助，充满了温馨，充满了真心的祝福和鼓励，充满了团结和友爱，大家同甘共苦，共同进步……

人与人之间最美好的关系也是最单纯的爱与被爱，欣赏与被欣赏，尊重与被尊重。就像李老师和我们的关系，只有单纯的师生关系。在他的心中，每个学生都是可爱的，每个学生身上都有闪光的地方，他常常赞美我们。他虽然也纠正我们的缺点，但是我们如果有一点点进步，他都会由衷地表扬我们，鼓励我们。

李老师总是希望我们都能够阳光而快乐地成长，他也常常带我们出去郊游。每次郊游，他总是像一个大孩子一样坐在我们中间，女生们把花环戴在他头上，男生们跟他摔跤、扳手劲……在认识李老师之前，我只有在电视上看过这样欢乐的场景，从来没有想象过，这么融洽而没有距离的师生关系居然会出现在我的生活中！李老师是我们的好老师，更是我们的好朋友，他对我们很好很好，我们所有人都喜欢他，那个时候在我心中，这个世上没有比他更好更温暖的人了……

我不知道怎样写才能最真切地诉说那段诗一般美丽的日子。10年来，那段日子常常在我脑海中浮现，我甚至有时做梦都梦到以前李老师给我们上课，和我们一起参加活动，带我们出去郊游，教育我们好好做人……一直以来，我都以作为李老师的一名学生而感到自豪，甚至后来我还一度质疑自己从事科研工作是否真正有意义，因为我一直认为，做科研所发表的论文和承担的项目比起李老师对人的成长关怀来讲显得太微不足道了。

李老师教育我的东西，时时刻刻在我的脑海中，提醒着我怎么做人。我留在父母身边学习和工作，怕他们年纪大了孤单，常常回家给他们按摩，陪他们聊天；我把自己很少的补助寄给在外地读书的弟弟，希望他能吃好点；我像过去一样给班上学习后进的同学讲作业，复习考试……孝敬爹娘，爱护弟妹，尊敬师长，友爱同学，让人们因为我的存在而幸福，这是李老师10年来给我留下的最最宝贵的精神财富。

李老师对我的教育已经融入我的血液，不论这个世界如何改变，我始终相信，爱和善良是世间最美好的品质，真挚的情感永远值得我们去歌颂……

读着学生离开我十多年后写下的如此真诚的文字，我无法控制感动的泪水。此刻，我的眼前又浮现出胡夏融递给我一颗糖时那天真的笑容：“李老师，我请您吃糖！”

尹萍：善良最美

一

和同班同学李之、崔涛等人相比，尹萍似乎没有什么突出的过人天赋。成绩当然也不错，却并不名列前茅；能力也行，但并不出类拔萃。当然，她也有显赫之处，那就是个子挺高的，站在同学中便“鹤立鸡群”。但这么高的个子，居然没有什么体育特长。总之，尹萍应该是一个很普通的同学。

我这里说“应该是”那就意味着她实际上并不普通。在我的印象中，尹萍学习勤奋，做事认真，性格温和，品行善良——而且是特别特别的善良。蒋经国评价马英九说，这是一个没有缺点的年轻人。那我也可以说，尹萍是一个几乎没有缺点的学生，至少我教她三年，从没有批评过她的。所以，就凭这一点，我可以说她其实还是“不普通”。

二

初三转到我班的成梅，第一天便碰上数学考试，因为两个学校的教学进度不一样，考试内容成梅没有学过，结果考下来后竟然不及格！同桌尹萍见新同学难受的样子，便安慰道：“没事儿，我原来也有过不及格呀！只要你努力，就会有进步，赶上大家，你还是先主动找老师谈谈吧。”成梅说：“可我不熟悉老师啊！”尹萍说：“那我陪你去吧。”下课了，尹萍陪着成梅去见数学方老师，方老师也给了新同学成梅许多鼓励。回到教室里，尹萍又翻开书，耐心给成梅讲解她没学过的知识。开始成梅老也听不太懂，但尹萍没有一点不耐烦，反而更认真，更仔细。

后来，成梅在一篇作文中记录了这件小事，她写道：“当时，我鼻子酸酸的，真差点哭了，一个和我才做了一天同桌的同学，竟这样像自己好朋友一样关心我，我的运气真好！”

“尹萍这个人很善良，这是大家公认的！”这是成梅听同学们对她说的，幸运的是，她第一天便感受到了。

三

尹萍曾经担任生活委员，负责班里的清洁扫除，但她从来不对同学们指手画脚，也不仅仅是检查卫生，更多的时候，她是和同学们一起打扫教室，常常是最后一个离开教室回家。

叶诚同学在作文中写过这么一件事——

这一周，轮到我们组做清洁。作为组长的我，当然对此不得不重视。分工情况，各组员已经知道了；具体的时间和另一些琐碎的小事，都计划得头头是道了……我们3小组的六个组员，随时做好了每天拿满分的准备，以续写前几周小组连续第一名的光荣……

星期一到星期六的每天早晨，我们都来得挺早，便开始了马不停蹄的清洁工作——教室内、教室外、阳台，我们尽量不漏掉每一个细微的地方，一丝不苟地、有条不紊地使一处处尘埃销声匿迹。组员的积极，使得做清洁的效率极高，生活委员尹萍的不断指导，更让大家弥补了很多遗漏之处……

在这不断的重复中，大家感到是那么轻松。其实，我更明白，尹萍对我们的帮助很大。星期五下午，我和她一同到医务室去查分，才突然发现有一天并不是100分，原因是阳台水槽不干净和门上有灰尘。没说的，肯定要重做一个星期！“不可能吧！怎么会不干净呢？”我不知不觉地低声说着。“看来，下个星期得按班规重做一周了……”尹萍也带着极惋惜的口吻说。当我把这个消息告诉给齐心协力的组员后，他们惊了！

“没关系，组长！我们风雨同舟！”记不清了，那时到底是谁对我这样说。此时，我的心情是悔恨那天的失误，还是被这句朴素语言所鼓舞？不，应该是感动。自习课上，李之传给我一张纸条，打开一看，竟是尹萍写给我的一封短信。我惊叹，她居然密密麻麻地写那么多；我惊叹，她居然想得那么周密细微；我惊叹，她的语句是那样充满对工作的热情、负责，又是那样使人倍受鼓舞，充满信心；我惊叹，她的每一个字，都如涓涓细流那样雅致、流畅，况且，她又是在怎样的一种情况下写出的呢？她曾经在随笔提到，自己因左手臂骨折后，仅靠一只手写字的困难。可是现在，她却以如此一手漂亮的好字，向我们展示了她美丽的心灵！

四

尹萍的善良简直“无孔不入”，尹萍对每一个同学都充满善意，包括老师眼中的“后进生”，尹萍也尽可能帮助他们。安超同学因成绩不好而转学了，尹萍难过了很久。她在当天的随笔里写道——

听说安超转学了，不知怎的，心里特别不是滋味，甚至有点难过。安超虽然成绩很差，平时纪律也不大好，没少让我这个组长怄过气，但听说他要转学了，想到的竟全是他的好。毕竟大家在一起学习了一年多，就算是再怎么不多与他接触的人也会有感情，况且我又是他的组长，怎么会舍得！不过，既然他选择了走这步，且对他会有些帮助，尽管有种种的不舍，许多的留恋，我们还是要衷心地祝福他一路顺风！

尹萍的善良赢得了同学们的尊敬，我也经常表扬她。可尹萍却觉得班上的同学比自己更优秀，她总是善于欣赏周围的每一个同学。有一次，我又表扬她了，她在班级日报上写道——

下午李老师在上课前提到我们班上有许多好同学，对工作认真负责。其中说到了我，李老师的称赞让我觉得很不好意思，我觉得我做的只是分内的事，又有什么值得称赞？因为我的工作重，所以大家看到我很忙，认为我很负责。我想如果换成是另一位同学，他也会像我一样认真。每个人都有自己的工作，认真做好它，是每个人应尽的义务，并不奇怪，也没什么值得赞扬的。相反，真正需要我们去学习和赞扬的是那些默默无闻为大家提供了方便大家却不知道，没有掌声，没有称赞，但他们仍一心一意为大家服务的同学，他们才是我们的榜样。

接着，尹萍一一列出了好多她认为同样认真负责而又默默无闻的同学的名字，希望同学们给他们掌声。

五

尹萍以自己许多琐碎细屑的小事给同学们带去温馨和感动，但她总是想到别人对自己的爱，随时怀着感恩的心情对待父母、老师和同学。我至今保存着她 1999 年 6 月 28 日写的一篇文字——

献出你的爱

朋友，你可知道，你是怎样地被别人爱着，你是怎样地被爱包围着。可是你为什么如此的冷漠，面对别人的爱，只是淡淡地走过。

天冷了，妈妈要你多穿件衣裳，小心着凉，你却嫌妈妈太啰唆；爸爸为了让你专心学习，不让你看电视，你却大呼在家没有自由；老师为了让你赶上其他同学，牺牲自己的休息时间为你补课，你却埋怨老师占了你的休息时间，偷偷地逃课；为了让你有所悔悟，同学指出了你的错误，你不但不感到惭愧，反而对帮助你的同学恨之入骨。

朋友，你可知道你是怎样地被别人爱着。也许在你看来，这样的爱让你很不舒服，爱你的人，不是想害你的敌人，但是恰恰是这些“不舒服”的爱和这些“想害你”的人才是真正的爱，真正爱你的人。

朋友，你可知道，你周围的人是怎样地爱着你，而你为什么要如此的冷漠，这样吝啬地去爱别人？醒醒吧，朋友！大胆地走上前，献出你的爱。

把爱献给生你、养你的父母，哪怕只是洗洗碗，父母也会感到你是爱着他们的。

把爱献给辛勤培育你的老师，不用过多的语言，只要认真完成老师布置的作业，就是最大的安慰。

把爱献给你的同学，哪怕只是一声谢谢，也会传去你最美好的祝福。

不只是他们，还有为你开门的门卫师傅，为你守车的叔叔阿姨，为街道清扫的清洁工，为你排忧解难的人民警察……所有，所有，所有为你学习和生活带来方便的人，所有为了他人幸福生活而奉献自己的人。不管是认识的、不认识的，不管是远的还是近的，不管是喜欢的还是讨厌的，你也应该把爱献给他们，哪怕只是一声谢谢，一句问候，都会让他们觉得自己被爱着，是幸福的。

爱让一个人成长，爱让一个人有了依靠，爱让一个人更加自信，爱让一个人充满了希望。朋友，请伸出你的手，献出你的爱。

记得当时我在班上朗读这篇文字时，全班同学都被感动了。

六

尹萍也不乏活泼甚至调皮，那就是我们一起玩的时候。记得一次在公园荡秋千，我和尹萍同时荡一个秋千。我俩面对面抓着秋千使劲地晃荡，秋千大幅度地摇摆，我和尹萍在半空中飞翔。尹萍的尖叫声和同学们的笑声同时回荡在上空，惊心动魄而又心旷神怡。

还有那次徒步春游，我带着孩子们踏着原野的青草，一路走一路给他们讲故事，尹萍就走在我旁边认真听着。后来遇到一片开阔的草坪，我们便就地歇息。尹萍和几个同学把我围在中间，把各种野花野草往我头发里插，还说是“插花艺术”。“嗯，这再插一根！”“不行，这样不好看，后面再来点！”“嘿嘿嘿嘿……让我插一根，让我插一根！”“哇，李老师，好漂亮！”……孩子们一边捉弄我，一边还赞叹着，同时拿着相机“咔嚓”“咔嚓”地拍照。很快，我的头上便成了一个“盆景”，孩子们哈哈大笑，我也特别开心。

七

我前面说过，三年中我从没批评过尹萍一次，但性格温和的尹萍却批评过我一次。这次批评，让我刻骨铭心。

一天早晨，我来到班上向一位女学生借改正液用，我发现她好像是在抄同学的作业。虽然我知道这个学生有抄作业的习惯，但我还是怕冤枉了她，所以当她把改正液给我拿来时，我小心翼翼地问她："你刚才没抄同学的作业吧？"她说："没有啊！绝对没有抄同学的作业。你看，这都是我的本子。"她当即把手中的本子给我看。我看果然是她自己的本子。"哦，那是我看错了，真对不起你。"我说这话的时候，的确是感到对不起她，因为我差点冤枉她了。

过了一会儿，在还改正液时，为了表达我的歉意，我亲自走到她的桌前把改正液递给她。就在我说"谢谢"的时候，我突然发现她的确是在抄同学的数学作业。当时，我极为愤怒，不仅仅因为她抄作业，更因为她欺骗了我——应该说，是愚弄了我！面对我严峻的眼神，她无言以对，低下了头。

我马上回到讲台上，当着全班学生狠狠地批评了这位学生的欺骗行为："她这样做，既是自欺，也是欺人！"想到刚才我心里对她的歉意，我真是恼怒到了极点，于是我越说越气："大家都知道，×× 抄作业是一贯的！她如此弄虚作假，我就有理由怀疑她过去的作业是否都是她自己做的，而她每一次的考试成绩是否都是真实的！"

第二天，尹萍给我写了一封长信。在信中，尹萍首先向我做自我批评："昨天的事，也有我的错，因为是我把自己的作业给 ×× 抄的。现在，我知道自己错了，我以后一定会改正的。请李老师原谅我。"接着她又对 ×× 提出了批评。但是，这封信主要还是对我提意见——

"李老师，我觉得您昨天批评 ×× 同学有些过火。当然，我理解您当时的心情，×× 对您撒谎，欺骗了您，您心里当然不好受。但是，您批评 ×× 时，为什么要说她以前所做的作业都可能是抄袭的呢？您还说您怀疑她过去的成绩是否真实。当着全班同学这样批评一个女同学，多伤她的自尊心啊！您知道吗，昨天整整一天，×× 同学都很自卑。吃午饭时，也不好意思和同学们在一起，而是一个人孤独地吃。李老师，我和同学们都很尊敬您，把您当成朋友，因为我们都能感到您是真心爱我们的。既然是朋友，我就给您说心里话，相信您能接受。我知道您当时也是冲动，但这可能会影响 ×× 同学以后的上进心啊！……"

读完这封信，我的愧疚是难以形容的。是啊，一个崇尚爱心的教育者竟然如此失去理智地伤害了一个学生的自尊心，这是多么富有讽刺意味啊！我当然有权利也有理由批评 ×× 的欺骗行为，但是，我有什么权利和理由因她犯这一次错误就怀疑她所有真诚的努力呢？我有什么权利和理由要因这件事而摧毁她向上的勇气和信心呢？

怎么挽回这难以挽回的教育失误？当时我想，没有别的办法，自尊心只有靠自尊心换回——我决定用自己的尊严换回学生的尊严。我当即在班上把尹萍同学的信读了一遍，并叫班长把这封信张贴在教室里。我真诚地对学生们说：“昨天，××抄作业是该批评，但我对她的批评显然过分了，我武断地说××以前的作业都是抄袭的，更是极端错误的。我向××同学诚恳道歉。我还要感谢尹萍同学，是她帮助我意识到了我的错误，是她提醒我改正错误。希望同学们向尹萍学习，随时监督我！”

当天，我又找××个别谈心，再次向她表示歉意。她非常感动，并且也向我承认了她的错误。我说：“我们来个比赛吧，看谁先改正自己的错误。”

从那以后，每当我面对犯错误的学生怒不可遏的时候，我就会想起尹萍对我的批评。于是，我便会冷静下来。

八

记得最后一学期，我要去西安学习三个月。临别前，尹萍和几个女同学来到我家里，把她们写给我的信交给我。尹萍的信是这样的——

敬爱的李老师：

你好！

前几天，突然听到了你要走的消息，脑子里一片空白。我以为这只不过是说笑，可是现在终于知道这是真的。那天中午，你告诉我们你最近“比较烦”，说我们还小，有许多事不懂。我知道你是尽量地隐瞒这件事，也在努力地让自己的眼泪不要落下。

星期六，没有看见你的身影，我以为你走了，就这样无声无息地走了，没留下一句话，也没有说上一句“再见”。可是，今天早晨，我又看见了你，我高兴极了。从来没有这么高兴过！是真的，从来没有过！早晨的语文课，你居然可以照样上得如此轻松，看不出有什么异样，还笑着逗我们。你的笑让我好心酸。可以想象，其实你的心里多么难过。

不错，刚听说你要走的消息时，我很难过，无法接受这个事实。确切地说，我很恨你，恨你在这个时候离开我们，恨你丢下我们不管，更恨你不告诉我们一声……

可是现在，我想通了。你说我们小，不懂事。可是我要说我们不小了，也懂事了。你要走，相信你心里也不好受，很舍不得我们。你是被迫离开我们的，对吧？所以我们也不能太自私，我们爱你，舍不得你，但同时我们也理解你，支持你。我要让你知道，这三年来，我们已经从一个不懂事的孩子长大了，而我们之间的情感，也不会因为你的不辞而别而淡去。

在临别之前，我只想说：李老师，我们已经长大了，你真的可以放心地离去，我们会想你，等着你，永远爱着你；而当你也想念我们的时候，请看看满天的星星吧，那是我们在对着你笑。（对不起，我还是让你担心了，因为这封信是在课堂上写的。我保证，这是第一次，也是最后一次。你相信我吗？）

永远爱你的学生、朋友：尹萍

2000 年 3 月 13 日下午 3 点 45 分 18 秒

九

教尹萍这个班期间，我写作并出版了《爱心与教育》《走进心灵》等书。尹萍还有一本我的签名本的《走进心灵》呢！该书扉页上有尹萍等同学和我在公园的照片。读了《走进心灵》，尹萍写了一篇感想《珍惜每一天》——

今天我翻了翻李老师的新书《走进心灵》，里面有许多关于我们班的故事。虽然我只是在看，但我的脑子里却忙得不得了，完全沉浸在无比快乐的回忆中。

真的，看了这一个个动人的故事，我感触特别深，我觉得我们大家能够在一起，能够遇到李老师，能够生活在三班这个温暖的大家庭里，应该是一种幸运，更是一种缘。

也许大家每天都在一起，不觉得有什么，但是真正分开，就会感到很不习惯，很不舍。现在在我们身边的每一位同学、每一位老师，看起来都是那么的平凡。大家的每一个笑，每个动作，每个故事，都是我们学习生活中一个再简单、再平凡不过的小插曲，但在以后，十年、二十年、三十年或者更长的时间后，这些发生在我们身边的事、这些人，将是我们最美好的回忆，最让人快乐的往事。

或许这样的话题还说得太早，也说得太多，但是我们应该意识到，"天下没有不散的筵席"，总有一天，我们的每一位同学都会各奔前程，而留给我们的时间也不多，既然还能天天相见，为何不好好地珍惜？我们不应该有什么遗憾，因为我们始终是最快乐、最幸福的，我们也不会后悔，因为我们拥有过，也珍惜过，不是吗？但愿吧，有那么一天，所有的同学都会自豪地说：青春无悔！

明天依旧是简单、平凡的一天，可爱的同学们又会再相见。如果每一天都是这样简单地过着，那又有什么好珍惜的，可是这样的日子，又有多少呢？

十

不得不说一句套话"光阴似箭，岁月如梭"。当年尹萍所想象的"十年、二十年、三十年或者更长的时间后，这些发生在我们身边的事、这些人，将是我们最美好的回忆"很快变成了现实。

2010年春节——刚好是尹萍这个班毕业十年之后，我们又聚在了一起。哎呀，离开我的时候十五六岁，现在二十五六岁了。当年的小男孩小姑娘都变成帅哥美女了！尤其是尹萍，真是长成漂亮的大姑娘了。

大家回忆着美好的往事，不约而同提到我们班的班级史册《花开的声音》。尹萍翻开这本书，朗读了她当年写的一篇随笔，这篇随笔写的是我上语文课给孩子们朗读雨果的小说《悲惨世界》。随着尹萍的朗读，大家的思绪回到了十年前的语文课堂上……

写这篇文章时，因为有些事我记不太清楚了，我便给尹萍在新浪微博上通过私信联系，核实一些细节。比如，我记得我好像请她给我女儿写过一封信，但忘记是什么原因了，尹萍给我回信说："给你女儿写信好像是因为她考试什么的不太理想，你让我写信鼓励她，那时她刚上初中。"尹萍还给我提供了一些细节："有次参加运动会，比赛前两天我把手摔骨折了，结果没参加成比赛，到现在我都觉得好遗憾。骨折那段时间同学们都很照顾我，我还记得我当时肿着手到你办公室请假，你看到我时吓惨了，后来还安排同学照顾我，我觉得好感动。”

前几天，我在博客里发表了崔涛的文章，尹萍看了给我在微博上发私信说：“看了你写崔涛的博文，又想起许多读书时的事情，那时真的是我人生中最美好的时光！”

是呀，和历届学生度过的日子，也是我人生中最美好的时光！

侯长缨：一枝快乐绽放的小荷

2003 年下半年的一天，我在教育在线论坛——我当时担新教育实验网站“教育在线论坛”的总版主——收到了一位署名为“快乐小荷”的短信，她很惊讶能够在网络上遇到自己“很尊敬的李老师”，她说她是河南濮阳中原油田的一名小学老师，读过我的许多著作，“很受启发”云云。她说她热爱教育，热爱孩子，但好像没有了激情，也失去了上进的动力，她很着急。她来信请我给她“指点一二”。

于是我建议她加入新教育实验。我说，新教育实验就是要唤醒老师的理想与激情，致力于提升教师的专业素质。我给她提了两条具体的建议：第一，读苏霍姆林斯基的书，读有关新教育的书；第二，坚持写教育随笔，每天记录自己的教育故事和教育感悟，当然也记下自己的读书心得。

她接受了我的建议，在教育在线论坛开了一个题为“小荷才露尖尖角”的专栏，几乎每天都写几百字或上千字的教育随笔，不停地记录，不停地反思。她跟我说，新教育实验让她重新感到了工作的热情。我呢，也常常读快乐小荷的帖子，分享她的精彩，也感受她的成长。

半年以后，也就是 2004 年 7 月，新教育实验年会将在江苏宝应县召开，小荷说她非常想去见见我，当然也想参加新教育年会。但她说她只是一个普通老师，不敢给校长说这个想法。一天，我又从网上收到小荷的一封来信，题目很长，是“向老师报告好消息：今天，我偷偷哭了”——

今天上午，我们学校选出十名教师在会上发言，交流学习苏霍姆林斯基的读书心得，我有幸也发了言。题目是“教育日记，教师成长的摇篮”，在里面我叙述了自己写教育日记的故事，并向全体老师介绍李镇西老师、朱永新市长和新教育在线网站。没想到，发言完毕，校长大大表扬了我一番，说我走在了其他教师的前列。

听了后，我直脸红，低下头，有些不好意思。一直怕别人说我逞能，写教育日记从来就是地下工作。我深深知道自己的斤两，在教育在线大家庭里，我只是个不起眼的小虾而已，有了一点点进步，全是李镇西老师和教育在线网友鼓励的结果。校长知道得很多，他知道您，他说：“如果今后有机会，我们也可以把李镇西老师请来给我们讲讲嘛！”听罢此话，我的眼眶湿润了，鼻子也开始哼哧哼哧地发出声音。天哪！这是真的吗？我仿佛已经看见李老师笑容可掬地站在我的面前。我不知道校长的承诺什么时候实现，但我的心里却充满了希望。终于我让大家认识了李镇西，走进教育在线了。一个小小的老师，我为自己骄傲！

趁热打铁，会议刚开完，我尾随校长到了办公室。向他讲起今年暑假的“新教育实验研讨会”的事情，请求他的支持，他欣然同意，还说要派副校长和我一起去，并让我留心有关信息。我向他讲了“新教育实验”，他说他还是第一次听到，我给他讲了有关新教育实验的大体思路，他很感兴趣。我心里有说不出的高兴。一直不敢跟领导说什么话，见面只是问个好而已。参加研讨会的事情，我一直不敢向校长提出，我知道自己没有资格，也没这个胆量，没想到他能爽快同意，真是出乎我的预料。

不啰唆了，耽误了您的宝贵时间。我今晚出发到连云港旅游，回来后好好写写自己激动的心情。我要做出发的准备了，您不用回帖，我只是想第一时间向您汇报这一好消息，因为您是我最尊敬最信赖的网友。谢谢！期待着与您会面的时刻！

短短半年，新教育实验就让快乐小荷在学校成了“名师”，引起了校长的关注。后来在宝应，快乐小荷来参加新教育年会了，我们也得以见面。

那以后，快乐小荷的成长更加迅速。她不但坚持读书坚持写随笔，而且按新教育实验的理念，开始构筑自己的理想课堂。一次，为了鼓励她，我让她给我发一篇教学文章："如果行，我给你推荐发表。"很快她便发了一篇课堂设计的文章给我，但我一看，不禁皱眉："太单薄了呀！"我让她充实修改一下，但她却没有按我的要求充实修改。她后来给我来信说，不是自己写得不好，而是自己做得还不好。要提高文章的质量，首先是要做得好。因此，她请我暂时别再给她推荐文章了，她打算下功夫构筑理想课堂，等有了自己满意的教学实践，她再写，再让我推荐。她还说，她依然会坚持写教育反思和教育故事，但近期不打算在网上发表文章了，她要潜心于课堂。

这次虽然她没有给我满意的文章，也没有听我的话修改文章，但我却更加欣赏她了，因为我感到，她是一位脚踏实地、不图虚名的老师，也是一位真正有追求的老师。

果然，她在教育在线发帖量急剧下降，也很少在网上露面。我明白，她正沉浸在她的班级和课堂中。大概是一年以后，她给我说她感觉自己在课堂教学上有了明显的进步，并给我一篇她写的关于课堂教学的文章，我一看，果真今非昔比，便给她推荐发表了。

几年后，也就是 2007 年 5 月 21 日，我收到她一封长信——

李老师：您好！

您母亲的病好些了吗？您的身体如何？好久没和您联系，很是想念。您是我最敬重的一位老师，今天，我特别想向您汇报一下我这段时间的工作。

前天，我在濮阳油田教育中心举办的全局小学语文校本教研观摩会上，展示了自己的课堂和专业成长的历程。在报告中，我提到了您对我的影响，提到了教育在线，提到了新教育实验。课堂和发言都大获成功，赢得众多同行的好评。会后，我们的马校长说："课堂如行云流水，驾轻就熟，流畅自然。报告也更加生动条理，自然深刻。祝贺！"教育中心教研室的孟主任说："很好很好，我学到不少。祝贺演出成功，感谢辛勤付出。"教育中心的岳老师说："侯长缨的课是厚积薄发的感觉，能看出老师有很高的素质。”说实话，这是我第一次得到领导这样高的评价，心里的激动就无法言喻了，更多的自信溢满心胸。

想想自己这两年在课堂教学上的进步，多源于您的引领和启发。

一直以来，我最大的愿望就是做一名好老师。以前，我总以为只要我有一颗爱心和童心就能做个好老师了。这方面我很自信，每一届孩子都非常喜欢我。然而有一天，您对我说：“把你的教案给我发过来吧，我帮你推荐给《小学语文教学通讯》。”我听了，自然很是激动，急忙把我自认为比较成功的教案发给了您。您看了以后说：“这怎么像是提纲，不像是教案呀！再修改修改吧！”我听了，羞愧得无地自容，赶紧认真修改。可是，怎么修改，自己都不满意。说实话，那时的我，还很少在课堂教学上下功夫，所以在课堂教学上，一直都是我行我素，随意性强，备课不细，课堂设计缺乏条理，还没能够形成自己的风格。您这么一说，我发现了自己的不足，于是我给您回信说：“李老师，请不要给我推荐了。今后我会认真研究课堂教学，争取设计出满意的课堂，再让您推荐！”（大意是这样，原话记不清了）

我想，人生的历程很多时候都是不断认识自我的过程，您的这句话，让我知道了自己在课堂教学上的缺点，您是我人生路上的导师。那时，我才知道，想做个好老师，一定要有过硬的课堂教学本领才行。以前我的课堂就像没有雕琢的顽石，想要焕发异彩，必须细细打磨才好。

于是，从那时起，我在教育在线发帖量急剧减少，更多的时间用在读有关课堂教学方面的书和读名家的课堂实录。《透视课堂》《掀起课堂教学小高潮艺术》《窦桂梅“课堂捉虫”手记》《教学现场与教学细节》《小学语文教师》《小学语文教学通讯》……一本本好书如一股股清泉流入我的精神世界，我开始关注到课堂的细节，开始关注学生在课堂上的发展。渐渐地，我的眼前突然明朗起来，拿到一篇课文，通过多次通读，自己能找到切入点设计教学了。我尝到了甜头，就把平日的每堂课都当作我的演练场，用心备课，用心反思，教育日记中关于课堂教学的内容也越来越多。

上一次，我鼓起勇气让您给我推荐了一篇教学设计，没想到真的发表了，这给了我更大的信心。

前天我上的观摩课，是我第一次在全局教师面前展示。为了上好这节课，我先后进行了四次试讲，每次讲完后，我都让听课老师提建议，自己整理后再反思，多次进行修改。每次的试讲都有所不同，一次比一次有进步。

好课堂是磨出来的。就在这一遍遍的修改中，我阅读了大量的跟课文有关的内容。就在这一次次的试讲中，我锻炼了胆量，增强了自信，提高了课堂教学的效率。

回顾这几年，自从进入教育在线认识了您，我的变化连我自己都很惊讶。

早几年，在您的引领下，我开始天天写教育日记，一直坚持到今天。前两年，在您的捶打下，我开始研究课堂教学，现在已经从中得到乐趣。吃水不忘挖井人，您是我永远的老师！谢谢李老师！

我进步的脚步虽然慢，但只要不停留，我相信就一定会收获更多。我是一块生铁，需要人不断地敲打才能成为有用之材。希望能经常得到李老师的捶打，让我百炼成钢。

谢谢！

祝您顺利健康！

快乐小荷

2007 年 5 月 21 日

读到这封信，我说不出地高兴，发自内心地为快乐小荷老师的成长而感到欣慰。

不久，我应邀前去河南濮阳油田讲学。一下飞机，我就对前来接我的教育局同志说："我在这里还有一位朋友呢！"他问我是谁，我便说："快乐小荷。"他摇头说不认识，我说："快乐小荷是她的网名，她的真名是侯长缨。"他马上说："啊，是侯长缨老师呀！我知道，她在我们这里可是一位小有名气的优秀老师啊！不但课上得好，班带得好，而且

2007 年 5 月，我和"快乐小荷"侯长缨

还经常发表文章呢！”

那一刻，我很得意，仿佛他是在表扬我。

那次我在濮阳讲课，侯长缨老师也来听。报告中，我就讲她成长的故事，讲新教育实验对普通老师的唤醒和培养。也是在那时，她给我说她下学期即将带一个一年级的新班，她还说了她的新打算，她已经征得学校领导的同意，把这个班的孩子从一年级带到五年级毕业，她想严格地按新教育实验的要求，打造一个“完美教室”。

前不久，侯长缨老师在回忆当时的情景时，这样写道——

很庆幸的是，当时新教育“毛虫与蝴蝶”阶梯阅读实验在干国祥、魏智渊和马玲老师的引领下展开了比较系统的探索。全国很多教师毛虫主动加入了这样一个充满探险色彩的实验队伍。

新教育提倡教师、学生和家长共读共写，共同过一种幸福完整的教育生活。我对新教育研究中心的老师们充满了信任，对这个实验充满了信心。我在实验前就下定决心，一定要带领这一届孩子过一种与以前的学生完全不同的幸福生活，这是一个默默的承诺！

有承诺就要有行动！2007年暑假，我新带一年级，起名“毛虫班”，决定要正式参加“毛虫与蝴蝶”实验。利用假期，我开始大量阅读新教育推荐的各种教育书籍、童书、绘本、晨诵诗等等。还把教育在线论坛上所有相关的实验帖子都看了一遍，这一路看下来虽然很辛苦，但总算有了一些感觉。这一届，从一开始，我就放弃了简单地模仿别人，而是根据班级孩子的生命节奏和现状摸索前行。

这是一种怎样艰辛快乐而又硕果累累的“摸索前行”啊！五年里，侯长缨老师在这个班倾注了自己的热情与智慧，实施着新教育实验开发的“毛虫与蝴蝶”儿童阶梯阅读课程，和孩子们一起营造书香班级，书写教育诗篇，创造了一个又一个美丽的童话，取得了令人瞩目的成绩——

侯长缨老师不但获得了河南省语文优质课一等奖，所带班级被评为全国新教育“十佳教室”，而且还先后被评选为首届河南最具成长力教师，全国第六届“优秀班主任”。今年五月，她带的“毛虫班”毕业，她给孩子们策划组织的毕业典礼，让到场的许多家长和老师感动得流泪。七月，在山东淄博举行的新教育年会上，侯长缨老师被评为中国“完美教室缔造者”。现在，作为新教育实验的榜样教师，她经常被邀请到全国各地去讲述自己的成长故事，传播新教育的种子。

上个月——2012年11月，侯长缨老师成为《班主任》杂志的封面人物，她却没有停止快乐前行的步伐。她这样写道——

每天向前走着，就能感觉到自己的存在。我相信终有一天，自己一定能看到那个不一定有多隆重，但一定是让我欣慰的庆典。

我内心真正的教育庆典是什么呢？

教室里的师生关系是润泽的；

老师和家长的关系融洽，能真诚地交流，相互激励，大家能成为人生路上的同行者；

教室成为教师、学生和家长的学习的乐园，精神的家园；

每一个孩子都能茁壮成长，自信阳光，无论遇到怎样的狂风暴雨，都不退缩，且能把自身特有的潜力发挥到极致，找到那个优秀的自己；

每一个孩子都能心甘情愿地为别人服务，且内心感到真正的快乐；

而我则期待自己达到一种自然而然的教育无痕状态，这需要真正的教育智慧和专业知识；

……

想要遇到这样的教育庆典，还需在实践中不断地抛弃旧我，用专业知识丰满新我，迎接一个个挑战，最终走出一个卓越的自己。

不久前，某教育机构给了侯长缨老师一个荣誉，要我为她写一段点评。我是这样写的——

侯长缨老师的网名叫“快乐小荷”。按我的理解，所谓“快乐”，意味着职业幸福；而“小荷”意味着慢慢绽放，即“成长”。侯老师的确是一位快乐的老师，这快乐源于她每一天既蕴含意义又充满情趣的教育。她有理想，有爱心，有良知，有智慧……而这一切都不是空谈，而是体现于每一天朴素的教育行为。她在不停实践的同时，总是不停地学习，不停地反思，不停记录……这正是成长，而且是和孩子一起成长。她用爱心滋润童心，孩子们用童心报答爱心。每一天都很平凡，每一刻都很精彩。在这平凡的精彩中，她拥有了孩子们的依恋，也赢得了职业的尊严。

见证彼此的成长

小陈峥：唤醒温馨的记忆

平时我办公室的电话响起，我一般不接。因为大多是一些推销产品呀，邀我出钱买“宣传”呀等等。有时候我甚至干脆把电话线拔了，反正熟悉我的人要找我，自然会打我手机。

所以，那天下午办公室电话响的时候，我犹豫了一下。放在平时，我不会接，但刚才居然就鬼使神差地接了。

“请问是李校长吗？”一个女声。一般搞推销的电话，都是这样开头。

“我是李镇西。”不冷不热，不卑不亢。

“哦，是这样的，这个电话是在美国打的……”对方说着，我心里更警惕了，因为有几次“推销”电话就是从美国呀香港呀等地打来的。我不动声色，继续听对方说。“我是你以前教过的学生，叫陈峥……”

这话让我无法继续“不动声色”，相反，我惊呼：“陈峥呀！你的声音怎么变了？”陈峥是我高95届的学生，品学兼优，后来考上清华，再后来去了美国。刚去美国和我有联系，后来断了音信。她的声音我很熟悉，但今天的声音，却不是我记忆中陈峥的声音。

三十年前的陈峥

然后我怪她：“怎么这么多年不跟我联系？”

也许是激动，我的话一下多了起来，根本不听对方说：“是不是王铜告诉你的？前几天我才见了王铜，他说你也在美国。”

她说：“我和秦智英说起你的……”

我一愣：秦智英？我一下反应过来，更加激动了：“哎呀，原来是我的第一个陈峥啊！”所谓“第一个陈峥”，是我刚才工作时教的第一个班，也就是未来班的那个陈峥。我赶紧给她解释：“我把你当作我95届教的陈峥了。我先后教过两个陈峥，都很优秀。我教第二个陈峥的时候，还对她说过，李老师以前也教过一个陈峥，同样优秀。你刚才一说是陈峥，我就以为是她了，我说是嘛，怎么声音变了呢？嗯，你的声音没变，还是当年那个声音。”

这个陈峥，是我三十年前教的，而且我只教了一学期，她就转学到南京去了。所以，名字并没有留下更多的印象。没想到，只教了她一学期，却还记得我。

我问：“你怎么想到给我打这个电话呢？这个电话我一般都不接的，我今天居然接了，这就是缘分啊！”

她说：“我今天和秦智英聊起你，然后我就去网上搜索你的联系方式，结果找到你办公室的电话。”

我说：“时间过得真快呀！我们分别三十年了！我现在无法想象，当年13岁的小姑娘陈峥，现在43岁了是什么模样。”

我给她说了她这个班最近几年的聚会，讲三十年前的歌声，讲许艳，等等。

“这个电话太让我高兴了！谢谢你啊，陈峥！我只教了你一学期，而且当时我刚毕业，也没有任何教学经验，可你还记得我。”

她说：“你虽然只教了我一学期，可我当时就感觉你和一般的老师不一样，你与众不同。我现在还保留着未来班的毕业纪念册，是秦智英后来寄给我的，我带到了美国。”

“我怎么不一般？你有空写写，我想从你的笔下看到年轻的我。”

“没问题。”

要说的话太多，可是我正忙着。我说：“就这样吧，下次回国一定要来看李老师啊！”

“肯定的，一定。”

我们互留联系方式，电子信箱呀、手机号码呀等等。

放下电话，我还沉浸在幸福中。几天来，我一直在脑海里打捞着三十年前小陈峥的形象和她的点点滴滴……

陈峥当时性格文静，但不失大方，模样清秀，绝对是乖乖女，成绩也不错，她的语文成绩很好，是我的语文兴趣小组成员。刚教他们不久，我便带着语文兴趣小组的孩子们去拜访郭沫若的同学杜高崇老先生，当时杜先生已经90多岁，我们的合影中就有小陈峥。我甚至现在还记得她当年的字迹特征，稚气可爱。不过，毕竟只教了她四个月，说实话，更多印象我就没有了。

没想到，可爱的小陈峥到现在还记得我。

昨天，小陈峥发来了她写的对我的印象，题为“从未忘却的记忆”。真让我感动，一个只教了四个月的学生，三十年来，对我却保留着“从未忘却的记忆”，这就是做教师的幸福。真不是谦虚，那时候我——一个刚刚大学毕业的小伙子——的确没有什么经验更谈不上智慧，但我有爱、梦想和激情，所以，我的确如小陈峥所说：“他从踏上教育之路一开始，他就是以生命在影响着生命。”

由此我想，至少在小学生初中生幼小的心灵中，老师的所谓“专业水平”并不是我们想象的那么重要，最最关键的，还是“爱”。记得2004年11月我通过翻译和苏霍姆林斯基的一个学生聊天，她说：“当年苏霍姆林斯基教我们的时候，已经很有名了，在苏联教育界已经很有影响了，他也出版了许多著作。不过这一切都是我后来长大后才知道的，而当时这一切我们都不知道。我们只知道苏霍姆林斯基爱我们，他是我们最好的老师！”请老师们别误会，我没有否定教师专业水平重要性的意思，我只是想说明，学识、能力、底蕴等等都很重要，但置于最上端的，还是对孩子的爱。离开了这一点，所谓的“专业素养”等于零。

小陈峥朴素而真诚的文字，唤起了我的记忆。是的，当年我利用中午的时间给他们读小说，从那以后，这成了我的“保留节目”。历届学生都记得我给他们朗读长篇小说，一学期一本。除了小陈峥说的《青春万岁》，后来还有《烈火金刚》《爱的教育》以及《悲惨世界》等等。

不过，小陈峥文中有一句话记忆有误。“人生的路尽管漫长，但要紧之处只有几步，尤其在年轻的时候。”这话是《创业史》的作者柳青说的，不是王蒙说的。也许我当时给他们说这句话的时候，同时在读王蒙的《青春万岁》，12岁的小陈峥，就误以为是王蒙的话。不过，我当时不太可能给他们读《创业史》的，哦，我想起来了，当时我可能给孩子们读过路遥的中篇小说《人生》，而《人生》的开头，路遥就引用了柳青这段话。因此小陈峥便记住了，只是她记混了。不过不要紧，是谁说的不重要，重要的是，这句话通过我的转述，让小陈峥记了三十年，并影响着她。我很欣慰。

小陈峥至今还记得《青春万岁》中的人物名字，可见我当年激情澎湃的朗读，给她幼小的心灵刻下了何等深刻的印象。三十年一晃而过。是的是的，“想起来是那样遥远，仿佛都已是从前”“也许还从未感觉，我们已经走过昨天”……就年龄而言，我当然不再年轻，小陈峥也已步入中年。但是，我和小陈峥的“青春”，的确“万岁”！哦不，这话不准确，不只是我和小陈峥，还有我和我历届所有学生，都共同拥有着永远鲜活的记忆和永远年轻的心灵。我们——青春万岁！

我有保存书信的习惯。所以，我断定我还能找到小陈峥当年给我写的信。吃过晚饭后，经过不太困难的一番翻找，居然真的找到了小陈峥转学到南京后给我的几封信。看着这些发黄的信纸，看着落款的日期——1982年10月4日，1985年9月7日，1987年9月2日……我真的很激动！

这些信都是跟我诉说她去南京读书和生活的情景。离开我到南京后给我的第一封信的结尾，小陈峥这样写道：“李老师，您嗓子好了吗？您要多注意身体。以后我期中考试后、期终考试后就给您写一次信。”

小陈峥读高二开学不久，正逢我国第一个教师节，小陈峥给我写信，开头是这样的——

敬爱的李老师：

您好！九月十号的教师节快到了，班主任叫我们随便给哪位老师写封信，我头一个就想到了您，因为您是我认识的班主任中最年轻、最有干劲、最有责任心、和同学靠得最近的班主任。我很佩服您这个老师。在您教我们的时候，您刚分配来，第一次带班，您把整个精力都放在了教育事业上，放在了“未来班”上。您完全可以称得上是个高尚的人，优秀的人民教师。您也许很讨厌听这些赞扬话，不过，这是您的学生我发自内心的话。

……

我记不起27年前我读这些话是什么感受，但我今天读来十分感动。此刻，我要对27年前的小陈峥说，小陈峥啊，李老师并不讨厌你说这话，凡是发自学生内心的真诚的赞美，老师都爱听，而且在我看来，这应该是所

2012 年 9 月，陈峥寄自美国的照片

有真正的教师所获得的胜过任何所谓“荣誉称号”的最高的奖赏！

写到这里，我突然觉得，说“小陈峥”其实很不准确。因为她要比后来我高 95 届的陈峥大八岁。她应该是“大陈峥”。但因为 80 年代我教她的时候，她只是一个初一的小女孩，因此她现在给我的印象，就是个可爱的小陈峥。而高 95 届的陈峥，我从初二到高三教了她五年，她离开我的时候，已经是 18 岁的大姑娘了，所以，反倒好像是“大陈峥”。记忆就是这样有趣。

已经长大的小陈峥还从美国发给我一些照片，其中有几张是她现在模样的照片。哇！当年那个可爱的小姑娘，现在这么漂亮啊！还有她扫描的未来班纪念册《未来》，从 1984 年到 2012 年，从中国到美国，她居然保留到现在，真让我感动啊！另外还有几张我的照片。我想起来了，1985 年我和爱人第一次去华东旅游，到了南京，我肯定想到了陈峥，而且当年肯定还有书信往来的，所以我把南京旅游的照片寄给了她。没想到，快三十年了，小陈峥居然还保留着这照片！谢谢你啊，亲爱的小陈峥！

许多老师都惊叹我保存资料的习惯，说我有什么“档案意识”，甚至还有朋友说我“从小就做好了当名人的准备”。哪里哪里，真的只是习惯而已。在外面做报告，我在屏幕上打出我保留的几十年前的学生的文字、图片等等，都有老师说：“你真是有心人！你的学生该有多感动！”是的，上半年我把初 84 届一班学生三十年前的歌声放给他们听，他们说：“连我们的父母都没保留下我们小时候的声音，李老师却保留下来了。”不过，当时我不以为然，觉得这就是人生和历史自然的积淀，有什么值得感动的？

但是，今天，当我看到远在美国的小陈峥发来她珍藏的我三十年前给她的《未来》，还有我给她寄的照片（照片上的那个小伙子真是年轻啊）时，我真是特别特别感动，心灵可以说受到了震撼。

我只教了小陈峥几个月，她却记了我几十年。三十年前，我意气风发地站在讲台上讲课，她乖乖地坐在下面听。三十年后，我们分别在辽阔的太平洋两岸。这份师生情感因时空的穿越而成为传奇。我由此想到三十年来，我教过的历届学生，对我都特别好。前几年我去新加坡讲学，见到高95 届一班的夏亚卉，她也带着我给该班编撰的班级史册《恰同学少年》来看我。那一刻，我们都回到了属于我们的温馨的“当年”。

刚才我在网上给小陈峥发去她当年给我写的信，她非常惊讶：“李老师，你真的是最好的老师，你仅仅教了一学期的学生的信你都保存了这么多年，真让人感动！”

其实，这份感动是我们共同的。小陈峥文章的题目取得真好：“从未忘却的记忆”。是的，不论多久，无论多远，几封书信，一沓老照片，一本班级史册……都在温馨中走进记忆深处，又时不时浮现脑海。师生都彼此在心里珍藏着对方，对教师来说，这就是教育的幸福；对学生来说，这也许就是人生的幸福吧！

许艳：永远纯真的小姑娘

昨晚回到乐山已经是七点半，但我的初中 84 届一班的几位学生还在江边顺江鱼火锅等着我。他们用鱼火锅招待我。

我一坐下就说：“不好意思，让你们久等了。你们真让我感动！每次回乐山都非常亲切，看到你们我也很激动。”

田晓敏说：“因为我们是李老师的‘初恋’嘛！”

我一愣，随即笑了：“是的，你们这个班是我的教育初恋，而且我一旦恋上教育这个‘情人’，就从一而终！那我这次就是会‘初恋情人’来了，哈哈！”

大家都笑了。

最近几年，我和这个班的学生经常聚会。今年这就是第二次了。前次是清明小长假，我回来给他们听三十年前的歌声。

大家一边吃，一边聊。我说："每次见到你们，都觉得时间过得太快了，一晃就三十年了。"

王薇说："我现在印象最深的，是那时候每天中午，李老师为我们读小说。李老师还让我们趴在桌上休息，然后你给我们读小说。"

我说："给学生读小说，这后来成了我的传统，历届学生都听过我读小说。"王薇当时是一位非常可爱的小姑娘，她的毛笔字写得很好，后来我们的班级史册封面的"未来"二字就是她的手迹。她的女儿现在都 20 岁了。

王军说："李老师那时候教我们唱了很多歌，比如《五月的鲜花》等等。我们早就在唱红歌了！"

我想起来了，并感慨道："是呀，我也不知道那时候哪里来的干劲，这本来是音乐老师做的事，我也给做了。"

周涛说："那时候，李老师还给我们放《梁山伯与祝英台》，并给我们逐段逐段讲解，让我们理解这部乐曲。"

周涛当时在班上是一个非常温顺的孩子，成绩也不错。他外婆是我幼儿园的老师。

这次聚会看到潘洁，我很惊喜，因为我很多年没见她了。前次见她，是 1998 年她和几位同学到成都石室中学我的宿舍来看我。

刘大庆当年在班上可调皮了，但现在是一位很有作为的医生了。同学们想起当年他参加女同学的一个舞蹈节目，都笑了。

我拿出所带的这个班的老照片，大家边看边回忆，同时开怀大笑。许艳捧着影集看入了迷。

我们聊起了未来班，聊起了班歌，都很感谢谷建芬老师。何静红说："我现在还保留着谷建芬老师送我们的文具盒呢！"

我打开电脑，把央视一个专题访谈节目放给大家看，在这个节目中，我回忆了班歌创作的过程，里面还有谷建芬老师回忆她为我们写班歌的一些往事。

大家再次感动于谷建芬老师当年的无私，并感谢我给他们留下了这么多宝贵的记忆。同时，又感慨现在好老师太少，好多老师没责任感，收受学生礼物，热衷于做家教，也不像我当年一样挨家挨户家访……

时间不早了，我们再次相约下次团聚。

许艳开车把我送到酒店。在去酒店的路上，我邀请许艳明天去听我的讲座："我要讲你的故事呢！"她说："好呀！"然后问明天几点开始报告，我说是九点吧。她说平时因为晚上睡得比较晚，早晨都起不来的，但她会准时到会场的。

今天早晨八点，许艳来电话了，说是要来酒店接我。在去学校的路上，她说："我昨晚都不敢保证今天能够来接李老师，我怕我睡过头了。今天我特意上好闹铃。"我说："谢谢你呀！"

我开始做报告了。我先给老师们说："今天我的讲座一不讲理论，二不讲方法，我就讲故事。"关于教育的爱，关于教育的良知，关于教育浪漫……我的故事将老师们吸引了。但我看到许艳看投影仪的时候好像很吃力，我突然想到，她在初中的时候就是近视眼，而今天她坐的地方离投影仪太远了——投影仪在面对主席台的左边呢！

本来我不打算休息，但我特意在中途休息了十分钟，目的是帮许艳调整一下座位。我给学校领导说："让许艳坐左边吧，她眼睛不好，坐左边离投影仪近一些。"于是，学校领导让许艳坐到了左边。

我的讲述继续开始。整个过程中，每一个，的确是每一个老师都被我的讲述打动了。讲到未来班的班歌，讲到歌声穿越三十年，我播出了三十年前许艳代表全班同学给谷建芬阿姨的话："亲爱的谷阿姨，您给我们谱的班歌，我们于 12 月 19 日收到了。我们感谢您……"许艳那清澈纯净稚嫩的童音在会场回荡着，冲撞着每一位老师的心，也激动着许艳的心。

随着声音的播放，我同时打出了许艳当年的照片，那是一个非常可爱的小姑娘。我说："老师们，许艳当年非常纯真可爱，天真烂漫。我现在都还记得一个细节。有一天，我回家路上看到一家私人书店正在上门板准备打烊，于是便进去翻书。突然，后面传来一声清脆的童音：'李老师好！'我回头，是许艳，笑眯眯的。她很激动地说：'刚才我看见前面一个人有点像李老师，但又不太像，我就想是不是李老师呢！突然我看到那个人进了书店，我赶紧快走，然后给你打招呼，我想看看是不是李老师，结果真的是李老师！李老师再见！’说完就走了。哎呀，许艳那天真可爱的神态，实在感染了我。今天我都还记得她那傻傻的模样儿！在我的《爱心与教育》中，记录了关于许艳的几个故事……”

我给老师们朗读《爱心与教育》中“情洒童心”片段——

1983年，是我参加工作的第二年。这年春天，我因劳累过度，患上了严重的神经衰弱症，常常连续几夜不能入睡，最后，医生不得不决定我住院治疗休养。

我本不打算告诉学生，想悄悄离开学校，以免学生们感情受到震动。可临时代我班主任的冯老师却在她上体育课时告诉了学生们，于是，在离校那天下午我为学生上最后一堂课的时候，教室里哭成了一片！

放学后，许多学生又含泪来到我的宿舍，韩军、李松、张红霞等几个孩子天真地问我联系好医院没有，如果没有的话他们愿意帮我找“最好的医院”。

一批学生走了，又一批学生来了，就像我永远不会再教他们似的。

天色已晚，我的头也有些昏沉沉的，便准备回我母亲家了。可又来了几位女同学：许艳、毛利、黄慧萍、杨红、耿梅。

她们一进屋，就呜呜地哭了起来，我一时真不知该怎么劝她们，但又不能让她们这么老哭下去，便用开玩笑的口吻对她们说：“谢谢你们来参加李老师的追悼会！”

但她们并没有被我逗笑，不过哭声渐渐小些了。

过了很久，几位同学抽泣着说：“李老师，以前我们惹您生气了，做了对不起您的事，请您原谅！”

我说：“哪儿的话？你们从来没有对不起我，别哭了！你们都是非常非常可爱的孩子，是我最喜欢的学生！”

谁知听了我的这句话，她们竟又哭得厉害了：“呜呜……是我们把您……气病的……呜呜……”

于是，我装出真的很生气的样子，说：“你们怎么不听李老师的话呢？叫你们别哭，可你们老哭！这才是真对不起李老师！”

她们终于控制住了自己，只有许艳和黄慧萍还在抽抽搭搭的。

我便给她们提希望，鼓励她们在我走后要听冯老师的话，要努力学习……

天已经完全黑了，我便劝她们："你们该回去了，不然会让爸爸妈妈在家里等得着急。"

"李老师，让我们给您唱支歌吧！"许艳擦擦眼泪说道。

另外几个女生也说："对！李老师，让我们为您唱支歌吧！"

"好！"我同意了，"不过等等，我把录音机打开，把你们的歌声录下来。"

唱什么呢？她们讨论了好一会儿，决定唱"李老师最喜欢听的"《少年，少年，祖国的春天》。

于是，在我的口琴伴奏下，简陋狭小的房间里飘出了世界上最美的歌声：

我们欢乐的笑脸，

比那春天的花朵还要鲜艳；

我们清脆的歌声，

比那百灵鸟还要婉转！

……

我在住院的整整一个月里，每天都在想念学生；学生们也随时在想念我，来看我的学生络绎不绝，使其他病友羡慕不已。4月1日那天早晨，我偷偷地从医院溜了出来，和冯老师一起带着学生去峨眉山玩了整整一天！虽然，晚上回病房时被护士长狠狠批评了一顿："还是当老师的，这么不听话！"但那天晚上却是我住院以来睡得最好的一夜……

于是，我经常在想：怎样才能报答学生对我的厚爱？

读到这里，下面早已有老师流泪了。我看到许艳也在不停地擦着止不住的眼泪。

那一刻，全场的气氛非常感人。而老师们其实并不知道长大了的许艳就在现场。于是我缓缓说了一句："老师们，今天的报告，我感到我是在为一个人讲的，这个人就是我今天所讲故事的主人公，她就是许艳。她也来到了会场。"

全场爆发出雷鸣般热烈的掌声。

其实，许艳还有很多故事——其实也就是一些细节，我还没讲呢！记得当年我给学生读了《红岩》后，同学们都在星期天去拾废品卖，将所卖的钱捐给重庆烈士纪念馆建造雕塑。那天早晨，同学们都把一毛两毛五毛钱交上来。中午，许艳同学不好意思地对我说："李老师，我交的七角二分钱，并不是卖废铁得来的，而是妈妈给我吃早点的钱，可我在交钱时，却说是……"我说："你仍然是诚实的孩子！"

当年的许艳就是这么纯真！

当然，现在也依然纯真。上半年见许艳时，我曾叫她"中年小姑娘"。她很天真地说："既然是中年，怎么又是小姑娘呢？"我说："就年龄，你四十多岁，是中年了，可在我的心目中，你永远都是那个可爱的小姑娘。"今天报告结束了，我和许艳走出会场。我问她："这么多年来，你觉得你的性格有没有变化？"她说："没有呀！应该没有吧？"我说："我觉得你一点都没变，还是那么纯真，那么单纯，还是那么可爱。"我再次对许艳说："你真是个中年小姑娘！"

今天听我报告的，还有我的一位学生，她叫张宜宜，是我在成都石室中学教的2000届的学生。报告中我也讲了她那个班的故事，并展示了照片。吃午饭时，两代学生有很多共同的话题，都在说"李老师教我们的时候"怎么怎么，我听了特别有趣。

离开了许艳回到成都，我给她发短信："谢谢许艳今天来听我的报告。下次见面，我把《爱心与教育》送给你。"

她回我手机短信："李老师，您太客气了！听了您的报告，真是受益又感动，也更加了解您这么多年对教育事业的热爱与执着，以及您所取得的成就。能够成为您的学生，是我一生的骄傲！期待拜读您的大作。"

付饶：见证彼此的成长

1985年2月15日，农历腊月二十六，是寒假的第一天，我带着初87届一班的一群孩子在郊外玩了一天，我们打扑克，野炊，在河滩上摔跤斗鸡，总之疯狂了一天。第二天，也就是2月16日，我还沉浸在欢乐之中。当时，我正好参加工作三周年（我是1982年2月参加工作的），想到三年来教育赋予我的喜怒哀乐，实在是感慨万千。太多的感受和想法，抑制不住，我拿起笔开始了写作，没什么构思，没什么框架，一切都是想到哪写到哪，连题目都是很随意的“教育漫笔”。那时我正迷恋着苏霍姆林斯基的著作，因此文字风格自然而然或者说情不自禁地打上了苏霍姆林斯基的烙印。就这样，整整四天，我在母亲家里写呀写，等到最后一个字落笔，窗外响起了阵阵迎接牛年的爆竹声，因为那天——2月19日正是除夕。

那时，我不知道我第一次写的这篇9000余字的文章算不算“论文”。但我还是很满意的，因为我觉得至少内容很真实情感也很真诚，所以开学后，我把这篇文章给当时分管德育的吴忠中校长看。结果他大为称赞，把这篇长文印发全校。再后来，我看到《光明日报》上有一则“我国第一份《班主任》杂志即将创刊”的消息时，便将这篇文章投寄给了《班主任》杂志。不久收到主编王宝祥老师的回信，说“大作很好，拟在第二三期连载”云云。

这是我写的第一篇教育文章，也是我发表的第一篇作品。当时我心中实在是充满了一种丰收的喜悦！

这篇处女作，不仅仅写了我的成功我的喜悦，也写了我的教训我的内疚。今天我要展示的是文中的这么几段——

师爱的一个重要内容，是教师应尽量（只能做到尽量）不要伤害学生心灵中最敏感的地方——人的自尊感。

在这一点上，我的教训多于经验。我教初87届一班时，有一个叫付饶的女孩，我平时很关心她，但有一次她违反了学校纪律，我出于严格要求，责令她写了一份检查，并用大字抄出来贴在校园内。当时我觉得这样做很好，严格要求嘛，为她好嘛！但这样做却伤害了她的自尊心。如果我们在无微不至地关心学生的同时，又不知不觉地伤害学生的自尊感，那么，这好比是我们一方面热心播撒师生感情的种子，一方面又在粗暴摧残师生感情的幼芽。

我越来越信服这种观点，教师想尽量直截了当地帮助学生改正缺点，把他的缺点公之于众，以使其他学生从中吸取教训，不犯类似的错误，这种方法是最不成功的。因为这无异于开“批判会”，把孩子心灵中最敏感的地方——自尊心、个人尊严、自豪感统统暴露于外，并使之受到伤害，这种教育所造成的损失是难以估量、无法弥补的。

2012 年 11 月，我和付饶重逢于深圳

说实话，当初我写下付饶（那时还不知道应该用化名）的名字时，心里隐隐作痛。今天读这段文字，我依然感到深深的歉意。不过，我要说的是，无论是当初，还是现在，我对自己的解剖是无情的，反思是真诚的。如果说后来我在教育上有什么成就的话，可能和我随时这样解剖和反思不无关系吧！

真教育，就不能只是记住甚至随时夸耀自己的成绩，也应该牢记自己的羞愧。14 年以后的 1999 年，我在出版《教育是心灵的艺术》时，特意把这篇文章收录其中——我就是要把我的这些教训钉入我教育历史的“耻辱柱”，随时提醒自己。

但一个人的缺点不是说改就能马上改正的。意识到错了是一回事，真正彻底改正又是一回事。我这篇文字中对自己错误的认识不可谓不深刻，对自己的谴责也不可谓不严厉，我自己想改正的决心也绝对是真诚的。但实际上——我又得说实话，那以后我依然犯过类似的错误，虽然程度没那么严重，情节也没那么恶劣，但后果仍然是损害了学生的尊严。直到 90 年代中期以后，我才基本上没有犯类似的错误了。你看，大人要改正自己的错误都要花这么长的时间，可我们常常骂学生："说要改正，说了多少遍了！怎么又犯了？你叫我怎么相信你？你说话比放屁还不如！"

还是回头说付饶。如果仅看我上面那些文字的描述，也许有人会认为付饶是一个很让老师头疼的"差生"，其实完全不是，相反，当时付饶在班上是一个很可爱的女孩。她成绩不错，作文很好。我记得有一次她给我纠正了一个错字，她说"玩耍"的"耍"字上面是个"而"，可我当时上面写的是"西"字少一横（很遗憾不能打出这个字，因为根本没这个字），我一直都是这样写的。正是从那次付饶给我纠正之后，我再也没有写错过这个字。还记得征集班歌歌词时，她的歌词就写得不错。因为是班上年龄最小的孩子之一，所以她比别人更天真活泼，至今我的影集里，还有一张我和几个女生在峨眉山春游的照片，照片上，付饶笑得特别灿烂特别纯真。可是她又比班上其他女孩多一点内涵，常常在作文中流露出一些思考，尽管在成人的我看来，这种思考本身也是一种可爱的天真，但她的思考是很真诚的。总之，这是一个很有个性的女孩。

付饶对我也很尊敬。记得有一年元旦，我打开寝室门，外面放着一束鲜花，并有一张贺卡："祝李老师新年快乐！"是付饶送的。我感动了很久。付饶并不经常犯错误，她也不是那种桀骜不驯的人，所以我实在不记得她当时犯了什么错误，以至把我气得非要她写大字检讨贴在校园不可。可以确定的是，我当时肯定失态了，而失态的原因——当然是现在的分析，估计是咽不下"这口气"，心里老想着"我就不信我制服不了你"，老想着"如果这次不制服你，我这老师还有什么威信呢"等等。现在许多刚参加工作的年轻老师和学生发生冲突时，正是这样的思维。

不过，付饶依然尊敬我，毕业时还送给我一张她的大幅照片，背面赠我一段话，这段话是她从《奋进之路》中摘抄的——

送给李老师：

“被别人争论是一种幸运。既然有那么多的争议，说明他在被许多人重视，说明他没有慵懒地平静地生活。他以勇敢的奋进和热情的呼喊书写自己的历史。这种争议不过是它的回声，但他也要为之付出代价。在他打破了自己周围的生活平衡，而他自己又被别人打破了心灵的平衡之后，他还要及时调整自己的精神，包括稳定自己的情绪，便还要披荆斩棘，从困境中寻求解脱。”——《奋进之路》

您的学生：付饶

八四年毕业考试前夜

从这段赠言看，付饶虽然年纪小，却很理解我。当时我初出茅庐，敢闯敢冲，好多做法都令人瞠目，的确争议不少。可付饶却像老师安慰学生一样鼓励我。这的确让我感动。

后来我有了女儿，一次碰见我，我让女儿叫她“姐姐”，付饶说：“怎么叫姐姐呢？应该叫阿姨，你是我们的哥哥呀！”

付饶毕业后，我再没见到过她，后来我又调往成都，我就再也没有听到她的任何音讯。但付饶这个名字我一直记在心中，因为这个名字代表我一个教训。我想，我虽然不可能弥补给她造成的尊严伤害了，但我完全可以把这份真诚的愧疚化作对今后每一个学生的善待。尽管如我前面所说，我虽然后来也犯过类似的错误，但如此恶劣而严重的尊严伤害，毕竟再也没有发生过了。

大概是2002年吧，好像是我去扬州讲学，刚进酒店，突然手机响起，一听：“李老师，我是付饶！”我简直不相信我的耳朵：“啊？你是付饶啊！你怎么知道我的手机呢？你怎么想到给我打电话呢？这么多年，你在哪里呢？”她说，她现在在深圳工作，她在书店里看到我的书，很激动，便想到要跟我联系，但没有联系方式，便通过各种途径找我，找到我的学校，然后又索要我的手机号。她跟学校办公室的老师说：“我是李镇西老师的学生，很多年没联系了，我想念他！”于是，她终于得到了我的手机号，便马上给我打电话。可以想象，当时我的激动……

但一晃又过去十年了，由于种种原因，我俩依然没见面。几乎每年我都要去几次深圳讲学，也想过约付饶见见，但我竟然把她的手机号弄丢了，而我又换了手机号。因此，要想再和她联系，几乎是不可能的了。

这次去深圳讲学，我再次想到了付饶。我突然想到好像在我的旧笔记本电脑里还存有一个电话号码表，里面也许有付饶的手机，于是我便打开那个旧电脑，果真有付饶的手机号，但这么多年了，这个号付饶是否还在用呢？赶紧打过去，居然是付饶的声音！

我多次和以前的学生相见，但这次真的很激动。付饶也和我一样激动。要见面的前几天就打电话来问我住的酒店，问讲课的地点和时间。“我一定要去听！”她说。她还说：“你当年给我写的字，我还保存着呢！到时候给你看。”

深圳做报告那天早晨八点，付饶就给我发短信说“我到酒店大堂了”，不一会儿她进了我的房间。“付饶，你一点都没变！走在大街上，我一眼就能认出你。”我说的是实话。

我给她看我特意为她带来的几个“文物”——我当年和她还有几个同学在峨眉山的照片，我当年教他们唱歌用过的歌本，特别是还有她当年写的班歌歌词《我们，新一代》。我说：“2002年中央电视台为我做访谈时，说到班歌创作，我还展示了你的歌词，主持人还朗读了呢！”

让我惊讶并感动的是，付饶也给我带来了“文物”——我当年给她批改的作文，是我让同学们以书信的方式给我提意见。付饶的信全文如下——

敬爱的李老师：您好！

我正在给您写信。

自从您教我们以来，整日操劳。望着您渐渐消瘦的背影，越来越凹陷的眼窝，同学们都在心里暗暗地难过，您每天清早最先来到教室写早读要求或放英语磁带，上午就在办公室里备课，查资料，下午又忙着做同学的思想工作或给后进同学补课，晚上您又在灯光下为同学们的学习、思想、身体操劳，几乎常常彻夜不眠。您可知道，您的一举一动、一言一行都被同学们看在眼里，您把高尚、朴实、勤俭的美德像种子一般播撒到我们幼小的心灵里，在我们纯洁的心灵里勾勒出一幅美丽的图画。您的学生常常谈起您，那时，我们是多么地自豪呀！有谁愿意主动成立“家长联系簿”？

五十几个学生呀，每个星期不知要牺牲多少休息时间写学生的情况。谁也不愿意，但我们的老师第一个提出，并且坚持写。这怎么不使您的学生自豪骄傲呀！抬起头，望着整洁美丽的教室，我们又想起了您，敬爱的老师，这花费了您多少心血，多少汗水呀！四幅画，牺牲了您多少个星期日啊，才使我们的教室这般优雅。看看教室后面的板报呀，“乳汁”包含了您多少的爱呀！还有……

但正像这些行为一样，有些被您忽略的事却给同学们不太好的影响，那虽然是您一时的疏忽，但作为一个老师，一个班主任，您要知道您的每一个细微动作都被五十三双眼睛紧紧盯着，给他们极大影响，这也许过分了些。

一次，您在班会上当众宣布说，您坚决不给谁的壁报写刊头，必须自己动手。大家当时虽然有些泄气，但一想到大家都一样是自己写，所以又都鼓起了信心，不想，您却偏偏给毛利、许艳她们办的报写了刊头，也正像您那些举动一样，使同学们非常震惊，造成了不太好的影响。

我相信，这一定是您一时的疏忽，但谁能没有缺点，不犯错误呢？希望您今后注意。

祝您

身体健康，工作愉快！

您的学生：付饶

一九八三年元月十九日

我的批语——

感情真挚，谢谢你对我的鼓励！

所指出的不足的确是我的疏忽，今后一定尽力避免。

基本符合书信格式。

1 月 22 日

看着这发黄的作文和已经褪色的字迹，我实在感动不已。

“李老师，这是你当年送我的生日贺卡！”付饶说着打开了一张白色包装纸，里面是一张明信片，背面是我当年写的字——

未来班付饶同学收

美好的心灵永远不会是平静的自满自足的一潭死水，它充满了焦灼、不安、期待，充满了追求，其中首先是对于事业，对于道德和对于情感的追求。

——王蒙

（付饶同学十四岁生日，抄以赠勉）

一九八四年三月三十一日李镇西（盖章）

我简直感到震惊—— 一篇作文，一张贺卡，付饶居然保存了近三十年！

报告开始了。我在谈“爱，是一种尊重”的时候，我提到了当年我对付饶自尊心的伤害，我说：“但是，付饶并没有记恨我。这是毕业前她送我的照片和写的赠言……”我一边讲，一边在多媒体上展示出她送我的照片。老师们都被感动了。我说：“快三十年了，今天我和付饶再次相见，现在她也来到现场……”付饶站起来转身向大家鞠躬，老师们以热烈的掌声欢迎付饶。

我说：“今天付饶见到我，给我看了她珍藏至今的当年我送她的生日贺卡。”屏幕上打出了贺卡，所有老师再次被震撼。

我说：“学生的胸襟总是比老师的胸襟要宽阔得多！”

晚上，我这篇文章正要结尾，手机响起了，付饶打来的。我问她有什么事，她说：“李老师，你那天讲课说到你当年对我的所谓‘伤害’，我想告诉你，你千万不要那样想，不要老是自责。当时站在你的角度是对的，你是想纠正我的错误，虽然具体做法你觉得有些过分，但这也算是一种挫折教育，对我以后是有积极意义的。”

我知道付饶是在安慰我。我问：“我现在都想不起当时你究竟犯了什么错误，我要那样处理你。”

她说：“当时我把一个鸡蛋扔到窗外，你很生气，说是一种浪费。”

我说：“可也不至于让你大字检讨贴在校园里呀！是不是你当时态度不好呀？”

她说："也许吧，我记不得了。但是李老师你不要老自责，真的没什么的。"

我说："谢谢你！还是那句话，学生的胸襟总是那么宽阔！但是，正如我经常给学生说的那样，别人原谅你，是宽容；自己原谅自己，是堕落。我可是通过那件事进行了认真的反思，这是我后来有所进步的原因。"

她说："我们当时都能感到你是真心对我们好，所以这些不算什么。孩子的眼睛是雪亮的，能够分辨出老师是不是真爱我们。披着爱的外衣但实际上并不爱我们，我们也能看出来的。如果老师不爱我们，哪怕他不批评我们，我们也不会爱他的。"

我说："谢谢！谢谢！我当时没有经验，常常急躁，但我的确是很爱你们，而且很投入，是一种很单纯的投入。你们可能不知道，最初教你们的时候，我没当你们班主任，就教你们一个班的语文。一个月以后，你们太可爱了，我就跟你们的班主任冯老师说，让我当班主任吧！冯老师说，也好，我是教体育的，还是你这个教语文的当班主任对学生比较好。后来我去跟学校领导说，领导就同意了。如果这事放到现在，人们肯定会说我，简直是有病！但我当时没想那么多，就是单纯的喜欢。"

付饶说："从你的成长轨迹来看，说明一个道理，一个人只要真心热爱他的工作，而且足够的努力，坚持不懈地做下去，他一定会成功的，而且所谓的名呀利呀，都是副产物，早晚会到来的。你看你，其实你当年教我们的时候没想过名利呀成功呀等等，就是很单纯地教我们，带着我们成长，但你现在不也成了全国闻名的教育家了吗？"

我说："我可不认为我是什么'教育家'！不过，几十年来，我觉得我们互相看着或者说见证了彼此的成长，你们在成长，我也在成长。"

……

这个电话通了很长时间。最后我说我给她寄我的书去，她说："我读过的。"我说："我给你寄一本《做最好的家长》去，也许对你教育女儿有帮助呢！"

赵刚：长不大的机灵鬼

最近几年乐山一中初87届一班的学生聚会，都是赵刚组织的。他当时在班上可是一个很调皮的男孩，没少让我操心。我记忆中——我相信他的记忆中也是如此，我是多次狠狠批评他，甚至对他大发雷霆。

别误会，赵刚这孩子其实挺可爱的。聪明、机灵、单纯、正直、活泼、顽皮……这些词用在他身上是非常合适的。但我当时为什么常常批评他呢？因为他很多时候（不是“有时候”）不守纪律，特别是课堂纪律，经常说闲话，影响同桌也影响班上的课堂纪律。好动，爱说，就是他的特点。上课从来坐不安稳，说话，搞小动作，不止一次被我批评。记得有一次家访，我对赵刚爸爸说他上课太爱说小话（那时我的教育还不成熟，家访还要告状），他爸爸说这孩子小学就是这样的。

现在想起来，赵刚并没有什么大不了的问题，他的缺点不过是一个正常男孩自然具有的调皮而已。但当时我对他却缺乏应有的宽容和包容。赵刚虽然调皮，调皮中处处透着机灵和可爱，不但成绩不错，而且总有一些与众不同的想法。记得有一次我号召同学们以小组为单位走出校园搞社会调查，赵刚他们组就是去的乡下，回来之后，赵刚还写了一篇调查报告，谈改革开放几年来农村发生的巨大变化，展示“在希望的田野上”富起来的农民生活。

赵刚对班集体非常热爱，只要是为同学们做好事，他都很积极。每次的运动会，都是赵刚一年一度在班上在全校最显赫最荣耀的时候——他擅长田径，尤其是长跑，在学校简陋的操场上，他那瘦小灵巧的身影激起了同学们多少狂热的呐喊，他也因此为班上赢得了荣誉。

毕业之际，他为班级史册《未来》写的卷首诗《未来，是彩色的》是那样的激情澎湃——

未来，是彩色的；
未来，是绚丽的；
未来，挥动着巨大的画笔，
未来，散发着颜料的芬芳……

每一片绿色里，
萌动着诱人的幻想；
每一片黄色里，
蕴藏着震寰的力量；
每一片红色里，
突奔着澎湃的热情；
每一片蓝色里，
跳荡着青春的激昂！

春的初融……
夏的清凉……
秋的硕果……
冬的戎装……

未来的土地上，
已种下一片绿色的希望！

前年的春节，他给我发手机短信，说要搞一次同学聚会，还说“到时候要给你一个惊喜”。寒假我回到乐山，应约到了酒店。赵刚和一群学生热情地欢迎我，但随即赵刚便把大包间的屏风拉开，里面还有一桌人——是我上一个年级教毕业的学生，也就是我所教过的第一届学生！原来这就是赵刚给我的惊喜。这个设计充分表明了赵刚的聪明机灵依然没变。

也是在那次聚会上，赵刚跳到凳子上，高声说：“我们一起来唱唱我们未来班的班歌吧！”大家都说好。于是，在赵刚“张牙舞爪”的指挥下，两个年级的学生唱起了共同的班歌《唱着歌儿向未来》：“蓝天高，雁飞来，青青松树排成排，我们携手又并肩，唱着歌儿向未来……”

那么多年过去了，他们已经四十多岁，可依然还记得谷建芬为我们谱写的班歌歌词。特别是赵刚，一跳上凳子唱着班歌，就回到了顽皮的少年时代，真是一个长不大的机灵鬼！

赵刚现在不但依然尊敬我，而且还把我当朋友。那年聚会的第二天，他就约我在城外的一条绿道上散步聊天。我们谈社会，谈国家，谈人生……他给我说：“李老师，刚进入初三时，有一件事我对你很有意见，但当时没说，现在可以说了。”我说：“好呀，你说。”他说：“那是进入初三的开学第一天，你在班上表扬很多男同学经过一个暑假，都长高了，你还说谁谁谁长高了多少厘米。我当时好想你表扬我啊，因为我一个暑假长了七厘米，可是，你表扬这个表扬那个，就是没表扬我！我当时气了很久！”

我听了哈哈大笑，心想，这都值得你生气？我当时是随便点了几个同学表扬，我怎么知道你也长高了呢？这事都要生气，也太小气了嘛！这哪值得生气呢？但我转念一想，觉得赵刚小气，这是成人的想法，而当时，赵刚是一个小男孩，一个暑假长了那么高，多么希望老师能够知道并表示欣赏啊！可我却没有如他所愿表扬他。这事仔细一想，至少说明，第一，我没有关注他，如果报名那天我仔细观察他，长了七厘米我应该能够看出来的；第二，在我表扬其他男生的时候，我没有觉察到坐在下面的赵刚脸上那渴望的表情。

于是我对赵刚说：“是我的不对。虽然二十多年后的今天你才对我说，你也早就不为此事感到委屈了，但你说出来是有意义的，因为我还在当老师，这对我以后更加细心地对待学生，特别要以儿童的心理去理解儿童，是有帮助的！”

如果说，当年我和赵刚他们是师生关系，那么现在随着时间的推移和我们的关系更加密切，我们之间不知不觉地成了互相影响的朋友关系。比如，最近我正在读的《南渡北归》就是赵刚给我推荐的。

我常常想，当年我的所谓班主任工作远远谈不上什么“智慧”什么“艺术”，相反，我的性格急躁，常常发他们的火，尤其是对赵刚这样的孩子，气急败坏地臭骂，那肯定不是一次两次。但是，当时他们对我却那么好，常常让我感动和自责。这么多年过去了，学生们对我还是那么好。也许他们根本就没把我的急躁暴躁往心上记。我多次说过，学生对老师总是那么宽容，不管你对学生多么粗暴，但最后记住的全是你对他们的好！当然，我想，学生之所以对我宽容，之所以不记恨我，是因为我当年虽然没有什么教育技巧，但的确是全身心地投入，全身心地爱他们。这点孩子们肯定能够感受到的。所以，我再次确信，只要和孩子有了情感和信任，嬉笑怒骂皆成教育！

不过，如果我们有爱，还有智慧，还有包容，那就更好了。那样，更多的“赵刚”能够获得更健康的成长。

如果时间能够回到二十八年前，我能够重当赵刚的老师，该多好！

宋平：心中装满阳光

大约十天前，我在 QQ 里和宋平聊天。我说我准备写一篇关于你的文章。他说：“呵呵，我是最平凡的一个，成绩也不好。”我说：“你成绩是不算好，但也不算差，中等吧！”他当年考大学读的是专科，可见的确是“成绩不算好，但也不算差，中等”。但要知道，1990 年的专科也不是那么容易考上的。宋平的专业是机械制造，现在在广州一家小公司负责售后服务，是做空调工程的。

宋平在 QQ 里感谢我：“当年我高考语文考了 90 分呢！”那时语文高考满卷分为 120 分，能考 90 分不算低。他又说我在博客上写的《任安妮》他读了，“每一个细节都是真实的”，他特别佩服我的记忆力。我说那篇文章是当时写的，细节当然记得，如果是现在则不一定能写出那些细节了。不过，我以前的记忆力还真好，年轻时教过的学生，大多数我现在都还能够说出他们的生日。比如宋平，是 1971 年 9 月 15 日出生的。（宋平会读这篇文章的，如果我记错了，请纠正。但要错也最多是日子错了，年和月我自信是不会错的。）

宋平在 QQ 上对我说："我成绩很一般，资质更一般，当年学习不太认真，什么都很一般的人，泯然众人矣！呵呵，李老师培养了千千万万合格的劳动者，这点我基本可以代表。"

是的，宋平现在是一个很普通的劳动者。但他也是我的骄傲。

其实，我的绝大多数学生都是很普通的，但他们都是我的骄傲：善良、正直、勤劳。我认为，一个学生成绩特别优异，考上清华北大，比如和宋平同班的程桦同学，这主要不是老师培养的，而是他本身天赋很高。我教过的学生中，还有成为国际知名的作曲家的，还有成为著名公司亚太地区副总裁的，但我从不认为这些学生是我"培养"的。我一不懂作曲，二不会企业管理，怎么"培养"？我对这样的孩子的影响主要是做人方面的。其实，我们大多数学生都很普通，这才是常态。问题是，我们做教师的，不能把少数天才孩子的成功，作为自己教育的成果，挂在嘴边炫耀自己多么多么了不起，动辄便说自己"培养"了谁谁谁。这样做，既不符合事实，更让那些大多数普通学生"情何以堪"？——我也赶赶语言时髦，呵呵！

宋平是我所教的第二个班，也就是乐山一中初 87 届一班的学生，这个班也是我的第二个未来班。现在想起宋平，我就想到 1984 年 9 月 1 日上第一堂语文课时，我让同学们轮流起来发言介绍自己。个子矮矮但很有精神的宋平站了起来——我记得他是很爱发言的，他说因为考上乐山一中，全家人包括亲戚们都很高兴。他爸爸妈妈脸上特别光彩，把儿子考上乐山一中的消息四处传扬，他妈妈的同事还特意给宋平买了一块手表。说这些的时候，小小的宋平还骄傲地扬起了细细的手腕，让同学们欣赏那亮亮的手表。

我刚才就说了，宋平在班上成绩不算好，但也不差，属于典型的中等生。但他肯动脑筋，上课发言积极。80 年代的中国，各种思想的浪潮"卷起千堆雪"。我将时代的活水引入课堂，所以当时我在班上开展了各种各样的活动，什么读书会、辩论会、思想节、采访活动等等，宋平都是积极分子，常常慷慨陈词呢！那天在 QQ 上，宋平还说他当时并不是文学社的成员，因为他的写作并不拔尖。虽然不是文学社成员，但文学社好多活动他都参加了。比如，我曾动员文学社的孩子们在暑假勤工俭学——其实就是现在所说的"综合社会实践活动"，不过那时候没这个说法——上街摆地摊，宋平和几个同学上街卖冰棍、卖书，还夹带着把我班文学社的油印刊物《凌云》一块卖了。最后“分红”，每个同学还收获了6元钱！6元钱现在简直微不足道，可按当时的物价，是半个月的伙食费呢！

宋平格外善良，而且热心，平时谁有了困难，他都愿意帮忙，特别关心集体。比如，当时我班有一个保温桶，每天需要去学校锅炉房挑开水灌在保温桶里。初一时，孩子们很小，我怕烫着他们，所以每天的水都是我挑。到了初二，孩子们渐渐长高了，我便把这活儿让他们干。宋平可是积极分子，常常早早来到学校，一个人去锅炉房挑开水。他那瘦小的个子，晃悠悠地挑着开水，我们为他担心，可他还乐呵呵的，真是可爱！

在我的老相册中，有几张宋平的照片。照片上，他背着荣建穿过跑道。我一下回忆起来，当时，瘦小的宋平显然无法参赛，但他依然忙活着为参赛同学服务，帮这个帮那个忙个不停。当时，参加比赛的荣建不小心把脚崴了，宋平赶紧过去背起他。宋平没有机会去冲刺金牌，但他这么默默无闻地为同学服务，把善良的金牌挂在了自己心里。

我那时真的对所有学生都很关注。无论其表现是好是坏，成绩是优是劣，或者是像宋平这样中不溜秋的孩子，都在我的视野范围内。因此也赢得了孩子们的信任。当时，我让孩子们写随笔，既是练笔，又是交流。他们有什么心里话都愿意对我说。我记得宋平当时向我倾诉最多的内容，是他爸爸的“专制”，他常常用文字向我“控诉”他爸爸。

初二的时候，有一次宋平因为不满“家庭压迫”，给他的姑妈、姑父写了一封长长的信，倾吐内心的苦闷。出于对我的信任，他特意抄了一份给我，这封信我至今珍藏着。在这封信中，宋平写道——

“家里度日如年，班里度年如日。”这是我从内心迸出来的一句话。这句话是在班里的自由生活与家里的寂寞、苦闷的生活形成对比后发出的。在家里，气氛总是那么严肃，那么死气沉沉。只要当我和姐姐议论社会发生的一件事，家长们就会说：“社会上的事情少管些！”当我们发表自己的看法时，又来了：“你现在的任务是什么？”

……爸爸有时候明明说错了，但不许我反驳。他说：“我说的是对的，你只能听我说。就是错了也不准反对！”这句话在我脑海中会掀起多么大的波澜啊！姐姐说我在家是“小绵羊”。这是我经过长久的尝试，总结出来对付家长们的“教导”的办法，因我深知不能以卵击石，就只有一只耳朵进一只耳朵出，只当没有这么一回事。在有些时候，我也会犹如火山爆发似的同家长们争理、辩解。您可能要说我不应该顶嘴，可我认为我的做法是对的，这是讲理，是捍卫我们晚辈的权利，我们不能“坐以待毙”——官逼民反，民不得不反！！这口气似乎太猖狂了，但我实在忍受不了！

还有一点，使我很不高兴，就是只要犯了一次错误，父亲就会抓住，并且几年也不会忘记。我很久前初一时看过一次小说，你们这次回来，他还对五爸说我上课看小说，犹如我昨天才看了。我当时非常愤怒！

在我家里发生的黑白颠倒的事情多如牛毛，三天三夜也说不完。下面，看看我的几篇日记。从这几篇日记可看出我的内心世界。我认为，在世界上我最信任的，最能理解我的，是我的李老师。虽然他并没有把我的苦恼告诉过家长，我也知道他的难处。人与人之间的关系是这样的。

第一篇见 1984 年 12 月 8 号日记，详细描写了我挨打后的心理想法。

第二篇见 1985 年 5 月 5 日，它记载了我想去死，可能你们不相信，会大为震惊，可死在我的心里已经很渺小了，但我心里却很难受，为我蔑视死而难受。

归根结底就是成绩二字。我认为父亲要负 50% 的责任，因为对我们的思想压力太大了，随着年龄的增长，我上课也逐渐专心了，可父亲却不能理解我们，我决定照五爸说的那样，好好复习，迎接统考。

看完这封信后，您可能大略知道我的心情了，一定要批评我，说我的口气太大，或者不应该赤裸裸地说大人的不是。我想，既然大人有说话的权利，我又为什么不能？

千万不要给其他人说此信，保密！！

我之所以大段大段地抄录这封信的内容，是想让今天的老师们和家长们了解一下初二孩子的内心世界，并想到自己的学生或孩子：我是否真正了解他的内心？现在宋平也为人父了，我相信，在教育孩子方面他不会重复过去父亲的“故事”。

1986 年元旦，我让同学之间互相写信，表达祝福。宋平自然也收到了许多同学的信。元旦不久——具体说，就是1986年1月18日，宋平交给我的随笔上是这样写的——

今天，父亲发现了同学们给我的信，他问我是好久的，我说："元旦时收的。""有什么用？没用的，全烧！"他问我。"做留念！"我顶了他一句。"现在不是做留念的时候！"我没理会他。我觉得，我们的家庭现在还是奴隶制的国家，我们没有人身权利。难道我能这样忍受下去吗？我不能回答。对于这样荒唐的事，我是拿不定主意的，我无能为力！

宋平出身于工人家庭，他爸爸妈妈其实都是非常纯朴善良的人。可能当时爸爸对他要求比较严格，有时候教育方法比较简单粗暴，而宋平又正处于青春期，父子冲突便难免了。

我记得当时我找宋平谈心，要他理解爸爸的爱，不要顶撞，但是该坚持的原则还是要坚持。我说，这些体现同学友谊的信当然应该珍藏，你要学会和爸爸沟通。我还专门去家访，给他的爸爸妈妈做工作，让他们理解儿子。他的爸爸总觉得宋平成绩不好，我说："宋平成绩当然还可以更好，但只要他尽力，就不要逼他。"我特别说了宋平关心同学，热爱集体的好品质。我说："你们有一个多么优秀的儿子啊！"

宋平真的很善良，他人缘很好，不是因为圆滑，而是因为他总能看到同学的优点和长处。在我珍藏的班级日记中，1987年6月3日是宋平写的日记——

今天中午，我和杨毅一起去买汽水，在补钱的时候，多补了杨毅四角多钱，杨毅便自觉地退了回去，我见了很感动："'二狗'真诚实！"我为我有这么一个诚实的同学感到骄傲！

如果你问我，这学期班上谁的进步最大？那么我会毫不犹豫地说："是李毅！"……

接下来宋平用了大量事例写李毅在思想上和学习上的进步。限于篇幅我这里就不一一引述了。只有心里装着阳光的人，才能看到别人的亮色。

宋平就是一个心里装着阳光的孩子。

宋平非常正直，而且爱思考。当时我爱在班上给同学们读报告文学。翻阅我当年的教育日记，记录了我给学生读靳大鹰的《志愿军战俘纪事》的情形——

正当同学们为志愿军英雄而感动的时候，恰逢《志愿军战俘纪事》的作者靳大鹰同志和这篇报告文学中所描写的英雄之一张达同志来到乐山市。同学们立即组成采访小组，与靳叔叔和张达伯伯一起开了一个座谈会。"十处打锣九处在"的宋平当然也是采访组成员。

同学们与英雄一起谈人生、谈信仰、谈党风、谈改革。靳大鹰同志用自己采访志愿军战俘的一些事实，帮助同学们全面地看待党风、军风和社会风气；张达同志更是以自己30多年的人生道路告诉同学们："人生的价值在于奉献！"

座谈会上，宋平同学代表未来班的同学向张达同志提了一个问题："我想，如果没有信仰，您和您的战友们当年在美军战俘营里不会那么坚强。但我们这一代人中许多人恰恰缺少信仰，现在党风和社会风气不正、一些人以嘲笑先烈为时髦，我们真担心，我们的祖国会败在我们这一代人手中。请问张伯伯有无这样的担心？"

"不会！我相信不会！"张达斩钉截铁地答道，"有人认为只有经过战火磨炼才能建立信仰，其实生活在新社会同样可以建立坚定的信仰。你们也可以建立信仰。要看到党内仍然有不少好党员，这是我们党的希望。你们也是我们祖国的希望，你们能够思考这些问题、担心这些问题，就说明你们是爱祖国的，就说明我们的祖国不会败在你们手中！"

座谈结束时，张达为同学们留言："和年轻的同学们一起努力！"靳大鹰写道："信仰重于生命，祖国高于一切！"宋平还得到一本签名的书呢！

说实话，今天看这些文字，多少有些恍若隔世之感。25年过去了，今天的中国发生很大变化，我——我相信宋平也是，对国家的认识对社会的看法显然比以前更成熟更全面，但有一点没有变，那就是基于爱与忠诚的忧国忧民之心。我现在和宋平聊QQ，大多都是议论时事。

宋平初中毕业前，写了一篇《我们的班主任李老师》，后来收入初87届一班油印的毕业纪念册《未来》。文章这样开头——

“唐王戍守新疆，打一人名。”在“六一”揭灯谜会上，只见黑板上贴着这么一个谜语，主持人赵刚微笑着站在黑板旁，一见此谜，脑袋特别灵活的彭毅叫了起来：“李镇西！”

——李镇西，便是我们的班主任李老师。

我们都有这么一个同感：李老师很会征服人，他征服了自己所有的学生。他是用他那高尚的人格来征服我们的，他是用他那正直的品质来征服我们的，他是用他那丰富的知识、巧妙的教学方法来征服我们的，他是用他那对同学们的关心、对同学们的信任来征服我们的。

接下来，宋平写了课堂上为了培养同学们能力我让大家辩论的一个片段——

“我认为，陈胜、吴广起义纯属偶然。”在讲《陈涉世家》时，李老师又一次挑起了辩论的“事端”。“为什么这么说呢？文中说陈胜去行卜，卜者知其意，才对陈胜说：‘足下事皆成。’如果卜者不知其意，那么迷信的陈胜的计划不是就不能实施了吗？”

“不知李老师注意过没有，书上说：‘天下苦秦久矣！’这说明人民早就想推翻秦王朝统治了，起义已成为必然！”同学们和李老师针锋相对地辩论。

李老师开始“狡辩”：“文中说：‘广故数言欲亡，忿恚尉，令辱之，以激怒其众。’如果尉涵养好，这时不发怒呢？起义不是就不能进行吗？因此，起义纯属偶然。”

话音刚落，“唰”的一声，同时站起来好几位同学：“我们不排除偶然因素，但李老师说‘纯属偶然’，请注意‘纯’字是很荒唐的……”

经过一堂课的辩论，同学们得出了“陈胜起义是必然的”。李老师终于“认输”了。

只要老师给孩子们一点点爱，孩子们都会记住的。宋平这样写道——

李老师不仅把我们当学生来教育、培养，还把我们当小弟弟小妹妹来关心。他的心中只有我们。他时时刻刻都惦记着我们。平时，他为我们买饭票，课间为我们买来加餐饼子，中午守着我们午休，就连暑假也忘不了我们。1986 年暑假，我们在学校补习，班上每个同学都会收到李老师的来信，这是旅途中的李老师从云南、贵州、海南等地给我们写来的。每当这时，我们都兴奋异常，拆开信同李老师一起游览着桂林山水、张家界风光，品尝着过桥米线、香蕉、菠萝……

有时候老师对孩子的信任所产生的道德力量，是老师想象不到的。宋平写道——

最使我感动的，是李老师的理解同学、信任同学。有一学期，学校考试作弊成风，于是学校决定在期末考试时年级之间的一部分同学进行对调考场。但李老师认为不能这样做。他和校长进行了公开的激烈的争辩，我们听他说："教学应该给学生以信任，也只有信任学生才能进一步搞好教学。我相信我班绝大多数同学是诚实的，而全校作弊的也是少数同学。不能因为少数同学的不诚实就不信任所有同学。"当时，听了这番话，我们很是感激，只有李老师相信我们。李老师的信任打动了我们，我们都在心里说："我们没有脸作弊，因为这样对不起李老师的信任！"

现在有一个术语，叫"诚信考试"。我觉得这个说法很荒唐，考试不就应该是诚信的吗？难道还有区别于"诚信考试"的"不诚信考试"吗？20多年前，我的班上就实行无监督考试了，大家都觉得很自然。

宋平在文章最后，深情写道——

现在，我们要毕业了，要离开李老师了。但是，我们永远忘不了李老师那消瘦的、和聂卫平的样子差不多的脸庞，忘不了那风趣的说笑声，忘不了那琅琅的读书声，更忘不了李老师常对我们说的几句话："我们每个人都要努力使自己成为正直的人，并尽全力改变这个社会。如果我们尽了最大的努力也没有改变社会风气，那就把自己管好，让社会少一份垃圾，让世界少一个丑恶的灵魂！你们不可能每一个人都成为科学家，但都可以努力使自己成为正直的人！”

分别的时候，宋平在我的《未来》上留言——

李老师：您好！

首先谢谢您三年来对我的教育，和在我身上花的心血。这是我永远难忘的。

分别之际，我不想送您东西，只想用今后的实际行动来报答。我相信，对“未来班”对老师的爱，能抵挡住我一切不良念头，最终我会以一个大写的“人”来见您！

写到这里，我的眼前浮现出初中毕业时，宋平和我分别的情景，这情景我永远忘不了——

宋平走向讲台，叫了一声：“李老师……”声音似乎哽咽着，然后是沉默，好像有很多话，但又说不出。他突然给我一个深深的鞠躬，而且至少十几秒没有起身。最后，他缓缓起身，依然什么也没说，看了我几秒钟，眼神里有尊敬，有不舍，然后他扭头便走了，那么决绝，好像一回头他就会流泪，就会控制不住自己而号啕大哭。

宋平是在另一所学校读高中的，高中期间他多次来看我。后来他在成都读大学时，我已经在成都，他专门来我学校看我。再后来，我们便没有了联系。因为他在广州工作，所以好几次学生聚会他都没有参加。

2006 年秋，我应邀在广州天河体育场讲学。他听说后，便说“想再听听李老师上课”。那次的听课老师真多，有三千多人。但我感到我只是在为宋平一个人讲的。我在讲课的过程中，讲了许多宋平他们这个班的故事，当然也有宋平的故事。中途休息时，老师们潮水般地向我涌来，请我签名，和我合影。有老师实在挤不上来，无法接近我，听说宋平是我的学生，赶紧把他围住，又是签名又是合影的。

也许是我的报告勾起了宋平的回忆，不久宋平写了一篇文章——

回忆20年前的李镇西老师

宋 平

乐山一中初87届一班是李镇西执教生涯所带的第二个班级，作为他的一名普通学生，20年后，想起他作为班主任和语文老师在教育和教学方面有不少独到之处，虽然他现在总是很谦虚地说那时还很年轻，还有很多不足。

一

诚如他在很多他的文章中所提到的，他常常利用课堂时间给我们读小说，现在依然记得有《烈火金刚》《钢铁是怎样炼成的》《爱的教育》……除了这些有教育意义的小说外，犹记他还常常读一些报告文学，内容多，覆盖面广。

二

我们的班叫“未来班”。未来班除了有自己的班徽、班歌、班训外还有自己的班报。班报每天一期，由全班56位同学轮流主编。也许有人会问，这不是给学生增加了很多负担，能够办好吗？其实不然，所有的日程安排一般提前两个月就编排好，每个同学就在这50多天利用自己的课余时间设计和准备素材，一年365期，连寒暑假都不例外。班报是手抄报，我还记得那时为了办好报自己苦练钢笔素描的情景，现在想起，这对学生独立完成一件事的能力是多大的帮助啊！

三

值日生是轮流的，除了每天的日常事务外，还必须在当天的语文课上给大家做3分钟左右的新闻报道。为了做好这份工作，我们不得不留意新闻，关心时事。那时我家里只有一台黑白电视，听说要给同学报新闻，父亲特许我那天看《新闻联播》。还记得给同学们报的一条新闻是美国国务卿舒尔茨访问韩国，至于国务卿的工作性质当时却全然不知。

四

李老师经常出差（从初二开始），但是他出差从不找老师代课，出差前他会叫班上语文成绩较好的同学备课，出差期间就由同学上课。我还记得小老师有程桦、潘芳奕……同学给同学上课气氛非常活跃，大家感到很新鲜。上课的讲得投入，听课的更是踊跃发言，现在想来效果或许不逊于老李啊！这或许也算是老李的一个独创吧，在当时是不可思议的。

五

班干部是轮流做的，除班长任期为一年外，班委都是一学期，不得连任。三年下来，大部分同学都当过班干部，甚至从初二开始，连每学期的家访都是由班委进行，两人一队，多方面锻炼了同学的能力。

六

期终考试，全校只有我们班实施无人监考。当时为了此事，还有不大不小的波澜，老李顶住压力，他说他相信他的学生，结果不言而喻……大家很感动。

值得一提的是，为了促进大家自觉学习，有次小测验发下试卷后，李老师没做讲评，三天后同样的试卷再考一次，一前一后两个试卷全交给家长签阅。此事对大家很有触动，从此考试后大家都很自觉地纠错。

单元考试有时是由同桌相互出题，全班56个同学就有56份试题，不管是出题的做题的收获都很大。

七

寒暑假，李老师出去旅游。每天都有同学收到李老师从旅游地点寄来的信，信里面讲述的是他这一天的所见所闻。我还记得我的那封信讲的是他吃过桥米线……他去南京给每个同学都带回了雨花石，每人大小不等的几颗，沉甸甸的石头承载的是他对学生深深的爱。

八

未来班在外还结识了友谊班，我还记得我们的友谊班是成都十二中初

87届一班，我的好友叫郭峰。有一次春游我们就是去的成都，每个同学住的都是自己好友家，而那一年他们也来乐山玩，也是住在好友家。老李总是很谦虚，他总是说自己那时还很不成熟，其实现在看来他那时的好点子还真多！让人不服不行！

九

我们班的活动那是丰富多彩的，有读书节、思想节……每一个主题班会都是由同学自己主持，气氛活跃，极大地锻炼了同学的口才，而且每一次都能够引导学生去思考一些深层次的问题。联欢晚会更是丰富多彩，每个小组的节目都必须是自己的原创。我们二小组原创的话剧更是一大特色，我还记得我们创作的第一个话剧是《贪官审案》，沈建当的是县太爷，我当的是师爷。毕业篝火晚会是在大佛坝举行的，那是我第一次在野外过夜，大家从家里带来木材，点起熊熊篝火，大家唱歌跳舞，尽情享受离别的苦与乐。

十

勤工俭学也是李老师注重培养我们的一个方式，全班分为几个小组，有卖冰棍的，有摆地摊的，我还记得我们拿着介绍信去新华书店赊书摆地摊的情景，也还记得那时我们班凌云文学社的小册子是两毛钱一本，销路非常好。说起凌云文学社，又提上两句，之所以说我是李老师很普通的一个学生，凌云文学社二十几号人，其中并没有我。那二十几人文笔的确很好，获奖无数，很多文章现在看来写得也是非常好。

十一

有很多人觉得老李的教育改革是不务正业，那么效果如何呢？我记得有一次全市统考，语文单科，除了第二名是在外校，一到十三名全在我们班，结果证明了一切……

做李镇西的学生是幸福的，是幸运的！

李老师，也许你自己觉得当时还有很多不足，但是作为你的学生，你的敬业、你的创新、你的教诲已经足够他们受益一生！

学生今天能够在生活中找到自己的位置，能够立足于社会，感谢你给予的一切！

2006 年 12 月 3 日

最近几年，教育界流传着一句话："把学校教给你的都忘记，剩下的就是教育。"有人说是爱因斯坦说的，有人说是怀特海说的，有人说是爱因斯坦引用怀特海的话。不管是谁说的，我想，每个教师都应该问问自己：我给孩子的未来留下了怎样的记忆？

读了宋平这篇文字，我非常感动。我在心里说：亲爱的宋平，你当年没像你的同学程桦一样考上北大，你今天也没像你的好友荣建一样成为教授、博导，但在我的心中，因为善良、正直、勤劳，你依然是一位优秀的学生——你也是我的骄傲！

吴文静："长大后我就成了你"

两年前的春节期间，我在乐山熙熙攘攘的街头。突然一声"李老师，我好久没见你了"，随即一位三十多岁的女士扑过来把我抱住，我仔细一看，原来是吴文静，是乐山一中高 93 届的学生。当时我有些不好意思，毕竟大街上和一位美女拥抱，但心里很温馨。

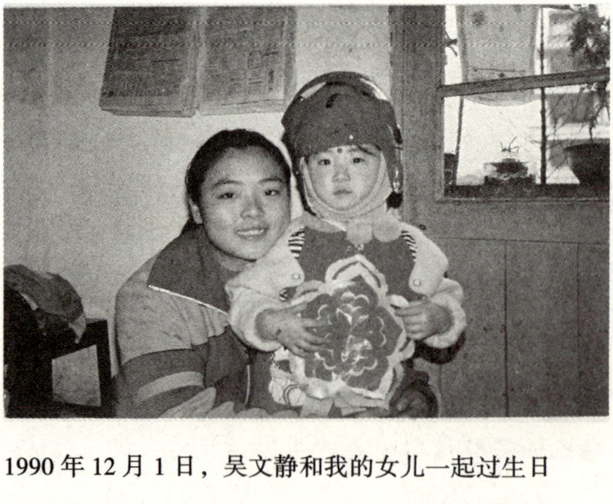

1990 年 12 月 1 日，吴文静和我的女儿一起过生日

教吴文静的时候，她还是个十五六岁的小姑

娘。很巧，她的母亲是我岳母的学生，她和我女儿的生日又是同一天，都是 12 月 1 日。所以我记得 1990 年 12 月 1 日，16 岁的吴文静和 3 岁的晴雁在我家过生，我还给她俩照了相呢。

吴文静给我的印象是纯真可爱。她当时在班上特别活泼开朗，喜欢笑，笑声特别清亮透明，完全是那种无拘无束从心里迸出来的。其实吴文静这个班我只教了一学期，然后就调往成都了。记得离开的时候，学生们泪如雨下，纷纷要求我给他们上最后一堂课。于是，两个班的学生聚集在一间教室，我给他们朗读了《青春万岁》的片段。现在留下的照片中，还可以看到有的学生脸上的泪痕点点。

我最后一次给同学们布置作业，是用白话文翻译文言文《苏武牧羊》。走的那天，科代表张曦将同学们做的语文作业工工整整地装订成册送给我，作为永远的纪念。我打开看，好多同学都在翻译的后面写了对我的不舍。吴文静在作业纸边上只写了几个字："您真狠心！"

几年后，我在成都石室中学时，收到已经大学毕业的吴文静的求职简历。打开看她的个人简历表，我看到其中有一栏是她自己设计的"你的座右铭"，吴文静写道："让人们因我的存在而感到幸福！"我的心头一热，学生们还记得我当初给他们说的话啊！

后来吴文静在四川大学外语学院做了教师，教大学了。虽然同在成都，但好几次说要聚聚都没如愿。前年九月教师节她给我发短信说想见见我，

吴文静（前排中间捧鲜花者）在四川大学教书，也是一位深受学生爱戴的老师

"如果您有空，我一定屁颠屁颠地就跑来了"。我回她："最近的确很忙，国庆见吧！"但是国庆节我居然忘记了。国庆一过，赶紧给她打手机，接电话的是她老公："吴文静去德国了，一年后回来。"

今年元旦，已经回国的吴文静给我电话，说什么时候聚聚。我说放了假再说。放假后她又去厦门了。于是，在元宵节前一天，我给她打电话，说好两家人一起过元宵节。正月十五夜，吴文静和她老公，还有九岁的男孩和我们一家齐聚酒店。窗外，爆竹声声，烟花灿灿；室内，真情切切，暖意融融。

闲聊中我惊讶地得知，吴文静的老公居然也是我的学生，只是当年不和吴文静同班。而这两个班我只教了一学期，黄华那个班我又没做班主任，所以我真的忘记他了。吴文静说："你居然记不得他了，他好伤心哦！"我当即表示歉意，并说："请允许我再让你伤心一次——请问你叫什么名字？"大家当即爆笑。他说："黄华。"我说："呵呵，前外交部部长嘛！中华人民共和国就是在你任期内恢复的联合国席位。"大家再次笑了。

本来是我请吴文静一家的，但结账时，黄华把我按住，说："肯定应该我们请！"我硬要去结账，黄华对吴文静说："你来把李老师缠着，不许他出来，我去结账。"吴文静马上蠢蠢欲动，呈扑过来状。我只好说："不用缠不用缠，我知道争不过你们的，那就谢谢啦！"

临别时，我对吴文静说："我要送你一本书，叫《做最好的家长》，写晴雁成长的故事，可能对你教育孩子有些参考价值。遗憾的是这本书我手里已经没有了，不过我会托出版社寄给你的。"

吴文静读了《做最好的家长》后，给我写了一封长长的电子信件——

亲爱的李老师：

您好！

上周末收到了您托出版社给我寄来的书——《做最好的家长》，谢谢您！翻开书，我就没有合上，花了2个晚上把它读完，由此不得不又熬了一晚把落下的工作补上。这本书已经严重地影响了我正常的生活——上下班的途中、接送孩子的路上、吃饭时、备课时……脑袋中是挥之不去的"李爸爸""李老师""李镇西"。我已勒令丈夫放下手中的考试参考资料，先攻读这本书，做一个更好的父亲。夜深了，我躺在床上。当世界变得安静时，思绪却异常地活跃起来。在辗转无眠许久之后，我变得有些疯狂，穿着厚厚的冬衣，披着棉被，在依旧寒冷的成都初春的凌晨 2 点打开电脑，敲击着键盘，写一封信给您……

记忆中我们的缘分始于 1989 年，那一年我初三。那时，同学们早已拿出百分之一千的精神备战中考。某个午后，我走出教室，站在走廊处远眺，休息一下疲惫的眼睛。这时，我看到了您，远远的。1989 年的江湖中到处都是关于您的传说，于是我心里一“盘算”——您现在教高三，如果我能考入乐山一中高中部，我将极有可能成为您的学生！因为这个“极有可能”，我赶快回到教室，更加努力地投入战斗。后来我真的考上了，更幸运的是，我竟然真的分到了您的班上，成了您的学生！但现实又是如此的残酷，一个学期之后，您“无情地抛弃”了我们高九三一班去了成都，那一个学期就成了记忆。随着时间的延伸，这个记忆开始变得模糊，点点滴滴地流失着，甚至最后一次课上的感动与不舍也是在您的旧照片中才能找到。奇怪的是我却清楚地记得第一节课的第一分钟，就在这节课，这一分钟，您把“让人们因我的存在而感到幸福！”写在了黑板上。我像接到圣旨一样把它工整地写在了语文书封二的空白处，高二、高三，我的语文书封二的空白处都是同样的一句话，甚至大一的教材上也是。后来，我不再傻傻地写，因为这句话已经深深地存在于我的心里，成了我生命的一部分，我一直努力着想要让人们因我的存在而感到幸福。而您，也随着时间的流逝变得有些遥远，逐渐带上了神的光芒，高高在上，遥不可及。但每次和别人聊到“最爱的老师”“影响我一生的人”之类的话题时，总是不由自主地想到您。

22 年后，我已经做了教师 15 年，结婚 12 年，当妈妈 8 年，捧着这本《做最好的家长》，第一次从一个成年人的角度、从一个母亲的角度来走近您，字里行间读到的是一个父亲（而不是老师）对孩子的爱，这种爱是如此的深，如此的沉，如此的纯，如此的真。您在一篇博文中曾经提到您最大的成果是您的女儿，我当时不太理解，哪个父母不把自己的孩子当作自己最大的成果呢？我知道小晴雁非常优秀，可是无论孩子怎么样，在父母眼中都是最值得珍贵无可替代的啊！读了您的书后，我才深深地体会到您对女儿的那份爱，理解了父亲的骄傲，有您这样一位伟大的父亲（我知道，您肯定不赞同我用“伟大”，请您原谅），晴雁真是太幸福了！古话说“一日为师终身为父”，您这位“父亲”对我们是不是太薄了？（开个玩笑。能当您的学生我已经很满足很幸福了。）读着您的文章，您的形象也开始变得清晰丰满立体，您不再是那个小女孩记忆中模糊而遥远的老师，您向她走过来，神变成了人，甚至有些可爱。时间会模糊一切，记忆原来也会骗人！您从来都是可爱的人，是时间把您神化了！

现在是凌晨3：30，在这样的一个早上，想着我的老师，幸福包围着我，会不会也有一个我的学生在这样想着我呢？记得有一年，在完成2年的大学英语学习之后，有一个班的学生大部分选择了英语作为自己的第二学位，当被问及原因时，她们的回答是——我们非常爱我们的英语老师吴文静，我们都想成为她！这就是做老师最大的成就，您说对吗？我将继续以您为标杆，做最好的老师，做最好的家长，做最好的自己！

您永远的学生　吴文静

2012年2月16日凌晨

这封信让我很感动，尤其是读到结尾：“她们的回答是——我们非常爱我们的英语老师吴文静，我们都想成为她！”我的脑海里突然盘旋着一首熟悉的旋律《长大后我就成了你》。是呀，当年我爱着吴文静这批学生，现在吴文静又爱着她的学生，而她的学生又像吴文静他们爱戴我一样，爱戴着吴文静老师！教育，从某种意义上看，就是爱的传递。

我当即给吴文静回信——

文静：你好！

代问黄华好！还代问你非常非常可爱的儿子好！

读了你的信，很感动。说实话，今年从教三十周年了，无数学生向我表达过真诚的敬意和依恋，这种情况多了，有的老师会麻木：“就那么回事儿！”但我不，每一届学生每一个学生对我的感情，都让我感动。不同年级的学生有不同的故事，在你们之前在你们之后，我都被感动过。但这些故事都有一个共同的主题：真诚与爱。在这物欲横流的时代，我们正是凭着一颗纯真的童心，守护着我们作为人的精神家园。我博客上前几天转载了宋石男写的一篇文章，题目叫“论抒情之九死一生”，你可以看看。

看到你说你初三时，就盼望在我班，这个“盼望”还成了你中考的动力，我是第一次知道，同样很感动。我想到今天上午，我找几个年轻老师谈心，其中一位老师告诉我，本期招聘的一个代课老师，本来已经在都江堰一所学校签约了，那个学校正式要她了，可她毅然推辞了那边，来到我校代课，她对同寝室的老师说：“我就是冲着李镇西来的！”你说，我多感动！只教了你们一学期，但你们留给我的最后印象实在太深，那份依恋让我永远难忘——最后你们坐在教室里听我上最后一课，大家没有笑容，心里充满着别离的愁苦；后来去操场照合影，同学们脸上也少有笑容。正是一届又一届学生这点点滴滴对我的爱，成了我坚守到现在的动力。那天看你班的照片，绝大多数学生我已经叫不出名字（毕竟只教了你们几个月），心中还很惭愧。2009 年年底在上海，张曦、何川、罗建华、李志忠等同学请我吃饭，我心里也是既感动又惭愧。只教了你们一学期，你们却还记得我。至于可爱的吴文静，我当然印象深刻，活泼、开朗、纯真、善良……这次见了面，也没觉得你有什么变化，甚至容貌好像变化也不大。有网友看了你和我女儿 20 年前后的照片，都说，你没变，变的是晴雁。呵呵！

你现在也是妈妈了，我理解你操心儿子的心情。但不要担心做不好家长。其实，父母的人格，包括对人处世的态度，就是最好的家庭教育。我常说，家庭教育首先不是要刻意去做什么，而是父母的人格对孩子的无声影响。还有家庭的书香气，必然熏陶出孩子的书卷气。我相信，你和黄华一定会成为优秀的家长的！那天我看你的儿子活泼可爱聪颖，已经折射出你们家庭教育的良好了。

谢谢你在凌晨给我写信，都是我的书害了你。你结尾说的学生因你而愿意教英语，我真是高兴！爱与智慧的传递，就是做教师最大的成功！

不多写了，祝福你全家！

你的大朋友　李镇西

2012 年 2 月 16 日晚

吴文静回信——

亲爱的李老师：

您居然这么快就给我回信了，太感动了！我们这份师生情已经把我自己都感动得不行了！

如果您想把这份爱、这份情和大家一起分享，我也很乐意，没什么隐私，有的只是学生对老师的爱。

你记得黄华了，我一会儿告诉他！！

代问万老师、晴雁妹妹好。

学生　吴文静

2012 年 2 月 16 日

一年后的 2013 年 1 月，我因病躺在了手术台上。全麻几个小时之后手术成功，我醒来了，仰面看天花板，有许多张面孔在亲切地俯视着我，我一一辨认：医生、护士、我爱人、我女儿、我表弟，咦？怎么这个人像吴文静呢？仔细一看，果真是吴文静！

后来，我浑身插满管子躺在床上动弹不得，晚上我爱人守我，白天就是吴文静照顾我，而且无微不至。这让我非常不安。吴文静看出了我的不安，安慰我说："李老师，我是代表我们全班同学来伺候你呢！"在病床前，吴文静告诉我，我动手术那天她急急忙忙地赶到医院，并不住地向医生询问我的情况。医生问她："李镇西是你什么人？"吴文静说："是我高中的老师！"吴文静后来告诉我："医生听我说了之后，很是吃惊，说：'是高中的老师啊！你们的师生感情这么深！'"我听后，对吴文静说："如果这位医生知道我只教了你们一学期，会更惊讶的。"

近年来，我在外面讲学，常对老师们说："教师，当然应该有较为丰厚的物质生活，但同时还应追求一种物质以外的幸福享受。"这种幸福，就包括师生之间纯真而悠长的情感。我正是这种幸福的拥有者和享受者。

写作本文时，我给吴文静发手机短信说我在写她，还说我打算把题目定为"吴文静：长大后我就成了你"。她立即回复："李老师，长大后我就成了你，真好啊！"

王铜：男子汉的追求

高一新生开学第一天，我正在办公室清理新生刚刚交上来的报名单，黄金涛同学就急匆匆地闯进来："李老师，不好了！王铜被政教处抓去了！"我一惊，赶忙向政教处奔去。

远远地就听到政教处办公室传来主任气愤已极的尖厉斥责："处分！一定要给处分！学校哪能容忍这样的学生！简直连起码的规矩都不懂了！你难道真的不晓得后果吗？真的要把人杀死了，你才晓得好歹吗？……"

我推开门，政教主任的脸涨得通红，而站立一旁的王铜居然满脸不屑，歪着头斜视主任一眼，那挑衅的眼神仿佛在说：你有什么了不起！你能把我怎样！

这是一个个子高大而且浑身都洋溢着过剩精力和倔强傲气的顽童形象。

原来，刚才政教主任巡视各班情况时，刚走到高一（1）班门口，就感到眼前寒光一闪，随即"当"的一声，一把匕首从身边飞过，颤巍巍地扎到教室门上方的横梁上！

于是，政教主任就把王铜"请"到了办公室……

虽然是新生开学第一天，但我对王铜却已相当熟悉。他初中便在本校就读，早已小有名气：一是因为他智商较高，成绩拔尖；二是因为他相当顽皮，常常违反纪律，有时还桀骜不驯，令人十分头疼。

显然，这是一个十分有个性的学生。而初次见面，他就以这种方式给了我一个十分有个性的"见面礼"。

教学区里甩飞刀，这行为当然十分恶劣，也十分危险，因此我完全理解政教主任要给处分的决定。但是，从长远的教育看，处分不但太简单化，而且会给王铜今后的成长道路设下障碍，也会给我的教育蒙上阴影。当然不是因为王铜成绩拔尖，我们就迁就他，但是，对于有个性的学生，我们只能采用符合他个性的方式来教育、引导。

基于这个思考，我建议政教处暂缓处分，“冷处理”一段时间再说。

一番十分勉强的谈心，他十分勉强地承认了自己的不对，然后又十分勉强地到政教处认了错，此事就暂且了结了。

我当然知道这一连串的“十分勉强”并没有使教育深入其内心，但他毕竟低下了倔强的头认错了，这对他来说是相当不容易的。更何况，我对他的教育才刚刚开始呢。

开学不久，我就明显感到，他并不因我为他解脱了处分而对我有丝毫的好感，相反，他几乎处处与我作对，仿佛我早就和他结下了不解之仇。

在第一次班会课上，我和学生们一起制定班规。我建议，为了保证大家的身体健康，以后每天放学后，我班集体长跑 800 米。学生们都表示赞成。可这时，王铜居然叫了起来：“不跑！就不跑！反正我不跑！”

同学们都惊愕地把眼光投向他，我则尽量捺着性子问道：“王铜同学有什么不同意见吗？”

“我不想跑！”仍然是硬邦邦的吼叫。

我有点火了，但仍然没有发怒：“那，总要说个理由嘛！”

“没有理由，就是不想跑！”

我终于勃然大怒：“是这个集体的人，就得服从集体的决定！”

他瞪了我一眼，还想说什么，但终于没有说，只是在鼻子里重重地“哼”了一声……

第二天下午，班里正式开始集体长跑，一清人数，只差王铜!

这是公然向集体挑衅！我当然把王铜找来狠狠批评了一顿，但他强词夺理：“长跑不就是为了健康吗？我身体本来就健康，没必要长跑！”

我只好说：“那好，明天请你家长来一趟，如果你家长说王铜可以不遵守集体的意志，我以后一切都随你的便！”

他一听“请家长”，立刻软下来了：“那就算了嘛！跑就跑嘛！”他大概觉得顶撞我确实让我生气了，便又笑嘻嘻地对我说：“我对您说话不够礼貌，望您包涵。大人不记小人过嘛！嘻嘻！”

我当然知道，“请家长”是教育者最无奈也最无能的表现。但对王铜我竟确实有些束手无策了！

不久，在一次语文课上，他又一次和我发生了冲突。

讲完《雨中登泰山》，我便布置学生利用星期天的时间，和爸爸妈妈一起到公园游玩，然后完成一篇写景作文。为了让家长配合，我便口授了一封给家长们的信，我一边说，学生们一边记录。然而，就在学生们紧张记录的时候，王铜居然跷着二郎腿（这是他上课的一贯造型）在座位上摆弄他的什么小玩具！

我不得不停下来，批评他：“王铜，请拿起笔，认真记录！”

“我记下来了！”他坦然回答道。

我一惊：他明明根本没动笔嘛！便问：“你记在什么地方的，给我看看好吗？”

他用手指指脑袋：“我记性好，记在这里边了！”

学生们一阵哄堂大笑……

我对他自然又是一阵声色俱厉的“臭骂”。

恰好那堂课结束后，就是为校庆照全班集体像。我将大家编好队，然后反复告诫学生：“注意，按快门的时候，大家一定要同时笑，也不能笑得太过分了，总之要自然。”

这时，站在最后一排的王铜突然向我走来。刚才上课他太让我生气了，我现在看见他就烦，便没好气地问他：“你又要干什么了？”

他竟然很认真地对我说：“李老师，你跟大家说，叫大家在按快门的时候，一起说‘茄——子’，这样照出来的效果一定会很好。”他说这话的时候，一脸的真诚，不，甚至是无邪的天真。

我一下竟有些感动：他毕竟还是个不失纯朴的孩子啊！

后来在我们那张齐声“茄——子”的合影上，所有人果然笑得很整齐，也很“自然”。

其实，现在回忆起来，即使是在王铜最“浑蛋”的时候，他让我感动的时候也不止一回。

有一次，我谈到社会风气不好时，教育学生们应该具有一种正气，并说现在患“软骨病”的男人太多，因而真正的男子汉太少了。当时学生们都听得很认真，连王铜也很专注地凝视着我。

第二天早晨，王铜一跨进教室，便递给我一张报纸：“李老师，您给同学们读读这篇文章吧！”我一看标题：“正义呼唤男子汉！”我心里一热：

看来昨天我的一番话真正打动了王铜的心灵！

于是，我在班上读了这篇充满正气的文章，并特意说明这是王铜推荐的。

从这件事上，我窥见了王铜心灵深处正直的萌芽：他愿意成长为一名真正的男子汉。不过，从他的表现来看，他对男子汉的理解可能太肤浅也太片面了，以为粗鲁、不受约束、敢于顶撞就是“男子汉”？

当然，遗憾的是，王铜这样的思想火花太少了。

更多的时候，是王铜和我也和班集体的碰撞：几乎天天迟到；除数理化课程之外，其他课差不多都睡觉（尤其是政治课，有一次鼾声大作以至压倒了老师讲课的声音）；也有上课不睡觉的时候，那多半是在和其他学生谈笑甚至打闹；仅就语文作业不交，就被我多次批评……

他特别爱发出一些“奇谈怪论”，而且常常和我顶撞，因此，班上同学都称他为“持不同政见者”。

说实话，有时他与我强词夺理时，我真恨不得扇他一耳光！

但是，静下心来一想，他又和一般的“捣蛋大王”不同。首先，他对数理化，特别是对物理学习有着浓厚的兴趣，也就是说，他有着较强的求知欲（虽然他相当偏科）；其次，虽然常常与集体作对，其实他也有一定的集体荣誉感，比如在运动会上他主动报名参赛，而且取得了较好成绩；再次，他心胸很宽阔，不管我怎样批评他，他从不往心上记；最后，他讲义气，而且这种义气有时甚至表现为正气，比如有一次他看见一个初一同学被初三学生欺负，他走过去就给那个初三学生一耳光。

显然，他是具备成为品学兼优学生的良好潜质的。问题在于，他不愿受任何纪律约束（所以常常无视班规校纪），一切都凭自己的兴趣（所以只愿意在自己感兴趣的学科上下功夫）。

他的独特性正在这里：既不是痞子似的“差生”（因为他学习成绩不错，而且毕竟还有一定正义感），也不是一般意义上的“优生”（因为他行为习惯实在太令人头疼）。如果引导得好，他将出类拔萃；如果顺其自然，他将很难成才，甚至对社会起副作用。既要适应其个性，又要让他懂得遵循必要的规章制度；既要鼓励他在某些学科上拔尖，又要引导他全面发展——这对我来说，真不是一件容易的事，但个性教育的意义以及乐趣也正在于此！

高一结束时，我给他的评语是这样写的：

毋庸讳言，在高一年级你犯的错误不少，常挨批评，但你身上的优点仍然是引人注目的：关心热爱集体，并以自己的体育特长为班争光，有一定的正义感（前次为我推荐一篇呼唤男子汉的文章就是证明）；虽有时与我顶撞，但过后能认识错误，并不记恨老师，还反过来安慰余怒未息的我"大人不记小人过"……你最大的弱点是至今很不成熟：把纪律当成是对自己的约束而未把它当成是自己的规范，学习凭兴趣而不是凭志向。不能说你不是聪明的，但我担心，你老不成熟，很可能"聪明一时，糊涂一世"。我多么希望你能以自己的行动来证明李老师的担心纯属杞人忧天啊！

其实，反思我的教育，也不是没有教训和失误的。其中，最大的教训就是，整整一年，我和王铜还没有建立起像我和黄金涛那种彼此信任的感情；其次，我对他批评责备过多，这也使他和我存有抵触情绪；另外，对他的学科成绩我仍然是一刀切的要求全优，这显然不太符合他的实际。

进入高二后，我决定改进方法，真正在王铜身上体现出个性教育的个性。

开学后，我从分析他的学习成绩入手，找他谈了一次心。按他的智力和学习基础，本来应该在班上获得第一名的，但获得上期第一名的却是班上一个叫陈峥的女同学。"你的主要问题一是学习不够刻苦，二是偏科。"我对他说。

一贯自负的他，居然败在他多少有些瞧不起的女同学手下，他也感到不好意思。在这次谈心过程中，他表达了一种强烈的愿望：一定要在学习成绩上来个飞跃！

"那么，你首先要端正自己的学习态度，首先是遵守课堂纪律。你看人家陈峥是怎样学习的？"我又有意拿陈峥来刺激他。

"还有，不能偏科。"我又说。

听了这话，他表示为难："我对语文等学科不感兴趣，因此以前没学好。现在要让我一时突上去，恐怕有困难。再说，我对物理实在太感兴趣了，忍不住就要把精力往物理上倾斜。"

"这样吧！"我说，"数理化和外语，你必须达到门门优秀，考试成绩必须达到 85 分以上，物理应该达到 90 分以上。语文我只要求你不低于 75 分，政治、地理等其他学科，你不应该低于 70 分。这样，既有重点，又比较全面。怎么样？"

"太好了！"他高兴地说。

"但是，还有一条，凡有数理化竞赛你都必须给我拿奖！"

"没问题！"他信心十足。

我又说："我知道你爱好田径，爱打篮球，这很好。我支持你，如果愿意的话，我给体育老师说说，让你参加训练。但是，不能因此而影响学习！"

他喜出望外："谢谢李老师！"

在一次作文中，他写到了这次谈话，说是他的一个"新起点"，并"非常感谢李老师朋友般的理解"。

星期六到了，我约上王铜、黄金涛等同学到我家做客——说是"家"，其实就我一个人，因为我爱人孩子还没有到成都。

在我空旷的单身宿舍里，我和一群学生们一起包饺子吃，大家海阔天空地神聊一通。此时，王铜一点没有了桀骜不驯的气息，而完全像一个天真可爱又有点调皮的小男孩——他玩扑克牌时输了，便老老实实地按规矩钻了两回桌子！在大家善意的笑声中，他也露出了憨厚的笑容。

我明显地感觉到，王铜正在感情上和我靠拢。

学校分了一套新房子给我。王铜听说后，主动要求帮我搬家。我当然同意了。于是在一个星期天，他一大早就来到我的宿舍。

在卸木床的时候，需要一把锤子，可我却没有。王铜说："我到学校木工房去借！"便飞快地跑了。

等了好久不见他回来，我便前往学校木工房看个究竟，结果远远就看见王铜正低着头站在木工房前，总务主任正在严厉批评他。

原来，王铜来到木工房一看，门是锁着的。于是，他竟用砖头砸开窗子翻了进去。待他提着锤子又从砸坏的窗子往外跳时，恰好被路过此地的总务主任"现场抓获"！

主任听说是我的学生，便说："好，让李老师好好教育教育！"便走了。走了几步，又回头补了一句："砸坏的窗子，得赔偿！"

这是一个典型的"王铜式的错误"或者说"王铜式的好事"——为了做好事，竟去干坏事；通过干坏事，来达到做好事。面对王铜闯下的这个祸，我真是哭笑不得！

我当然还是批评了他，他这次终于没有和我顶撞，反而说："我来负责赔偿吧！"

"这怎么可能呢？你是为我而犯错误的啊！"最终还是我付了有关的赔偿金。

这件事使我真的很感动，因为我意识到，我已在感情上"征服"了王铜。

但很快我就觉察到，王铜的感情却绝不仅仅属于我，他居然"早恋"了！

我是从一次周末晚会时，同学们对王铜起哄声中发现这一动向的。

那次周末联欢会，我即兴出了个游戏节目：要求同学们都把外套脱下来堆在教室中央，然后把灯关了，让大家去乱抢外套来穿上。等灯重新打开时，学生们互相看着彼此"乱穿衣"的狼狈相，都忍不住把眼泪笑出来了！

在一片欢笑声中，大家对王铜的评价弦外有音：

"耶——王铜如愿以偿！"

"哈哈！王铜肯定是有意选这件漂亮外套穿上的！"

"嘿嘿！王铜，舒服！舒服！"

……

王铜穿的是一件大红的紧身高腰外套，领子上还绣着朵朵色彩绚丽的碎花，这漂亮的外套套在高大魁梧的王铜身上，当然十分滑稽。但是，同学们的起哄似乎更在于这件外套的真正主人。

这是时燕玲的外套。

当时，王铜的尴尬和时燕玲脸上的红晕，便暴露了他俩的所有秘密。

难怪有老师给我说，常常发现王铜放学后和时燕玲一起在学校外面散步；难怪时燕玲的家长曾给我反映，常常有一个男同学给时燕玲打电话；难怪有一次自习课，王铜竟私自换座位去挨着时燕玲坐；难怪有一次组织看电影，王铜和时燕玲都“请假”……

不能说时燕玲是个坏学生，但她至少也是个糊涂的学生：她的智力显然比不上王铜，因此王铜即使是边玩边学，成绩也不会差到哪里去，可她则不同了，学习老上不去，不能说与王铜的过分交往没有必然联系。

但是，我把王铜找来谈心时，他却根本不承认与时燕玲有那种“特殊关系”；我找时燕玲谈心，她自然也是矢口否认。

一次，我从教学楼前的大厅穿过，一转弯，就看到王铜和时燕玲在不远处的一角神秘地说着什么。王铜突然发现了我，条件反射似的便从时燕玲身边跳开，装作也刚好从这走过的样子。等他走近我了，我只说了一句：“男子汉敢作敢当。做了的事又不敢承认，算什么男子汉？”

没想到这句话居然击中了他的要害，他不但没顶撞我，而且还羞愧地低下了头。

我决定向全班学生开设题为“健康地跨进青春的门槛”的讲座，一方面正面引导学生们正确对待自己生理心理的微妙变化，另一方面先侧面给王铜和时燕玲敲敲警钟。

讲座是成功的。我把有关心理学的知识自然地融入学生的实际，并结合我中学时代的一些经历，亲切而又严肃地向学生们讲述着关于“早恋”和“爱情”的青春话题。在讲座后写的周记中，不少学生都向我诉说他们的烦恼，并感谢我给了他们及时的帮助。

时燕玲的周记回避了这个敏感的话题。

王铜的周记却第一次向我袒露了他的心迹。他说他很矛盾，一方面觉得“早恋”并不影响自己的学习，而且还可从中获得感情的慰藉；另一方面，还是觉得李老师说得有道理，年纪轻轻的就把精力花在这方面实在不值得。最后，他说“我希望和李老师做一次朋友般的谈心”。

有了讲座和周记的铺垫，我和王铜的谈话就开诚布公得多了。

我问他是不是现在就决心一辈子和时燕玲生活在一起，他奇怪地看了我一眼说，这怎么可能定得下来呢？将来的一切都还是未知数啊！我说，既然如此，你这样下去要达到什么目的呢？你的学习基础好倒问题不大，可时燕玲却被这“感情”害苦了——学习成绩一落千丈！他不说话了。

于是，我把话题引向他最感兴趣的“男子汉”：“我知道你是希望自己成为一个真正的男子汉的，但小小年纪就这么卿卿我我的，算什么男子汉？常言道‘男子汉志在千里’，可你连中学时代这一步都还没跨出去，就陷入了感情的泥潭，还谈什么‘志在千里’啊！王勃诗云：‘无为在歧路，儿女共沾巾。’我想，这‘歧路’也是指人生之路。把宝贵的时间精力花费在很难有什么结果的感情交往上，你这样做，对自己的前途对别人的前途也太不负责了吧！”

那天的谈话很长很长，涉及面也很宽很宽，我谈得很动情，王铜听得也很感动。他后来也承认：“我不过是和她闹着玩的。其实，我还真没有那种感情。”

“那你不就是太荒唐了吗？”我批评他。

谈话结束的时候，他提出一个问题：“要我一下子就冷淡她，我恐怕做不到。”

我说：“没叫你冷淡她。都还是同学嘛，为什么要互相冷淡呢？但是，你不应该再和她搞什么偷偷摸摸的所谓‘约会’了。”

“可是，如果她要来找我怎么办呢？”他问。

“笑话！你顶撞老师的勇气都有，居然连回绝她的约会都不敢吗？你可是堂堂男子汉啊，我的王铜！”我又用“男子汉”来激他。

我当然不指望通过这么几次谈话，就把王铜心中的感情杂念彻底清除。我还辅之以其他教育方式——比如，在找王铜谈心时，我还多次找时燕玲谈心，只不过我对时燕玲的谈心要委婉得多，谈的次数也要多得多；又如，在我的暗中“煽动”下，王铜被选为班学习委员，大量的工作占据了他大量的课余时间；再比如，我给他推荐了不少名人传记的书，扩大他的胸襟与视野……

总之，大概一个月以后，他完全和时燕玲断绝了“非正常往来”。直到最近，他来看我，谈到高中时的这段经历时还说：“那是我的思想十分混乱的时期，头脑特别不清醒，‘敌我不分’，极为幼稚可笑！多亏李老师及时帮助啊！”

现在想来，我之所以能够同他进行坦率甚至有些尖锐的谈心，前提是他已经和我有了比较深厚的感情基础，不然，高一时我和他要进行这样的谈话，是不可设想的！这再一次证明：师生间的感情，是教育成功的第一块基石。

由于我在全班学生中拥有较高的威望，所以高一时王铜的违纪以及经常与我的顶撞，便使他在同学们的心目中形象受损。因此，在我看来，要使王铜“重塑形象”，除了提醒他努力战胜自身弱点外，我还应该细心发现他的可贵之处并在班上及时公开表扬他。

有一次，我批改作文，发现王铜特意把这次的作文折了个记号，大概是提醒我重点看一看吧。我仔细一看，竟很感动。在这篇作文中，王铜写了不久发生在历史课上的一件事：当老师在上面讲中国近代史最耻辱的一页——鸦片战争时，同学们都义愤填膺，可有一位女同学却在下面悄悄地玩电子游戏机！王铜详细地描写了他亲眼所见的这件事后，愤然写道：“作为一个中国人，面对我们祖国过去的耻辱历史，居然在一旁优哉游哉地玩电子游戏机，这真是一种悲哀！如果我们今天的中国人都像这个女同学一样麻木，那么，在祖国的土地上重演鸦片战争的悲剧，是完全可能的！我希望每一位当代中学生，不要把爱国仅仅停留在口头上，而要落实在行动上，落实在我们每一天的学习上！”在作文的后面，王铜还专门注明：“请李老师一定在班上念念这篇文章！”

我在班上郑重读了王铜的这篇作文，学生们在对个别同学的行为感到气愤的同时，更为王铜真诚的爱国心而感动。

在这篇作文的后面，我批道：“我高兴地看到，一个真正的男子汉正走向成熟！”

春游银厂沟的路上，王铜的男子汉血性，再一次赢得了同学们的尊敬。

那天晚上，我班夜宿都江堰市某宾馆。正当我在和几个学生玩扑克的时候，突听五楼上有人争吵，好像是王铜的声音：“老子和你们拼了！”

我连忙跳下床往楼上跑去，迎面正看见王铜往三楼冲，我一下子跑过去抱住他：“冷静些！王铜，什么事？”

旁边的张辛同学被打了一耳光，脸上指印赫然，他对我说：“刚才有几个喝醉了酒的地痞进来肇事，借口说我们往外面扔杂物，打着他们了，进来就给我一耳光！当时王铜在隔壁房间，听到动静后就过来和他们讲理，那伙人就打王铜，王铜便和他们搏斗起来……”

我问：“那伙人呢？”

“刚刚走，可王铜还想追上去教训他们……”

我看王铜，果然脸上有被打过的伤痕。

王铜眼睛瞪得大大的，一边怒吼：“放开我，放开我！”一边挣扎：“老子今天和他们拼了！”

我死死抱住他的腰，喝道：“王铜！你就听我一句话！你想拼命？拼得过这些流氓吗？”

确实，比起王铜，我当时要“软弱”得多，因为我唯一的念头是：制止事态的继续扩大，保护我的学生不再受伤害。

我对他说：“我非常赞赏你的勇敢。但是，这不是拼命的地方啊，而且，即使拼了命也不解决问题啊！”

见王铜的情绪渐渐平息下来了，我才连忙去宾馆保安部反映情况……

春游回来后，不少同学在作文中赞扬王铜的“见义勇为”，我把这些作文一一给他看，他居然还在叹惜：“唉！要不是李老师您把我抱住，我非追上去捶那几个狗日的不可！”

王铜的学习成绩也比过去大有进步，在一次半期考试中，他终于超过了陈峥。而且，他分别参加几次省市级的物理、数学和化学竞赛，均取得很好的名次。

令我感到高兴的是，他开始对语文学习感兴趣了。一次，他特意找到我，说他的作文不行，问我怎么办。我想了想说：“我有个主意，但不敢对你说，怕你不愿照着做。”

“说，快说！”他急了，“我一定照办。”

我叫他每天写一则300字左右的人物肖像，就写班上的同学。写好后，不注明写的是谁，然后交上来，让我批改；我批改的时候，便根据他的描写猜他写的是谁，再把我猜的答案写在他的作文本上。

“好！我一定认真写。”

于是，他每天都交上一篇“人物肖像描写”。我呢，果真按事先说好的办法，认真地给他批改，并且认真地判断所写的人物是谁。他根据我判断的正误，也就知道了自己的观察是否准确、描写是否传神……

每个同学的肖像都写完了以后，他的人物描写能力大大提高。

在高二下学期，他在纪律、学习和行为习惯方面的进步更加稳定了。

也可以说，作为男子汉，他更加成熟了。

高二学年结束前，班委换届选举。这次，王铜勇敢地走向讲台："我愿意在高三这个学习最紧张的学年担任班长，为同学们服务。恳请每一位同学都投我一票！"

结果，王铜如愿当上班长。

后来，我在他的一篇题为"家庭'维核'行动"的作文中，才知道他为了当这个班长，还巧妙地平息了一场"家庭风波"呢。王铜在作文中写道：

这一天，我放学回家比平时晚了一些。推门一看，爸爸、妈妈正在为什么事生气，脸色很难看，家里出现了少有的沉闷气氛。

他们究竟为什么气呢？我不好问，便独自一人进了我的房间。

这时，传来了爸爸妈妈的争吵。"孩子到高三了还当班干部，肯定要影响学习。"这是妈妈的声音，"不会的，"爸爸说道，"这正是他一次难得的锻炼的机会。"……

我一下子明白了，原来，他们在为我当班长这件事争论。我心里踏实了许多，我想：现在，爸爸是赞同我的，只要把妈妈说服，矛盾就迎刃而解了。

于是，我有了一个"解决矛盾，恢复和平"的方案。我先借楼上赵叔叔的名义，对爸爸说："爸，赵叔叔找你有事儿！"边说边向他挤了挤眼，真是知子莫若父，爸爸心领神会地向楼上走去。随后，我又跟着妈妈来到厨房，给她打下手。当妈妈炒好第一道菜时，我猛吸一口气，赞叹道："真香啊！"妈妈笑了笑，我抓住这一有利时机，问道："妈妈，你上中学时是学习委员吧？""不对，是宣传委员。"妈妈纠正道，"而且从高一到高三都是。"看来，我已成功地唤起了妈妈对中学时代的回忆。接着，妈妈又非常自豪地说："而且，我那时每次考试都是班上的前三名！"我又问妈妈："你看我现在的成绩比你那时如何？""嗯，差不多快赶上我那时的水平了。"妈妈毫不谦虚。"那为什么你高三当班干部不影响学习，而我就要呢？"我单刀直入，挑明了关键，妈妈一时愣住了，无言以对，她没想到我巧妙地让她来了个自相矛盾。最后，她说："好吧，不过你一定不要松懈。"我高兴地点了点头。

……

进入高三，王铜对我提的第一个要求是："把我安排跟陈峥坐在一起吧！我想好好跟她学习学习。"我虽没有同意他的要求，但我表扬了他的上进心。要知道，过去一贯谁都瞧不起的他，现在竟然主动愿意拜一个女同学为师，还真是一个了不起的进步呢！

一开学，王铜就进入了班长角色。他的倔强和桀骜，过去常常成为他违纪的性格原因；而现在却成了他作为一个班长的独有风格或者说特殊气质——谁要是违反了纪律，王铜那魁梧的身躯和咄咄逼人的气势便让违纪者心虚了三分！

请看一位学生对晚自习的描写：

……

和往常一样，刚到6：30，教室里便坐满了同学。已形成习惯了，当老师辅导结束离开教室后，同学们便自觉地自己学习起来。虽然没有老师在场，但整个教室都安安静静的，毕竟高三了嘛！

可是，过了不久，后边角落出现了极小声的议论声，大概是在讨论什么难题吧！声音渐渐大起来，而且又有同学加入了讨论。其他受到干扰的同学都忍不住转过头去用不满的眼光看着他们。

这时，王铜洪亮的声音响起了："请自觉点！"他的声音不大，但带着一种特有的威慑力量。就这么简单的几个字，就让刚才越来越热烈的讨论和议论小声了许多。然而，仍然还有两个同学在悄悄讨论，而且居然还发出了笑声！突然，"砰"的一声巨响，王铜一拍桌子站了起来，愤怒的眼睛直视那两个同学："你们想干什么！"

面对王铜的"铁腕"，那两个同学再也不敢发出一点声音。

教室里又恢复了宁静。

……

也正是靠着这种"铁腕"，在我一次外出开高三复习研讨会的一周里，王铜在班上全权担负起班主任的工作，而且把班上各方面管理得井然有序。我回到学校的第一天，王铜便特意到办公室来找到我，调皮地硬拉着我的手往教室走去——在教室黑板旁的墙壁上，赫然挂着三面流动红旗：纪律流动红旗、卫生流动红旗、课间操流动红旗。

王铜当然不仅仅有“铁腕”，更多的时候是一颗热爱集体关心同学的善良之心。他经常在班上组织开展学习经验交流活动，把自己的学习方法和一些有用的学习资料介绍给同学们；他还常常耐心地辅导帮助一些学习成绩暂时不理想的同学；一位同学病了，他主动帮他抄课堂笔记；在一次春游中，一位同学身体不适，王铜一弯腰便背起了那位以肥胖著称的同学……

枯水季节，电力供应不足，常常在上课的过程当中突然停电，教室一片黑暗。这时，往往是王铜和李海华（这也是一个非常关心集体的好同学）最先跑出教室，到办公室点燃汽灯，把光明重新带到教室。而那汽灯又不争气，特别容易坏，有时点燃竟需要一节课的时间。于是，王铜经常是早早来到学校，同学们点着蜡烛上第一节课时，他还在办公室修理汽灯。久而久之，他竟成了一名熟练的汽灯修理工！

当然也有挨我批评的时候。有一次晚自习，我到班上去点名，结果就差王铜一人。足足15分钟以后，他才走进教室。我一下火了，当着全班就狠狠地呵斥他：

“怎么迟到了？你这个班长就是这样起带头作用啊！太不像话！”

我看他低着头，没有半句辩解，态度还算老实，便让他回到座位。

可是，刚过了半个小时，教室里的灯便熄灭了——又停电了！

这时，照例又是王铜走了出去。他显然是去点汽灯了，但我知道汽灯早就坏了，修好、点燃至少得半个小时，于是我便对学生们说：“可以出去休息一下，但不要走远了。大概半个小时就回教室！”但黑暗中的学生们都不大愿意出去，他们抱怨着：“还有那么多的作业！”“烦死了，这个鬼电！”……

然而，仅仅是1分钟的时间，王铜便提着明晃晃的汽灯走进了教室，同学们忍不住欢呼起来，向王铜投去感激的目光。我却很纳闷，问王铜：“汽灯什么时候修好的？”王铜回答：“就是刚才上课前。我估计今天晚上可能要停电，就……”

我一下明白了：刚才王铜迟到，就因为修汽灯啊！一种内疚和感动同时涌上心头，我的眼前叠现出刚才王铜挨批评时低着头的形象，和两年多前他在政教处时那蛮横的神态……

高三毕业前夕，学校给了我班一个市级三好学生名额和一个区级三好学生名额。按招生规定，市级三好学生将享受高考加分的待遇，而区级三好学生则没有这个“优惠”。

投票选举结果，王铜得票最多，李海华名列第二。

然而，放学后，王铜便找到我，提出把市级三好学生的名额让给李海华。他真诚地说：“李海华一贯表现比我好，同学们写作文都叫他‘人民的勤务员’，而我不过是高三当班长才做了一些我本来就应该做的事。另外，我的学习成绩比他好，不需要任何加分，我想我凭实力是有把握考上重点大学的。让李海华去享受加分待遇吧，这样他上重点大学更保险一些！”

此刻，很难用什么语言表达我对王铜的敬意。

也许在其他人眼里，后来王铜收到的中国科技大学录取通知书，是他高中生活的完美句号；而在我心中，王铜主动把市级三好学生的荣誉让给其他同学，这才是他高中生活也是我对他三年教育的辉煌叹号！

柴粒：从顽童到军人

今天学校面试招聘老师，我去学校。下午结束后，我正要回家，办公室的门被推开了，进来一位魁梧的军人。我惊讶他怎么不敲门，正要问“您找谁”，突然认出他来了：“哎呀，这不是柴粒吗？”

他说：“我出差来成都，今天下午是自由活动，我就来看老师了。”

我问：“怎么不事先打个电话？这是假期，你怎么知道我在学校？我刚要离去，再晚一点我就走了。你运气真好！”

他说：“我也没想到李老师今天能在学校，我只是先从地图上找到地址，打的过来先把路找到，然后打算以后再来。没想到李老师居然在学校。”

好多年不见，我们开心地聊了起来。

这个柴粒那个班，是我教育生涯中非常特殊的一个班。那是1995年，我刚带完一个高三毕业班，下来教初中。在我的建议下，学校把当年初一新生中最差的几十名学生编在一个班，办真正意义上的“实验班”。当时学校还交给我一个成绩好的学生组成的班。我对这两个班的孩子都倾注了全部的心血。只是因为当时处于关键位置的个别人的诋毁，这个“优班”的学生除了少数人和我有联系，多数人现在都和我没联系。不过，我不怨他们，也不后悔曾为他们付出的一切，毕竟当时他们太小。我对那些无中生有的“说法”，一直保持沉默。为了学校的荣誉，我宁愿孩子们误解我。

而柴粒这个班的孩子一直和我特别亲热。要知道，这个班的学生，特别是男生，大多相当调皮，成绩极为糟糕。柴粒就是这个班“杰出代表之一”——他在我的班上是出名的顽劣。为了教好这个班，我是花费了九牛二虎之力，十八般武艺全用上啦！柴粒的特点是好动，不学，上课要么捣蛋要么睡觉，有时候还和同学打架。

可是现在，他成了一名光荣的军人！是部队一名副营职参谋。

实际上，我上次见他是八年前，那时候我在成都市教科所工作。一天，我办公室进来一名英武的战士，定睛一看，柴粒啊！我真不相信，几年前那个顽童，居然成了我们国家最可爱的人啦！记得他当时给我讲了不久前在大巴上见义勇为的事，我非常感动。

今天，我又问他这事，我说我要给我现在的学生讲你的故事。他说，

1995年11月，我和柴粒（左）、张凌。这两个孩子都是班上的调皮大王

2011年7月，柴粒来看我。当年的调皮蛋现在是北京军区一位副营职参谋

那时他在西安武警指挥学院上大学。一天上街办事，坐公交车，他发现一个小偷在偷乘客的钱包，已经偷了两个了，除了那两个被偷的乘客，满车人都看见了，但没人敢说。于是，柴粒便大喝一声："住手！"

我问："你不怕吗？"

他说："我是军人嘛！当时我穿着军装，我不站出来，说得过去吗？平时在军校老师都教育我们，军人就是保家卫国，如果这时候不站出来，算什么保家卫国啊！"

"那小偷当时和你打了吗？"我问。

柴粒笑了："我是军人嘛！他不敢。"他接着说，"我当即让公交车司机停车，我把小偷带下了车，还把那两个被偷的乘客叫下车，然后我在街边的电话亭打110，等派出所的警察来了，我就把他们几个交给警察了。"

我说："后来部队给你记功了吗？"

柴粒说："嗨，小事，小事！"

我问："如果你当时没穿军装，也会挺身而出吗？"

"那当然了！我是军人嘛！"柴粒不假思索地说，"军人就要保家卫国。"

我再次感慨：当年那么让我头疼的孩子，现在成了一名真正意义上的军人，是我们国家最可爱的人！对学生的确不能因为人家优缺点就轻易否定孩子的未来。每一个孩子的未来都是不可估量的，每一个孩子都有成为英雄的可能和潜力。

他说："李老师，当时我的确让你操心了！"

我说："那是！我为了让你们改正缺点，费尽了心思，比如你们稍微有点进步，我就在星期天带你们去公园玩，奖励你们的进步。"

"是的是的。"柴粒点头，"想起来了，那时候我上课坐不住，听不懂课，你就叫我抄长篇小说《烈火金刚》，要我学习书中的英雄人物，把字好好练练。每天你还把我抄的本子拿去看，给我写批语，鼓励我。"

这个我倒忘记了，不过他一说，我就想起来了。"对的，我想起来了。当时叫你抄书，是因为你听不懂课，又要捣蛋影响别人听课，我那样做就一个目的，让你在课堂上坐得住，不影响别人，同时你多少也有收获。"

"李老师，我们那时特别喜欢上语文课，你经常给我们读小说。我现在印象最深的是《烈火金刚》和《悲惨世界》。”他回忆说。

能够给孩子留下这么美好的记忆，我很欣慰。

他又说：“我妈妈经常提起你，对我说，如果不是李老师，你没有今天。她还记得你当时每天都写家校联系本，让她知道我在学校的表现。后来我到高中，就再没遇到你这样的好老师！我现在都很不喜欢我读过的高中，因为那里的老师只喜欢成绩好的学生，不喜欢我们这些调皮的学生，学校把我们这类成绩不好又调皮的学生单独编在一个班，不管我们了。”

我说：“把你们单独编班并不错，因材施教嘛！我教你们的时候不也把你们这些顽童单独编班吗？但我们请了最好的老师来教你们，比如当时教数学的是郭老师，还有教英语的刘老师，都是学校一流的教师。所以，根据学生成绩分班我认为并没错，关键是不管你们就不对了。”

柴粒说：“我这一辈子最受益的是两次，一次是在李老师班上读书，李老师对我的教育；一次是我后来上军校。”

我又想起一件事，当时我给学生送我编的《恰同学少年》，罗兰同学的书却被人偷了，后来我结合语文课给学生讲《皇帝的新装》课文，对孩子们进行关于童心的教育。结果那本被偷走的《恰同学少年》出现在了我的办公桌上，让我特别感动。

今天，柴粒承认，那事是他干的。“当时我觉得那本书特别好，我就想多要一本。”他有点不好意思。但我再次感慨，没有人不犯错误，尤其是孩子，但孩子犯了再大的错误，也不能说明他以后就是个坏人。孩子犯错误没那么可怕，他们可塑性很大。犯了错误，只要老师教育得当，今后他们一样会有出息。

我要回家了，请柴粒坐我的车，我送他去宾馆。上车前，我们在学校大门口照了一张合影，我指着大楼上的一行大字说：“喏，这是我当年给你们常说的一句话，现在是我们学校的校训了。”他抬头看那行字，点头称是。

那一行字是：“让人们因我的存在而感到幸福！”

车上我们继续聊当年的事儿。柴粒下车时，说：“李老师，下次到成都我再来看您！到北京给我联系啊！”

我给他挥手：“再见！我去北京有机会一定看你去！”

伍希：童心万岁

早晨九点，手机响了，我一听，是一个女孩子的声音："李老师，我是伍希。我已经来到你学校了！"我马上说："直接到我办公室！"

伍希是我过去教过的一个学生，当年是我的一个优秀学生，做过我的语文科代表，还担任过班长。现在在四川师大外语学院读大四，明年就毕业了。前段时间她和我联系，想到我校应聘工作，我便约她今天来。

不一会儿，伍希来了。我一看，呵呵，七年没有见面，我都快认不出了，我说："伍希长高了，过去的小姑娘，现在变成漂亮的大姑娘了！怎么不戴眼镜了？"她说她现在戴的是隐形眼镜。

她说："李老师可没有变，还是那么富于激情。"

"怎么会不变？变老了！哈哈！"我笑了起来。

我们聊了几句，我感到虽然七年不见，但伍希依然那么善良、纯朴而且又很有上进心。我看了看她带来的求职自荐材料，感到她是一个优秀的大学生。我真诚地说："欢迎你来我们学校工作！不看这些材料，我也知道你很优秀！"

她有些激动："真的？谢谢李老师！"

我打开办公桌抽屉，里面还有最后一本《走进心灵》，我拿出来在扉页上写了几个字——

伍希同学：

永远是朋友！

李镇西

我把书送给她："这是我的一本畅销书，里面有你的故事。我送给你！"

她有些惊讶，打开书，果然在178页上看到了她的名字和故事。她说：

“哎呀，我都忘记这件事了！”

我说：“可我没有忘记。只是没有征得你的同意就写了你，呵呵！不好意思！”

我又说：“我还有一本书也很受老师们欢迎，也算畅销书，叫《爱心与教育》。遗憾的是我这里没有了，以后有了再送你！”

聊了不久，我该去上课了。我说：“马上我要上课了。”

她高兴地说：“我去听听李老师的课吧！”

于是，她和我来到了教室。那一堂课，我的教室里，又多了一名特殊的学生。站在台上的我，感觉非常好！

语文课之后是班会课，看着伍希，我突然有了新的想法：伍希不也是我的教育资源吗？这堂班会课何不以伍希为中心内容展开呢？

于是，我即兴组织了这样一堂班会课。

我先对同学们说：“今天的班会课是我临时想到的一个内容，大家看到后排坐着一个姐姐，她是李老师过去教过的一个学生，叫伍希。”

同学们自发地热烈鼓掌。

我继续说：“同学们想一想，我在给大家读小说《在困难的日子里》时，读过这样一段话：‘我们正在离开孩子的时代，走向成人的阶段。在这个微妙的、也是美妙的年龄里，将会给我们以后留下多少微妙而美好的回忆啊！’你们今天对这句话也许也很感动，但绝对没有刻骨铭心的感觉，毕竟你们现在还小。而再过五年十年以后回忆我们今天的一切，包括每一个细节，你们都会感到这些普通的日子是那么耐人寻味。”

教室里一片安静，同学们仿佛在体会我的话。

“刚好伍希同学来这里，”我把话题引向了伍希，“刚才我送她一本书——《走进心灵》，这本书实际上是与《爱心与教育》同时写的，就是同一本书，但出版的时候，出版社觉得太厚，就分成两本……”

说到这里学生们有些不满了：“原来李老师只送了我一本啊！”“再送一本！”“只送了一半嘛。”不少学生在下面“抗议”。

我笑了：“这样，你们过生日的时候我再送嘛！”

大家议论：“还早呢！”“现在就送嘛！”

我不管学生的议论，继续我的话题：“在这本书里写到了她的故事，用的是真名。所以我觉得咱们今天这节课的主题就把它叫作‘温馨记忆’。我先把她的故事给大家读一读。当年她是我的科代表，我这里面写了她的一件事。在这本书的178页，题目叫‘用童心叩开新年的大门’。哦，读这一段，还得讲讲前面那个故事《请安徒生帮我‘破案’》。知道安徒生吗？”

学生一起说：“知道！”

我继续讲：“我当班主任有一个传统，就是每一个班毕业时，我都要给他们编一本书。在教伍希他们之前，我给那一届毕业班编的是《恰同学少年》。然后我多印了许多，接到伍希他们这个班，每个同学都有这么一本书。可就在每一个同学都领到一本《恰同学少年》之后，发生了这样一件事……”

我给学生讲述了起来——

下午一放学，罗兰找到我：“李老师，我的《恰同学少年》不见了！”

《恰同学少年》是我为上届毕业生编的一本精美的“风采录”，现在初一不少学生也买了这本书。今天罗兰领到书后放进书桌里，便去上体育课了。可当她从操场回到教室，却发现《恰同学少年》不翼而飞了！

听到罗兰的“报案”，气愤中的我首先想到的是来个全班大清查。可是，从何清起呢？清不出来怎么办？而清出来了又怎么样呢？“窃书者”毕竟是学生，难道从此让他在班上无地自容吗？……然而，此事不了了之又怎么行呢？至少也应该让学生们受到教育，让“窃书者”受到心灵的谴责啊！

正巧我第二天要讲《皇帝的新装》，我略一思考，决定向安徒生“求援”请安徒生帮我“破案”。于是，我开始重新设计教案……

课堂上，朗读、作者介绍、结构分析……学生熟悉课文后，我引导学生讨论：“大家想想，这篇童话中，谁最可爱？”

学生们不假思索地齐声说：“那位小男孩！”

“为什么？”

学生们纷纷回答：“因为他说真话。”

“同学们说得很好。可是，为什么只有小男孩能说真话呢？”

“因为他诚实。”“因为他纯真。”学生们七嘴八舌。

“对！因为小男孩诚实、纯真，因为他有一颗……”我一边说一边在黑板上板书着两个大字，同时全班学生不由自主地随之大声说道：“童心。”

“是的，童心！小男孩有一颗童心，所以他说真话；大人们失去了童心，所以自欺欺人。”我引申开去，谈到“大跃进”和彭德怀、谈到“文革”和张志新、谈到人生道德乃至民族良知……

面对学生们凝神专注的目光，我把话题拉回他们的身上：“一个人最可贵的是永远保持自己的童心。你们这个年龄正是童心容易失落的年龄。小学时，你可能为没能第一批入队而哭鼻子，而现在你可能连红领巾也不愿戴了；以前，你也许常主动争取打扫卫生，而现在你可能却嘲笑别人做好事；原来，你损坏了公物会向老师主动认错，而现在如果你打碎了玻璃窗也许会庆幸没人发现……这些，都是童心的失落！”

我终于提到那本丢失的《恰同学少年》：“这本书是谁拿的，我无法清查，但我可以断定这位同学正在听我讲关于童心的道理。是的，这位同学的童心已经失落了，但我仍然衷心希望，他能用自己的行动把童心找回。我期待着，全班同学也盼望着！”

第二天早晨，我走进办公室，眼前豁然一亮，办公桌上正端放着那本精美的《恰同学少年》！

语文课又开始了，我站在讲台上手举那本《恰同学少年》对全班同学说：“我不知道是谁还回了这本书，这已不重要了，但我提议，请大家以热烈的掌声祝贺我们中的一位同学找回了自己的童心！”

在震耳欲聋的掌声中，我把《恰同学少年》送还给罗兰同学。她接过书，对我说：“谢谢李老师！”我说：“不，我们都应该感谢安徒生！”

讲了这个故事，我说：“伍希的故事就发生在这件事之后。请听我读这一段《用童心叩开新年的大门》。”我打开《走进心灵》第178页，开始朗读——

讲了《皇帝的新装》时我说的一番关于“童心”的话和那本《恰同学少年》失而复得的事在同学中引起了强烈的连锁反响。

还有几天就是新年了，学生们的贺年卡片翩然而至。一九九五年十二月二十七日（星期三）中午，我走进办公室……

我停顿了一下，评论道："我的确记得很清楚，是一九九五年十二月二十七日，那天是星期三。也许有同学会不理解，为什么李老师的记忆这么好呢？因为我的学生和我度过的每一天，对我都是很美好的记忆。因为李老师要写日记呀！我现在每天在教育在线网站论坛贴出我的班主任日记《心灵写诗》，里面都有你们的故事。所以呀，你们现在的所有表现都将载入史册！"

同学们都开心地大笑起来，一时间，教室里的气氛非常美好。

于是，我继续朗读——

一九九五年十二月二十七日（星期三）中午，我走进办公室……一眼便看到了桌上放着一张精美的贺年卡片。拿起细看，里面还夹有一封信——

敬爱的李老师：您好！

在我刚进入初一（5）班的时候，遇见了您，李老师。我为自己能够成为您的学生感到荣幸。您不管什么事都由我们来决定，让我们从"奴隶"成为"主人"；您费心地教育我们，把我们引上正确的轨道；您尽力让我们班的调皮学生，改正为守纪律的学生。而我，却做了一件对不起您的事！在期中考试的时候，作了弊。我恨我自己，作为李老师的学生，不应该做这种耻辱的事。我希望李老师不要把我当成坏学生，原谅我。我一定改正做一位合格的中学生！

……

快到元旦了，又要跨入新年了，在这里向李老师说一声：

"祝李老师新年快乐，事事如意！"

学生：伍希

1995 年 12 月 27 日

我抬起头，感慨万千："我很久没看这本书了，伍希这件事我也很久没有想起过了。但今天读到这一段，我依然很感动！实际上当时她不说，我永远不知道。谁不会犯错误呢？伍希当然也不例外，可能就是那一瞬间，她没有战胜自己，关键是她最后终于战胜了自己！”

我继续读下去——

这封信使我万分感动。我立即把伍希请到办公室：“伍希，李老师很高兴你的进步，你自己找回了童心。我想征求一下你的意见，我打算把你这封信在全班公开，怎么样？同意吗？”

她吃惊地看了我一眼，又垂下头想了一会儿，终于点点头表示同意。不过，她小声地说了一句：“最好……别念作弊的事。”我笑了，用手拍了拍她的肩膀：“我正是要向同学们念这一段，我要用你承认错误的勇气唤起更多同学承认错误的勇气。放心，同学们不会嘲笑你的，因为公开承认错误是无比诚实的事，同学们会敬佩你的！”

伍希抬头看着我，庄重地点了点头。

果然，当我在班上读伍希同学这封信时，全班一片肃静，伍希解剖自己的勇气震撼了同学们的心灵，伍希一颗晶莹的童心所放射的光辉照亮了同学们的灵魂！

我读完信，评论道：“谁都难免犯错误，但伍希犯了错误能够承认而且公开承认，这不但是诚实的还是勇敢的。”

下面某男同学大声地接着我的话茬说：“更是高尚的！”

没有人提议，仿佛是某种默契，教室里突然爆发出一阵雷鸣般的掌声。

掌声平息后，我对同学们说：“掌声表达了同学们对伍希同学的崇高敬意。但我更希望每一位鼓掌的同学能向伍希同学学习，永远保持一颗童心！”

读到这里我对同学们说：“那天我不是有一个提议吗？我说期中考试咱们班能否成为高一年级第一个无人监考的班？不是不要监考者，而是这监考者就是我们自己的良心！”

有同学说：“没问题！”

但我看多数同学还在思考，于是说：“多数同学还有犹豫。这样吧，要不咱们以后有多余房间的话，给愿意参加无人监考的同学专门设考场，或者在图书室考也可以。好，接着听。”

我继续读——

第二天，我到六班上课，（我插了一句：“注意，当时我教两个班的语文，同时担着两个班的班主任，学生总数 131 人！”学生惊叹。）把伍希的信给六班同学念了一遍，同样激起了六班同学内心的波澜。同学们陷入了沉思，仿佛正用伍希的信拷问着自己的心灵。

我说：“新年快到了，让我们学习伍希，给灵魂洗个澡，擦亮童心迎接新年。每个同学现在静默一分钟，想一想：自己有哪些童心失落的事？然后以“找回童心”为题把它写在纸上。你写的事迹使你感到羞愧，而且这件事李老师和同学们都不知道，那么，你就越高尚。因为萧伯纳曾说：“一个人感到羞愧的事越多，他就越高尚！”

又过了一天，即一九九五年十二月二十九日，同学们纷纷把《找回童心》交给了我。我一一细看，心情十分激动。因为孩子们无情地解剖自己，向我承认了他们做过的只有他们自己才知道的错事。

我忽然想到今天是周末，也是岁末，学校安排下午各班搞迎新联欢会。手捧学生们纯净的童心，我一下有了新的设想。

我把吴镝同学叫到办公室：“你中午布置联欢会场时，请在黑板上用大字写明联欢会的主题：用童心叩开新年的大门！”

中午，我又特意上街买了十本新书。

联欢会开始了。我抱着十本新书走上了讲台，对大家说：“今天联欢会的主题，是‘用童心叩开新年的大门’。在同学们表演文艺节目前，先让我向有关同学颁发‘童心奖’。”

在同学们惊异的目光中，我拿起一沓纸向同学说：“这里是同学们写的《找回童心》，我随机抽了十份，准备在这里当众读，不过我不会念是谁写的，因为事先我并未征得这十位同学的同意，我还得为他们保密。但是，如果在我读了某位同学的纸条后，这位同学有勇气举手承认是他写的，那么，他将获得一份‘童心奖’。”

我开始念第一张纸条：“李老师，我向你承认一件很久以前我做的错事。三个月前，我在教室里拾了一个钱包，里面有 120 元钱，当时我谁也没告诉便把钱包拿回家了……现在想起来我的良心很不好受，请李老师原谅我！”

我刚念完，下面的同学便东张西望，猜测着这位同学是谁。我看见一位同学脸色通红，但勇敢地举起了手。

“好！让我们用热烈的掌声祝贺黄可同学找回了童心！”

在掌声中，黄可同学第一个走上讲台从我手中接过奖品：《中外少年智慧故事》。

我继续念着：“李老师，第一次考语文，我的成绩并不真实，因为我事先到外班找了语文试题做（他们先考），所以我也作了弊。”张丹丹举起了手……

“李老师，那次生物实验室的仪器是我不小心损坏的，可当时没人看见，我也就没承认。”

涂娅玲举起了手……

“李老师，运动会我没参加，你问我原因时，我说我脚疼，其实真正的原因是我自私，不想为班级出力。放心吧！明年运动会我一定报个长跑比赛项目。”

李挺举起了手……

十张纸条念完了，十位同学在同学们的掌声中走上讲台领取了“童心奖”。

最后我说：“在新年前夕，同学们把童心擦拭了一遍，这是极有意义的。现在，同学们可以带着一颗纯洁的童心跨入新年的大门了。愿一切缺点和错误随一九九五年一去不返，让所有进步和成绩伴一九九六年扑面而来！”

张丹丹和张峻同学手持话筒走上讲台：“现在，新年文艺表演开始！”

故事读完了，全班学生再次热烈鼓掌，而且这掌声持续了很久很久。

我说：“我知道，同学们这掌声不是给我的，是给伍希同学的！”

我又说：“此刻，同学们被伍希感动了。可我却在想另外一件事情，我不但为我的学生感动，也为我历届学生的家长感动。今天我见了伍希，几乎都不认识了。我们七年没有见面了。七年前，我离开那所学校的时候，是有特殊原因的。我离开的时候曾对该校领导说，你们可以把一切责任都推给我，我愿意牺牲我的名誉成全学校的声誉。我在那个班搞了一个课题试验，课题快结束但还没有结束时我离开了，这一离开便是整整七年！去年年底我在教科所工作，一天我办公室来了一个五十多岁的老师。他也是教科所的老师，只是因为不在一个科室，我们平时几乎没有接触。那天他走进我办公室说，李老师，几年来我一直想给你说个事情，但没有机会。他说你知不知道，很多年以前，我们教科所去 ×× 中学验收课题的时候，在那次会上，那个学校的有些领导对你进行诋毁，说什么你对不起学生，中途把学生扔下不管就走了，等等。但我们当时回到教科所后收到一封信，是家长写的，家长们说，李老师对我们的孩子究竟怎样，我们的孩子最清楚，我们也很清楚。李老师为学生付出了许多，他的教改实验很成功。李老师是一个好老师！我们信得过他！这封信的后面是长长的几十个家长的签名。我听了这个老师的话，非常感动！是的，因为我的调离，我的确付出了名誉的代价。到现在那个学校的一个领导还经常说，这个李镇西有些才能，就是人品差。我听后淡淡一笑。在《爱心与教育》中有一句话，我是这么写的：‘童心和爱心是我的事业永不言败的最后一道防线！’我经常说，只要我的心和学生贴一起，没有人能够战胜我。我听老师说这件事以后，我当时还是有一些想法，这些家长这封信非常可贵，他们写这封信没有任何功利目的，就是为李老师讨个公道，而且他们也知道李老师可能永远都不知道这件事情。很遗憾我没有机会向这些家长说声谢谢了，但是这份谢意我一定会转化为对我今后每一届学生的奉献！”

全班孩子都在静静地听着，若有所思，教室里弥漫着一种美好而温馨的氛围。

几秒钟之后，我打破了教室里的沉静：“下面，请伍希姐姐上台与大家交流。”

在同学们的掌声中，伍希从教室后面走上了讲台：“刚才听李老师念这封信，我都忘了有这回事，当时有一次考试，有许多人作弊，只是许多人都没有承认。当时我做科代表和班长，就主动承认了。李老师表扬我我觉得有些过意不去，刚才听你们上课我回忆起了许多，真的，初中时我上李老师的语文课的时候，感觉就是一种享受。后来，不少人问过我，对你影响最大的老师是谁？我都毫不犹豫地说是李镇西老师。我以前语文底子并不好，但李老师让我做科代表，对我鼓励很大。以前我们听李老师上语文课跟你们现在差不多，觉得很轻松，毫无压力，教法也很灵活。他让我们下来自己学习语文，而课堂上则讲许多课本上没有的。李老师以前读过许多书的，包括《悲惨世界》，这么厚一本书没兴趣去读，但他读就觉得很享受。他当班主任并不是高高在上，你在他面前就是朋友，经常与你聊天，不会骂你。今天我来找李老师，没见李老师之前，开始我也很紧张，听说李老师当校长了，不知道他变成什么样了，会不会像有的校长一样很严肃，但一进办公室，李老师一笑我就平静了。当时，李老师说，我对你还不了解？我相信你一定会成为一名好老师的！当时，我特别感动！因为李老师教我们的时候，我只是读初中，这么长时间没有了解，李老师居然信任我，相信我的工作能力。”

伍希又说：“刚才李老师让我给你们说一下英语学习。因为我读的专业就是英语嘛。大学里与高中是完全不一样的，高中觉得比较枯燥，大学的方法可以教给你们，单词比较头痛。因为我实习过看过你们的课本，已经增加了许多单词，但是掌握单词没有一个捷径，只有硬背，至于采用什么方法，只能根据你们的条件，这些都不用多说了。高考最重要的是阅读，比较难，不用刻意去做题呀什么的，看一些新东方英语、《21 世纪报》等，各方面的都有，这些都对你们有好处。还有这些都是一些一般的英语方面的东西，我不知道你们现在的听力难度增加了没有，听力不是很难，听力你们可以看中央 9 台，虽然难，但可以感觉一下。因为你想外国人小孩子单词量可能没有你们大，但是他们可以流利地交流。可以制造学习气氛，大家可以在整个班上不用中文，用英文，还可以练听力。至于英语学习，细节方面，大家有什么问题可以问问，我尽量解答。”

我笑着对大家说：“我刚才想，你们现在可以叫她‘伍老师’。”

李应生马上接着说了一声：“伍老师好！”

项柳依提了一个问题：“阅读理解时，有些词不懂怎么办？”

伍希说：“因为高考所有的考试必定有生词，但是生词并不阻碍你进行选择。知道大意就可以了。现在高考试题不会太难，文章中都会找到，可以跳过生词。因为选择题必须与原文有关系。你可以先看题再去读文章。这样比较好。还有什么？”

任沐之又说：“谈谈作文吧！”

伍希问:“作文?你们现在一般写应用文了没有?(学生:没有)哦,就是一般生活化的记叙文。因为英语作文分三部分,开头中间结尾,最关键的是第一句话必须把中心写出来。不然他读不懂,如果你第一句写出来,下面你可以用很简单的句子。外国人比较喜欢看比较简洁的句子,而且上句主动,下句被动。他看你能够转换,能够看出你表达的功力。”

周杰问:“英语的语感如何形成?”

伍希说:“语感主要就是听说读。听可以多听一些《疯狂英语》,中央9台。看电影是一个比较好的办法,有语境,可以听他说。而且你可以听原版看中文翻译。还有就是可以去上网去英文聊天室。”

快下课了,我对大家说:“时间有限,不能提太多。以后,欢迎伍希同学随时解答同学们提出的问题。大家以热烈的掌声表示感谢!(同学们热烈鼓掌)今天这个班会是我临时想到的,因为我觉得伍希的到来勾起了许多美好的回忆。我想再过些年,我继续当班主任的话,我将……”

我话还没有说完,有同学就知道我要说什么了,宋飞插嘴说:“你就请我来做报告!”

我笑了:“呵呵!宋飞说他来做报告。好的!(同学们大笑)其实,每个同学都可能来做报告。我想补充说的一点是,刚才我说我以前当班主任时,曾经请同学们写《找回童心》。对此,我现在认识上有些变化。我以后不会让同学们写你做的错事,过去犯了错误为什么一定要让别人知道呢?自己提醒自己不要再犯就可以了。我希望同学们自己做自己良心的主人。犯错误是每个人不可避免的,就像人要长青春痘一样,不要继续犯错误就行了。今天与昨天相比,都是一个新的开端,但愿以后我们同学也像伍希同学一样,成为李老师最温馨的记忆!”

这个班会让我回到了过去的日子,真的很温馨。

回到家里,打开电脑登录教育在线,我看到了伍希在我班主任日记后的跟帖。她这个帖子的题目是“永远的班主任”——

六年后的今天重新回到李镇西老师的课堂,可谓百感交集。听着久违了的文言文,脑袋里的思绪却回到了六年前,往事如电影般再现。李老师的课仍然保持着他独特的风格——民主!可以说跟他离别后的六年里我几乎没有遇见一个老师有这样的风格了。学生接受知识的同时，吸取更多的是独立的思考方法。一堂 40 多分钟的课在享受中度过显得时间去得太匆匆。

更幸运的是今天参加了他们的班会。李老师以我的故事揭开了今天的主题——找回童心。说实话，这个故事我已忘了。直到今天见到李老师，他说在他的书里记载着我的事迹，惊喜之余才慢慢回想起是怎么一回事。这一想便勾起了连绵不断的回忆。这些记忆虽然在心灵深处，但是我知道，作为我的启蒙老师，李老师为我们做的一切影响着我直到现在。不久的将来我也会从事教育，感谢上天赐予我这么好的机会，再次成为李老师的学生，学习如何教育，学习如何当好一名优秀的教育者。

在我的日记里记着这样一句话："我现在是一名教师，教育者，但我的目标是教育家！"这是 1995 年李老师与我们第一次见面说的话。今天他做到了，实现了他的愿望。作为他的学生，更是为他自豪。今天我也以这句话作为我的目标，相信自己能在李老师的帮助下实现我的愿望。在此，我要深深地向李老师鞠一躬，道声：谢谢你，李老师！

我想了想，她引用的那句话："我现在是一名教师，教育者，但我的目标是教育家！"的确是我当时第一次和他们见面时说过的。那是我的肺腑之言！我多次说过，是我的历届学生帮我由一个普通的教师成长为一名取得了一定成就的教育者。因此，应该是我感谢你呀，伍希同学！

安超：学会尊重每一个人

那天我在《石室风云回眸》的博文中贴了我当年在石室中学任教时和学生的两张照片，结果我看到后面一条评论："呵呵，两张照片上都有我。我为我是李老师的学生而自豪！"

是谁呢？我重新看博文上的两张照片，呵呵！是安超！

现在想起来，当年的安超白白胖胖，模样十分可爱，但实话实说，很多时候——注意，我说的是“很多时候”，他的表现却并不“可爱”，上课好动，虽然很聪明，但因为贪玩，所以成绩不好，没少让我生气。

最让我生气的是那次他不尊敬我班的一个女同学。是这样的，那次我班照合影，结束后回到教室，我听有同学在气愤地议论：“安超太不对了！居然说挨着某某女同学照相，晚上要做噩梦！”这话明显是对那个女同学的侮辱。我可气坏了，不尊重同学，这是我最不能容忍的缺点。我在班上当面狠狠批评了安超：“你有什么理由看不起同学！”我还告诉同学们：“人的善良从尊重别人开始。”后来我单独找安超谈心，语重心长地教育他要尊重同学。后来他真诚认错，还给那个女同学道了歉。

安超虽然调皮，虽然有时候也犯这样那样的错误，但其实本质上还是很单纯的。平时活泼可爱，完全就是一个小孩儿形象。记得那次在望江楼公园的竹林里玩捉迷藏，同学们用红领巾蒙上我的眼睛，有一个同学在我背后用手捶我的背，还戳我的头，弄得我晕头转向。后来看照片，才知道那是安超在“捉弄”我。

同学们对安超可是很关心的。崔涛同学有一次来找我：“李老师，把安超安排坐我旁边吧！”我问：“为什么？”崔涛说：“我看他上课一点都不专心，老开小差，如果他坐我旁边，我就可以随时提醒他，帮助他。”我被崔涛感动了，便把安超安排做他的同桌。从此，崔涛真的用心帮助安超，常常在下午放学后，还把安超留在教室给他辅导当天的功课。

但安超以前欠的债太多了，再加上他依然不够刻苦，所以他的学习越来越吃力。1999 年 3 月初的一天，也就是初二下学期开学时，安超和他妈妈来到学校，我习惯性地准备给他报名，可安超妈妈说：“李老师，安超学习实在是吃力，我想给他转个学校。”我吃了一惊，心里真的舍不得，而且还有些内疚，因为安超是因为成绩不好才转学的，作为班主任我觉得自己有责任。

但转念一想，也许安超需要一个更适合他的学校。石室中学作为著名的重点中学，虽然初中也是划片招生，但因为地处市中心，生源相对还是比较好的，安超在这里很难找到自信心。想到这些，我也就理解安超和他妈妈了。

我们班是一个相当温暖而富有人情味的集体，同学之间相亲相爱，因此，听说安超要转学，大家都非常舍不得，纷纷向他表示依依惜别的情感。安超的妈妈不住地说感谢李老师一年半来对安超的教育，安超也含着眼泪给我告别。我勉励安超，到了新的学校，好好学习。我特别说："你可以随时给我联系，有什么困难，我愿意随时帮你。"

安超所在的小组组长尹萍同学——这也是一个非常善良的女同学，她在班级日报《石室晨报》中这样写道——

中午当我走进教室时，便听到同学们在议论："安超同学要转学了……"顿时，我惊住了，半天搞不清楚是怎么回事。听李老师把话讲完后，才搞清楚是怎么回事。

不知怎的，心里特别不是滋味，甚至有点难过。安超虽然成绩很差，平时纪律也不大好，没少让我这个组长怄过气，但听说他要转学了，想到的竟全是他的好。毕竟大家在一起学习了一年多，就算是再怎么不多与他接触的人也会有感情，况且我又是他的组长，怎么会舍得！不过，既然他选择了走这步，且对他会有些帮助，尽管有种种的不舍，许多的留恋，我们还是要衷心地祝福他一路顺风！

尹萍这真诚的文字，代表了全班同学对安超的情感。安超走了，同学们都在心里默默地祝福他。

安超走后的第三天晚上，我正在家里备课，突然有人敲门，我打开门一看，是安超和他妈妈！我很惊喜地说："是安超呀！快进来，你们快进来！"我请他们在客厅坐下，三天不见——其实只有两天半，安超的情绪明显不佳，他妈妈也欲言又止，好像有什么话不好意思说。

我估计是办转学手续还需要我这个班主任做点什么吧，于是便问："转学手续还没办完吗？"他妈妈说："办完了，当天就办完了。"

我心里想，那还有什么事需要我帮忙呢？她不说，我也不好问，便转头问安超："怎么样？到了学校还适应吧？"安超低着头不说话。他妈妈开口了："李老师，我们安超想，想，想转回来……"

我几乎是不假思索地说："好呀，欢迎欢迎！"

我这脱口而出的话，让安超和他妈妈很是感动。应该说，我的欢迎的确是真诚的，我当然知道安超成绩不好，而成绩不好的学生对我这个班最后的考核意味着什么。但没有什么比来自学生及其家长的信任更可贵的了！何况，安超原本就在我班，我就当他没转学嘛！就当他请了两天病假，现在又回来了，这有什么关系呢？

安超对我说，他不喜欢新学校，更不喜欢新班，因为那个学校的校风不好，那个班的班风很糟。我说："没事儿，不喜欢就回来吧。"

我说得这么轻松，其实我心里一点都不轻松：转走了的学生又要转回来，有那么容易吗？再说安超成绩这么差，我同意，校长同意吗？在四川，要想进石室中学可是相当相当难的，作为全国名校，这么一个同学转走了又想回来，的确是不可想象的。

安超妈妈也知道这一点，所以她也担心学校不同意安超再转回来。我说："放心，我会尽我最大的努力去说服校长的。这事你们就不用操心了，我去办！"

我真的去找了王校长，希望学校同意安超转回来。不仅仅是因为王校长被我对学生的爱打动了，更因为王校长本人也是一位非常富有人情味更富有良知的校长，他爽快地答应了我的请求。

就这样，离别仅两天半的安超又回到了我们的班集体。同学们自然非常高兴，我们还专门给安超举行了一个热烈的欢迎会。在欢迎会上，我特意请安超讲述他在那个学校的感受，安超大大方方地站在讲台上给同学们讲述着他两天半的经历，以及他为什么要回来的原因。安超的语言很朴素，但每一句话都饱含着对我们班集体的爱。

同学们在下面聚精会神地听着，从安超的口中，他们进一步体会到我们集体的可爱。我正是想通过安超的讲述，让同学们珍惜班级生活的每一天，珍惜彼此之间纯真的友情。

欢迎会结束后，我对安超说："你把今天你讲的写下来吧！"

不善作文的安超，第二天便交上一篇近九百字的文章，这是他写得最好也最长的作文——

转学又“转”回来了

安 超

人们说：一个人一旦失去了才会知道要珍惜，比如我。

我在石室中学读了一年半，由于成绩没什么长进，我妈妈就打算给我转学。在那天去办转学手续，我和妈妈去给李老师告别时，我的眼泪止都止不住。

当我去 ×× 中学报名的那天下午，我刚进校门下了车，就被政教处的老师抓住。一顿臭骂之后，还让站在操场中央晒太阳。后来还是一位老大爷把我放走了。我好不容易找到了自己的新班，同学们都拥了上来看稀奇。这时，一位同学竟然拿出打火机打燃火后在我面前晃，差点把我的头发烧燃。有两个同学为了抢什么东西还打了起来。真是乌烟瘴气！

我上的第一节是政治课，我坐在一个叫马 ×× 的同学后面，上课时我亲眼看见他在吸烟，老师看见了，也当作没看见。下课了，我听见同学们谈的都是一些庸俗的话题。有几个女同学穿得一个比一个时髦，像社会上的时髦女郎。男生没有一个穿得整洁，身上的衣服几乎穿了几年都没有换，上面油呀饭粒呀什么的都有。

第二天上课，第一节是音乐课，老师没有教课本上的歌，而教我们唱刘德华的《笨小孩》、任贤齐的《对面的女孩看过来》，全部都是流行歌曲。特别是语文课，不能和石室中学的李镇西老师上的课比。那个老师上课不管下面的同学怎么闹他都只顾讲他的，又枯燥又乏味。在那里，学习用的设备更不能和石室中学比，电脑室只有一间，而且电脑全是386的。

我感受最深的是，那里的老师对学生十分冷漠，所以那的学生也都冷酷无情，没有一点爱心，这也一点不像石室中学。那里的班主任也姓李，但远远不像石室中学的李老师和蔼。那个班主任李老师十分冷漠，看学生时眼睛是三角形的，对我这个新转来的同学说话一点礼貌都没有，让我感到很压抑。

我回家对妈妈说了我的感受，妈妈就又把我送回了石室中学，于是，我又重新回到了我亲爱的班集体。我一回到班上，我就感受到同学对我的关心。比如李翱见到我的第一句话是：“你走了，我们好想你！”我听了心里十分激动。还有的同学说：“你又长高了！”我才走了两天半，居然说我长高了。还有郭锐开玩笑地说："那里谁欺负你，给我说！我带人去捶他！"

我转学又"转"回来了，我十分感谢同学们对我的关心，我更会珍惜在这里的每一天、每一秒。

读了这篇文字，同学们再次被感动了。后来安超这篇饱含真情的作文被收入我班正式出版的反映我班三年难忘生活的著作《花开的声音》。

回到班集体的安超在同学们的帮助下，在各科老师的帮助下，也经过他自己的努力，顺利地完成了初中学业。对他来说，已经是一个可喜可贺的胜利了。

2011 年春节期间，我参加学生聚会，再次见到安超，这是他们这个班毕业 11 年后我第一次见到他。虽然还是胖乎乎的娃娃脸，但安超的言谈举止透出了成熟。分别的时候，安超一直把我送到车前。他帮我提着包，一边走一边说："李老师，你是我做人的启蒙老师。我印象特别深的是，你要我们平等地尊重每一个人。所以现在我在单位上无论对谁都是一样的尊重。"我听了，特别高兴："好！你还记得吗？当年你不尊重同学，我曾狠狠批评过你。"他说："记得。正因为记得，我现在才懂得要尊重每一个人。"

我说不出的欣慰——安超真的长大了。

1998 年，徒步春游途中，我给安超（左二）等同学讲故事

邹冰：爱恨交加的记忆

一

邹冰是我十多年前教毕业的学生，当年，这是一个让我爱恨交加的孩子。

他显然是典型的“差生”——我不忌讳用“差生”这个词，因为他当时就是差！这么说吧，几乎所有“差生”的缺点他都具备了——违纪、打架、上课捣蛋、不做作业、成绩糟糕、不接受批评，还和老师顶撞，不止一位女教师被他气哭。

我印象中，让我气得发抖的有两件事，一是他曾经邀约一伙男生手持钢钎到成都十九中打架，说是在那读书的表妹被欺负了，他要去帮忙，结果被扭送派出所，最后是我去派出所把他领回来的。二是曾经把不健康光盘拿到班上传播。

所以，那时候围绕他的批评甚至大发雷霆，还有停课教育呀，促膝谈心呀，守着他补作业呀，请家长来学校，还有家访等等，那对我来说简直就是家常便饭，是我工作的常态。

哪天如果他没犯错误，我和科任老师竟然会不习惯：“咦？今天班上怎么这么安静呢？是邹冰没来上学吧？”

二

开学不久的一天晚上，我接到邹冰母亲的电话，她带着哭腔说：“邹冰到现在还没回家！”

原来，当天下班后，邹冰母亲照例到学校来接儿子。一走到教学楼前，就碰见英语易老师，易老师便把邹冰的课堂违纪和不交作业的情况告诉了她。气愤之中，她便冲到教室去找邹冰，没找到。于是，她又在校园里四处寻找。结果在停车棚找到了邹冰，她控制不住自己的情绪，冲上去就给了邹冰一个耳光！并叫他就在原地等着，可等她把自己的自行车推出来时，邹冰已不知去向……

“他到现在还没回来。”电话里的邹冰母亲带着哭声说道，“唉！当时我的确没能控制住自己。其实，看到他俩在车棚前鬼鬼祟祟地商量着什么时，我对他们的出走就应该有所警惕，但我仍然太大意了……”

接下来，在蓉城寒风凛冽的茫茫夜色中，邹冰父母在四处寻找我也在四处寻找——直到深夜，直到凌晨，仍然没有任何线索。

那一夜，我通宵未眠。

第二天一早，我就赶到学校。令我惊喜的是，我一走到教室门口，便看到了乞丐一般肮脏憔悴的邹冰，和他一起出走的还有一个同学。原来他俩昨晚是在市中心天府广场的毛主席塑像下和乞丐一起度过的。

“嗬，去当了一夜‘毛主席的警卫员’？”为了缓解孩子的紧张，我轻松地给他俩开了个玩笑。

邹冰说：“我们完成了作业。”

嗯？这让我有点吃惊：“流浪在外，你怎么做的作业呢？”

邹冰说：“我趴在广场的草坪上，就着路灯做的。”

我竟然有了些感动，这说明孩子还是想学习的。接下来我和邹冰谈心，我引导他分析自己有哪些优点，点燃他向善向上的信心和勇气，鼓励他战胜自己，我还给他找了一个帮助人胡夏融，以随时督促提醒他。

后来在邹冰的反思文字中，邹冰记录了这次谈话——

……我记得李老师先说：“我现在要问你们很多问题，你们必须说真话。”我们答应了，于是他发问了：“你们想不想当优生？”我俩都点头。他又说：“为什么呢？”我说：“因为成绩好了作业做得快，又不会挨骂挨打。”李老师又说：“既然你们有这么大的上进心，那为什么不努力呢？”“就是管不住自己，对自己要求不严格。”李老师又问：“那你们现在觉得自己有哪些大问题？”我说：“就是学习不主动，非要家长监督。”“那你们现在觉得还需不需要帮助人写联系本？”李老师又问了，我俩都一直决定要。

摘录到这里我想起了，刚进校我就决定给邹冰找一个帮助人随时督促他，帮助人通过联系本（后来叫谈心本）记录每天的表现。我和他爸爸妈妈都通过这个本子随时“监控”并教育引导邹冰。可他根本不愿意，觉得那样随时被管束“不自由”。我就没勉强，而是继续寻找时机。现在，他终于同意了。

我最后的几句话是：“我不要求你们以后不再犯纪律错误，只是希望你们违纪的频率逐步减弱。但是，对于出走，我希望你们是最后一次。”

他们表示绝不再出走，我却有意问：“如果以后你们又犯了错误怕回家挨打，怎么办呢？”

邹冰说：“我宁可挨打也不出走了！在外面又冷又饿又怕，比挨打还难受。”

郭锐说：“我找李老师，请李老师给我爸爸妈妈打电话，他们都听李老师的。”

“好，今后如果家长再打你们，你们就给我打电话。”我斩钉截铁地说，“从此以后，我就是你们的110！”

后来邹冰果然没再出走了，但依然错误不断。所谓“战胜自我”的方案也没坚持多久——这其实才是后进生的常态。那时候，老师们批评犯了错误的同学，常常这样说：“再这样，你差不多就赶上邹冰了！”或者说：“今天连邹冰都没迟到，你怎么迟到了呢？”“你这次的分数竟然和邹冰差不多了，要有危机感啊！”有一次，蔡峰同学作文里面写到我班同学参加升旗仪式如何如何庄严肃穆，也有这么一句：“就连最调皮、最不服管的邹冰等人，也那么认真，也在用行动证明——我是一名爱国者。”

可见，邹冰在老师同学中的印象了。

三

但是，别以为老师和同学都歧视邹冰，不不不，恰恰相反，我和各科老师，还有同学们对邹冰等人（注意，在我班上，可不止一个邹冰啊，只是邹冰最最“邹冰”）倾注了十二万分的热情，提供了真诚的帮助，表现出了许多智慧。

通常情况下，我帮助邹冰的“常规武器”是谈心，犯了错误自然要找他谈心，这就不举例了。没犯错误，我会和他聊天，什么都聊。现在想来，虽然我对邹冰曾经怒不可遏，拍着桌子斥责他，但我俩的情感从来都很好。

我有时候似乎是不经意地在教育邹冰，让他在不知不觉中受到触动。比如，有一次开班会课，主题是“要爱你的妈妈”，有一个环节是让同学们说说自己名字的来历。邹冰举手发言说：“我出生那天，正下大雪，天很冷，所以爸爸就给我取名邹冰。”我问：“那天结冰了吗？”他点头说：“结冰了。”我说：“所以你就叫邹冰！”同学们都笑了起来。我说：“爸爸给你取这个名字，大概是希望你记住妈妈生你时的艰难，对吧？所以，你现在可不能对你的爸爸妈妈冷冰冰的啊！”他点头坐下了。我这样半开玩笑地和他说，是因为他经常气他的爸爸妈妈，我要他从自己名字中学会懂事，学会体谅爸爸妈妈。

我还有一个“常规武器”，就是和他们玩，包括周末去公园玩，当然这是有条件的，就是有了明显的进步。我经常在周末让同学们评选“进步最大的同学”，比如这个星期上课纪律有进步，作业也按时交，至少缺得不多，也很少打架，好，如果被评为“进步最大的同学”，我就带他们去公园玩，踢足球，打扑克，摔跤，等等。邹冰多次荣耀上榜。

记得有一次我和学生在青城山的溪水中打闹。邹冰等十来个男生围成一个圈，把我团团包围，我不幸地成了“圆心”。邹冰一声令下，他们一起攻击，用手拼命朝我拨水。我眼前一片水花，什么都看不见，真是四面楚歌，连招架之功都没有了，更别说还手之势了。而邹冰早已全身湿透，干脆一不做，二不休，在溪中游来游去，使本来不宽也不深的溪中，多了一条可爱的大“鲸鱼”！

四

除了谈心和玩，还有就是表扬和鼓励。我从来认为，对后进生来说，榜样的力量是有限的，但表扬的力量的确无穷。那时候，我让同学们找邹冰等人的优点，只要找出一个，我就不吝表扬。那时候我要求同学们写随笔——类似于谈心本。于是，我常常在这本子上鼓励表扬邹冰。我就一个目的，唤起邹冰向上的欲望，让他相信：我是一个好人！

比如，有一次我读向启的随笔，向启写了这么一件让他感动的小事——

窗外阳光灿烂

向 启

窗外，阳光灿烂……

教室里却出奇安静。现在是星期四下午3点10分，我们正在进行着语文考试。

这个星期我坐在门边，这真是一个“有利”的地形，我可以清楚地了解每位同学开门的动作。第一个上厕所的人已经出现，是邹冰。他可是我班的头号壮士！光是看那一米七几的个子和结实的肌肉，没准你会以为他是黑社会的打手，至于开关门那更不用说了，肯定是一声响亮的“砰”，随之而来的必定是奋笔疾书的学生的抗议和李老师的“不像话”。

可是，我发现我错了，而且大错特错。邹冰用我察觉不到的脚步声走到门口，再用那只在校运会上创造了铅球冠军的右手轻轻地扭开了门锁，开了一条缝，闪出门去，又慢慢地拉上门，整个动作几乎没有一点声音！连正在思考阅读题的我都没什么感觉，更别说后面的同学了。真是好样的！我心里这样想。

然而我还是不免有些担心，为邹冰回来时担心。从理论上讲，从外面开门难度更大，万一弄出点声音，岂不打搅同学们？正这样想，忽然听见门锁很轻地响了一声，随即什么声音都没有了。过了约一秒钟，我发现门锁开始缓慢转动，那是一种什么速度啊！简直比蜗牛还慢。最后，门打开了，却只有最近的几个人知道。我抬起头，看到的是邹冰天真的笑脸。顿时，我心里涌出一种极度的欣慰感：我们的同学这样可爱！不错，邹冰在很多方面还很差，但正因为如此，他这种为同学着想的品质才更显得难能可贵！不仅仅是邹冰，所有的同学在所有的小事上都默默地感动着我，感动着其他人。我相信只有我们三班的同学才做得到！

猛然想起李老师常说的一句话：“生活在感动中是一种幸福。”

窗外，阳光灿烂……

这篇文章让我相当感动，我在班上全文朗读，一边读一边评论，既表扬向启善于发现身边的美，更表扬邹冰不经意表现出的善良。听了我的朗读，全班同学都被感动了。

五

有一天，尹萍也在随笔中写了邹冰对她的帮助。尹萍说一天早上，她骑车到了学校车库却发现自己忘记带自行车锁了，当时又快要上课了。正在她着急的时候，邹冰来了，他的自行车上有一把软锁，因此邹冰便将尹萍的自行车和自己的自行车锁到一块，尹萍的困难便解决了。在我看来，这似乎只是一件微不足道的小事，但善良的尹萍却被感动了，她写进了随笔，结尾写道："真多亏了'大救星'邹冰，要不是他，我真不知该怎么办才好。虽然谢谢的话我已经说过很多次了，但是在这里我还是要对你说：谢谢你，邹冰！"这篇朴素的文字又成了我在班上大张旗鼓表扬邹冰的素材。于是，尹萍一个人的感动，便被我放大为全班同学的感动。

所以说，面对邹冰，我不是一个人在"战斗"，而是有许多"同盟者"，他们是邹冰的同学。我们一起营造了温馨而充满正气的班风，一个不断鼓励后进生的舆论氛围。还有，那时候我班有"一对一"的帮扶机制，就是一个优秀学生帮助一位后进生。我记得向启、胡夏融等同学都曾做过邹冰的帮助人。

六

同学们对邹冰真的很好。班长胡夏融的一则随笔这样写道——

窗外很冷，教室里却飘扬着轻柔的歌声。邹冰和我坐在一起，周围的同学都静静地听着，听我们唱歌。

教室里很安静，只有悠悠的歌声在萦绕，我们的心都很宁静。"我觉得邹冰好纯洁啊！"李翱突然对我说。我看看邹冰，他摇头晃脑的，完全沉醉于自己的歌声之中。我很少看见邹冰如此专注、投入的样子，也很少感到邹冰的心如此平静如水——没有了粗俗的语言，失去了无聊的疯狂。我感到，我们的心仿佛飞到了一个圣洁的地方，那里只有蓝天、白云、树木、花草，只有清澈的小溪缓缓流淌，空中的鸟儿自由飞翔……

这几天下午，邹冰总是叫我和他一起唱歌。他的声音甚至是十分柔和、细腻的。每当这时，我总对他说："你有一颗纯洁的心。"他的脸红了，他有时会摇摇头，有时干脆调皮地向我一笑。但不管怎样，我喜欢和他一起唱歌，此刻，便仿佛感受到他内心深处那颗晶莹的童心，于是我的心也似乎被洗涤了一番。

每当读到这样的文字，我都会给邹冰看，让他知道，其实同学们都很爱他，他其实也真的很可爱。

七

邹冰的成绩不好，但他又渴望取得好成绩，他的办法就是在考试时"搞小动作"。他的同桌张杨记得有一次数学测验，她刚交了卷要离开座位，突然被邹冰叫住了："张杨，告诉你一件事，但有一个要求，不准告诉李老师。"

"可以！"张杨点了点头。

"记住！你千万别告诉李老师，不然，我就完了！其实，我刚才考试，偷看了你的试卷。"邹冰说道。

可张杨并不相信："别开玩笑了。"她的确不相信邹冰会作弊。

"真的，不骗你，有几道题我真的做不起，所以……"邹冰十分认真地说着，从他的语气中显示出几分不好意思。

张杨一听这话，气极了，不顾一切地向邹冰大骂道："你怎么可以这样？你太过分了！你不懂的可以问老师嘛，你太……太，太无耻了！"

邹冰见张杨动了肝火，急忙认错："我……我，我实在是做不起题呀！在考试的时候，不懂又不能问老师。不过，我保证下次不再这样了！一定！我说话算数的。"

看着同桌认真而天真的样子，张杨忍不住“噗”一声笑了。她不知道她应该为同桌的作弊感到生气，还是为他的诚实感到高兴。

于是，以后每次考试之前，张杨总会提醒一下邹冰：“记住你所说的话。”每次考试完毕后，邹冰也会说上一句：“这次我没看你的试卷了。”

这就是可气又可爱的邹冰。

和同学们相处，邹冰也随时会给同学们带来意想不到的惊喜与笑声。他擅长做各种鬼脸。你看他，舌头顶着下嘴皮，上嘴皮向内一收，眼睛看着自己的鼻梁骨，双手握成拳头在他高高挺起的胸膛上用力地敲打着。这，就是他的拿手好戏，也是他的代表作——扮大猩猩。他是一位表演天才，大家都这么说。的确，他不时地会做出动物的样子，譬如大猩猩、猴子、小猪……这些都是他的拿手好戏。

八

因为邹冰太感谢他的同学们了。同学们对他那么好，邹冰总想有所报答，他希望自己能够为同学们做点什么好事。总之他太渴望为班级“建功立业”了，可他好像无法控制自己经常违纪，成绩也老提不上去。但他也有一个班上大多数同学没有的优势，那就是他健壮的体格，他魁梧的身躯。每当学校开运动会，就是邹冰扬眉吐气的时候。他出色的体育天赋，使校运动会成了他展现才华报答班级的大好机会。

一次运动会后，张杨在班级日报中绘声绘色地描写邹冰的赛场风采——

“五号，邹冰！”裁判员大声地叫道。

“到！”邹冰的气势也一点不差。他揉了揉手腕，做好助跑的姿势，两眼死死地盯着跳高杆。

“预备，开始！”口令一下，只见他缓缓地迈了几步，突然加速，当助跑到最快的速度时，右脚向上一提，随之左脚也腾空而跃，全身尽力地蜷成一团，向前一冲，随之而来的便是“噗”的一声扑在沙坑里。

稍过片刻，他从沙坑中站了起来，拍了拍身上的沙土，转头向跳高杆看了看，微微一笑，离开了沙坑。

“哈哈！太好了！他跳过了！”三班的“啦啦队”在一旁又叫又跳的，因为又一枚金牌落在了初一（3）班的积分栏里。

邹冰的体育强项显然不仅仅是跳远，还有短跑、投掷等等，他都尽全力为班上夺金牌。每当这时，同学们都为邹冰欢呼，他俨然是我班的英雄！

但初二的运动会我班团体总分只得了亚军，邹冰给我写了一封短信，表达自责——

李老师：

您好！

这次运动会我们班没取得好成绩，最后到了96分，与第一名二班相差2分，屈居第二。但这主要是我的失误，我该报的（项目）没报，没能多拿几个第一。另外，最划不来的是20X15接力，一共有三次掉棒，我自己也掉了一次，我很后悔，后悔那天中午没练，如果练了可能不会掉三次吧。我们还有一次机会，我现在可以下决心初三时我一定要报仇，取得最后一次运动会的胜利。

邹冰

12月15日

邹冰的自责难能可贵，但这不妨碍他在同学们心中的英雄形象，周晓竺同学在班级日报上介绍我班足球队阵容时还特意提到“9号邹冰”——

本班的体育健将，运动会的功臣。作为队长，相信他能带领全队打好每一场球。当了体育委员，希望你继续努力。

看看，邹冰的第一块招牌便是“本班的体育健将”，第二块招牌则是“运动会的功臣”。所以成立足球队，他众望所归地成了队长。

九

可“体育委员”是怎么回事呢？难道邹冰这样的“差生”居然也能进入“班级管理层”？没错，邹冰的确曾被同学们选为班干部，职务是体育委员。

话还得慢慢说起。刚才说了，一年一度的学校田径会是邹冰最荣耀的时候，但这一年才一次，邹冰体验尊严和幸福的机会太少了。于是，我便开始动脑筋……

这里，我不得不再次摘录邹冰同桌张杨用第三人称写的一则随笔——

“今天没有按要求完成作业的同学，把作业重做一遍，再写份检查，明天早自习前交给邹冰吧。”李老师把任务交给了邹冰。“啊！”邹冰激动得都快从椅子上跳起来了。大家都莫名其妙地盯着他：他怎么会那么激动？连他的同桌也不知道原因。

第二天一大早，他第一个来到了教室，要知道他从前一直是“迟到族”中的一员，可他今天怎么会那么早就到校呢？只见他坐在了自己的位子上，拿出笔和纸，在纸上工工整整地写下了昨天未完成作业同学的名单，并且还画了一张表格，第一格是“作业”，第二格是“检查”，第三格是“准时交”。哦！看来他是在为李老师交给他的任务做准备。

同学们陆陆续续地来到了教室，没按要求完成作业的同学也陆陆续续地把作业和检查交到邹冰的位子上。邹冰一面念念有词：“请不要急，不要乱放，请把作业放在左边，检查放在右边，女士优先！”一面认认真真地开始检查完成情况：“冷欢，过来！过来！你怎么少做了一道小题，快把它补上。”就这样，邹冰忙过来，又忙过去，终于忙完了一个早自习。瞧，邹冰正在做最后的清理工作，那一脸的认真，嘿！可真是少见。

张杨在一边问他：“你怎么接受李老师给你的任务时那么激动，工作怎么会这样认真？是不是吃了什么兴奋剂之类的东西？”邹冰一下子停住了手中的活，十分认真地说道：“从小到大，我一直在班上是倒数的差生，幼儿园、学前班、小学……一直是这样，没有老师的信任，没有同学的全力支持，只有老师的冷眼和同学的不理睬，除了我的几个哥儿们听我的话，此外，我没有任何权力。可见现在不同了，上初中后，我对自己有了信心，我相信我能学好。李老师给我的任务，我一定要好好地完成！你晓不晓得这个任务对我来说是多么重要！”说完便去开始工作。

张杨在一旁听着，出神地听着，她的心在颤动，她被邹冰的真诚和坦然感动了。此时，在她眼前的是一个纯真、向上的男孩。她为能成为他的同桌而感到快乐。因为她坚信，在这世界上没有比真诚、坦然、纯洁、向上更重更有分量的东西了。

作为班主任，看到邹冰这么认真地为同学们服务，我决定给他创造一个机会。一天上课，邹冰刚好请了病假，我便给同学们说了我的想法：“邹冰很想改正缺点，但他需要一个约束，同时他也希望为同学们服务，他需要一个机会。我请同学们在班委换届时能够投邹冰一票。”我这么公开为邹冰拉选票，就是想给他一个展示的平台。

十

我班的班干部都是轮流担任的，一学期一届，到时候就换届选举。那次换届前，我和邹冰谈心，他也表达了想当班干部的愿望，但就怕同学们不拥护。我说，你好好准备一下演说，你有一个别人不具备的优势，就是你的体育特长，你可以竞选体育委员嘛！他开始有些信心了。第二天，他把写好的竞选演说稿子给我看。虽然通篇病句错字不少，但感情真诚，也比较有条理。我给他改了改，让他背下来。

果然，在班委选举中，许多同学都投了邹冰的票。这样，他便如愿当上了体育委员。所以周晓竺在班级日报中对他说：“当了体育委员，希望你继续努力。”这也是全班同学的期待。

切莫以为一个后进生只要当上班干部就脱胎换骨了，教育没那么简单。当然，邹冰当上班委干部后，工作是很尽力的。每次课间操整队他都非常认真，下午课外体育锻炼时间，他也很积极地组织同学们参加。但他上课违纪的老毛病却老也改不了。

一次周五放学后，班长胡夏融特别难受，因为邹冰那一周的课堂纪律一点都不好，严重影响了同学们学习，也让老师很生气。胡夏融难受的是，自己作为邹冰帮助人没能管住他。胡夏融严肃地批评了邹冰。邹冰很真诚地对胡夏融说：“我真的错了，很后悔。请你相信我，下周我一定要改正，上课决不说闲话了。”

不能说邹冰这个表态不真诚，但这样的表态不止一次了。我知道他并非有意说话不算数，而是自控力太差。但他现在是班干部了，对他应该有更严格的要求。我决定给邹冰一个惩罚。

周一中午，我专门找邹冰谈心，从班干部的角度指出他违纪对班级的危害性，我说：“如果你是一般同学，我们可以再次原谅你，但你现在是班委干部了。如何给同学们做出榜样呢？假如这次再原谅你，同学们会怎么想呢？”

邹冰承认自己错了，说：“李老师，我愿意接受任何处罚，不会有半点怨言！”

给他怎样的处罚才能“击中”他的心灵呢？当天下午我班将去体育公园活动，我班足球队将和另外一个班比赛。邹冰作为足球队队长，如果不能去参加比赛，这对他来说，是非常“残酷”的。好，就这样。想到这里，我对邹冰说：“我决定对你的惩罚是……”我停顿了一下，咬了咬牙，继续说：“今天下午你就别去体育公园参加足球比赛了，你就在学校教室自习。”

他愣了一下，然后点头：“好，我认罚。”

我突然意识到，我这样做，只是我个人给他的惩罚。集体的因素何在呢？为什么不把这次惩罚转为集体对他的惩罚呢？

于是，我又说：“当然，这只是我个人的想法。下午再征求一下同学们的意见，如果大家都不同意李老师的想法，那你就去参加比赛吧。但如果同学们都认为应该给你这样的惩罚，那你还是得服从。”

邹冰再次点头：“好！”

下午上课前，我讲了邹冰上周课堂频频违纪的情况，并说了我的惩罚设想。我说：“但是我在想，邹冰不是我李老师的，而是我们这个集体的，大家都很关心邹冰，平时给了他很多帮助。因此，他这次犯了错误，应不应该受到处罚，应该受怎样的处罚，都应该由我们这个集体决定。我现在想听听同学们的意见。为了让同学们能够没有顾虑地表达意愿，这样，邹冰同学回避一下。”

邹冰乖乖地从座位上站了起来，然后走出了教室。

我说：“下面我们搞个表决吧！凡是同意李老师的想法，赞成今天下午停止他参加足球比赛的同学，请举手！”

没有一个同学举手。

我又说：“不同意李老师的想法，觉得应该让邹冰参加今天下午足球比赛的同学，请举手！”

全班同学的手臂齐刷刷地举了起来。

这多少有点让我感到意外。我请同学们谈谈理由。胡夏融首先发言：“邹冰上周五下午给我说，他一定要改。我们惩罚他的目的，是要他认识到错误。既然他现在已经意识到错误了，就没必要惩罚他了，应该再给他一个机会。”

还有同学说：“邹冰今天上午每节课都没有说闲话，都很认真，这说明他真的在开始改正了。”

还有同学说：“邹冰虽然上周课堂纪律不好，但他作为体育委员，工作是很负责的。不能因为他上课违纪，就不要他参加足球比赛。”

还有同学说：“邹冰作为我班足球队的队长和主力，如果缺席，这对我班是一个重大损失，这是对我班的惩罚。”

……

也许最后一个同学说的最能代表班上同学的想法，但我还是服从了同学们的意见。说实话，每一个同学都让我感动。

我说：“请同学们把手重新举起来！”

我来到教室外面，邹冰正坐在远处墙角等待着判决。我故意没有任何表情地说：“进教室吧！”他很想从我脸上看出结果，问：“结果如何？”我依然表情麻木地说：“进去你就知道了。”

邹冰随我走进教室，迎接他的是全班同学林立的手臂。我说：“这是同意你参加足球比赛的同学！”

那一刻，邹冰很激动。他站在讲台前，只说了两句话：“我对不起同学们！我一定要好好表现报答大家！”

15 年后的今天，我对让全班投票决定是否处罚某一个同学，有了更深入更成熟的思考，这里不展开说。但毫无疑问，回到当时特定的情境看，五十多只高扬的手臂，无疑对邹冰造成了强烈的视觉冲击——其实是心灵的冲击，这来自班集体而不仅仅是来自李老师的宽容，让邹冰再次感动。他的违纪，损害的是整个集体的荣誉，而现在连李老师都决定处罚他的时候，班集体却宽容了他，因此如果说要报答，的确应该是“报答大家”。

十一

我和同学们帮助邹冰的一个重要载体便是家校联系本。每天由帮助人胡夏融填写，主要给邹冰的爸爸妈妈写他的在校表现，同时通报当日作业，以便家长督促邹冰完成作业；同时，邹冰的爸爸妈妈也通过这个联系本向我通报他每天的回家时间和在家的表现。后来，我让邹冰每天在这个本子上写自己的表现，我在这个本子上和邹冰谈心。于是，这个家校联系本后来演变成了谈心本。

写这篇文字时，我去故纸堆里翻了翻，居然找到了当年邹冰的谈心本，看着发黄的纸上邹冰、胡夏融、我以及邹冰爸爸妈妈的字迹，我真是激动不已。这本谈心本记录了老师、同学、家长对邹冰的共同帮助，也见证了邹冰点点滴滴的进步。

李老师：

您好！

今天邹冰是 6 点 30 分回家。晚饭后，认真完成作业。按时睡觉。

家长：况莲

李老师：

您好！

邹冰今天 18：05 分回家。在家表现较好，做作业，按时起床、睡觉。存在缺点，我已批评。

邹茂强

上面是邹冰的妈妈和爸爸留下的文字。邹冰的妈妈每天都要写，有时候爸爸也写。应该说，邹冰的爸爸妈妈当年和我是配合得很好的，和胡夏融的配合也很好。邹冰的进步，的确和他爸爸妈妈与学校的密切配合分不开。遗憾的是，现在并不是每一位后进生的家长都能这样和老师配合。

李老师：

您好！

今天我表现较好，上课认真，上英语课还主动发言。

我现在很担心我的眼睛，我已经配了眼镜，75度。如果继续下去的话，飞行员就与我无缘了。

邹冰

12月17日

邹冰一直想当飞行员，因眼睛开始近视而着急。我在这段文字后面的批语是：“当飞行员首先要学习好！”当时他学习不够努力，虽然有了进步，但成绩依然不好，我这句话含蓄地告诉他，如果你成绩不好，就算你视力非常好，也当不成飞行员的。

李老师：

您好！

我今天表现很好，特别是课堂纪律，比以前有了较大进步，认真听讲，还能主动争取发言，积极思维。

李老师，我现在迷上了小说，原因是因为我有一天看了王立炜写的小说，觉得挺有趣，特别是如果是看自己写的，那就更有一番味道了。所以，我也在写，虽然我的语文不好，但我自写自看。但我对它用的心思太多了，有时上课（自习或副科）时都在写，我怕会影响学习。胡夏融也提醒过我，李老师，我该怎么办？是继续写呢，还是停止不写？我又怕放不下，我该怎么办，请您告诉我。

邹冰

12月23日

邹冰的语文并不好，其写作能力显然离写小说还差得很远，但我没有打击他的积极性——要知道，他对自己有信心的时候并不多，何况他这么信任我。我的批语是："把时间安排好，抽空让我看看你写的小说，我帮你指导一下。"

过了一段时间，他的想法又改变了，他在谈心本上对我说——

李老师：

您好！

这一周我表现一般，没什么重大违纪现象，但迟到是个老毛病，在课堂纪律、作业情况来看都不错。

关于那本小说，我现在打算不再写下去，等考完试，在假期中写会使我更能发挥我的脑子，写出一些好的小说。我不再写下去还有一个原因，现在这本的内容不太好，写的是黑社会，起初我是想反映警察的勇敢与机智，但写着写着就写到一边去了（要写警察的勇敢与机智，就要写出一些犯罪活动），所以不再写了。其实我这个人比较喜欢玩危险的东西，所以我就出了三个内容，请您帮我选一个，这三个分别是：科幻、恐怖和到野外探险。

邹冰

1998 年 12 月 27 日

我给他写的批语是："建议写探险。"

李老师：

您好！

今天我表现一般，主要是早上迟到。其他时间表现较好，特别是数学课，我主动发言，上黑板做题。

我现在发现自己的接受能力好，前段时间的数学简直一点也不懂，但经过我看了一遍书，很快就掌握了，但要发挥我的这一优势，主要困难还在于自己没有学习动力。

我今天放学后到我妈妈那里去的路上，简直人山人海，他们有的戴着圣诞老人的帽子，有的手上戴着荧光手环……看到后我真为我是中国人感到内疚。他们连自己的节（如春节）都不放在眼里，宁愿去过老外的节日，真是太傻了。

邹冰

12 月 24 日

这是邹冰在圣诞节那天写的谈心本，除了给我说他的表现，还写了自己的“优势”，这让我很感性，因为这说明他对自己有信心了。同时，他还发现了自己的问题所在，是“没有学习动力”。写谈心本也是自我反思的过程。邹冰还谈了对一些热衷于过洋节的看法，这表现他朴素的民族情感。

记得那次我找他面谈，充分肯定他对自己的分析，继续给他鼓励。

李老师：

您好！

今天我表现可以，上课认真，积极思考，没有和别人讲话，但有时注意力不太集中。

胡夏融到我家和妈妈交换了意见，鼓励我不要放松自己，继续努力就会取得好成绩。

邹冰

1998.12.29

邹冰在谈心本中多次提到班长胡夏融，对他的感激之情，也是他进步的动力之一。

有一天，邹冰在谈心本上给我说了很多要我“一定保密”的心里话，我在当天的谈心本上给他写道——

邹冰：

你好！

很感谢你给我说了你的心里话，这证明你确实是我的好朋友。放心，我是不会把这些话说出去的。

一个人要进步，必须经过许多痛苦的磨炼，你现在正在经受磨炼。我为你加油！只要你战胜自己，就一定能成为一个优秀学生！千万不要后退！

李镇西

1.21

我的鼓励让他特别振奋，第二天的谈心本上，他这样写道——

李老师：

您好！

今天我表现较好，上课认真。课间不狂打，英语听写也合格。其实我认为赖老师对我的要求太低了，我有四个地方错了，她还说我合格，别人胡夏融只有一处错了都不合格。我并不是高估自己的实力，确实如果赖老师对我要求不严格的话，我可能就只满足于那一点，所以麻烦你跟赖老师说，我以后的听写如果错了三处就不合格。

邹冰

1.22

本来我和科任老师对邹冰适当降低学习要求，是一种“因材施教”，也是为了增强他的学习信心，没想到我们邹冰却认为老师对自己“要求太低了”。我太高兴了！给他写了五个字：“很有上进心！”

十二

拙著《爱心与教育》的出版，引起了许多媒体对我和我学生的关注，一时间采访者多了起来。中央电视台《读书》栏目打算就我的《爱心与教育》做一期节目，将该书向全国观众推荐。在主持人聊我的各类学生的时候，自然聊到了邹冰。我决定把这次访谈也当作一次转化邹冰的机会，于是我便有意让邹冰“出镜”。面对摄像机，他读了他写的随笔：“李老师：你好！我认为我今天表现一般，犯了一个错误——在走廊上追逐，作为班委，我应该带头遵守班规。其他方面我觉得还可以，无论是交作业，还是上课纪律等方面，都还不错……”

主持人和编导参加了我们的一次户外活动。在望江楼公园，邹冰和我在竹林里疯狂打闹，完全忘记了主持人和编导的存在，他放肆地朝我发起偷袭，一把将我推倒，使我四脚朝天仰面躺在地上，然后从地上爬起来向他扑过去，几个回合下来，他被我死死地按在了地上……

后来节目播出后，观众反响热烈，电视台又重播了。我对邹冰说："你看你都上了中央电视台了，全国观众都认识你了，是'电视明星'了。大家都看着你呢！你要更加有进步啊！"

一次，北京《中小学管理》杂志的沙培宁老师专程从北京来采访了我两天。结束采访时对我说："今天中午，我到你班教室里去，随便找了几个孩子聊天。有一个叫邹冰的孩子对我说，同年级的其他同学都很羡慕我分在李老师班上，我也觉得很幸运，因为我在小学表现也不好，但我从来没有遇到过像李老师这么好的老师。我犯了那么多的错误，李老师还是对我这么好！"

后来沙老师写了一篇《一位苏霍姆林斯基式的教师》，发表在《中小学管理》杂志 1999 年第 5 期上。文中专门写到对邹冰的采访——

真没想到，李老师班上最大的"闹将"竟是那么热衷于参与我对李老师的"调查工作"！一个叫邹冰的男孩，到李老师班上不久便离家出走。后来，在李老师多次"全方位"的关怀与帮助下，他被大家评为"进步最大的同学"，并当上了体育委员（当然还时常有反复）。邹冰对我说："我最佩服李老师不歧视后进生。我每次犯错，只要承认错误，他都原谅我，并给我改正的机会。现在我觉得有心里话跟李老师说最保险。因为家长不理解我，就知道问我的成绩，而李老师不仅关心我的学习，而且还关心我的其他方面。他总是对我说：'做人第一，学习第二。'我要对得起李老师！他还特别喜欢带我们出去玩，和我们一起摔跤，打成一团。""他是不是像你们的朋友？"我插了一句。"嗯，是好朋友！"他把"好"字咬得很重。

《今日中学生》杂志要我为他们推荐几个孩子拍封面，我推荐了我班的胡夏融、邹冰等同学。于是，我们的邹冰，成了《今日中学生》的封面人物！

十三

很难说邹冰的进步是从什么时候开始的，因为他不是在一个早晨完成转变的，也不是进步之后就“浪子回头金不换”了。不，三年中，他断断续续一直犯错不停，同时也一直在进步。用我少年时读的哲学普及读物上读的一句话来说，叫“波浪式前进，螺旋式上升”。

初三时，班上成绩好的同学每天晚自习后都留下来给邹冰等成绩不好的同学补习，这让邹冰很是感动。他在随笔中写道：“如果我有了进步，首先应该感谢这些为我们辅导的‘小老师’，是他们使我的成绩有了进步。他们的成绩很好，本来可以不上晚自习，可以早点回家，给自己更多的时间学习，可他们却主动给我辅导，牺牲了自己本来就不够用的时间来帮助我们取得进步，这样的精神实在是太令我感动了。”

在我班的班级史册《花开的声音》中，邹冰写了对未来的幻想——

2010年9月10日，我驾驶飞机来到石室中学。我到办公室找到了李老师、徐老师、熊老师和赖老师，他们都认不出我了。“是邹冰！”还是李老师最先认出我。我和老师们闲聊了一会儿，突然想起怎么没见到方老师呢，李老师说方老师正在上课。于是，我跑到教室窗口外面等她。下课了，方老师出来了。她虽然已经人到中年，但仍然很漂亮。我向她问好：“方老师好！”她没认出我：“你是……”我说：“方老师，我是邹冰啊！就当年上数学课把您胃都气痛了的邹冰啊！”“哦，是邹冰呀！”她笑起来了。我说：“我今天特意来向您赔礼道歉的！我还要接您和其他老师一起去玩呢！反正今天是教师节，你们下午不上课。”于是，我用我的飞机载着老师在空中转了好大一圈，玩得非常高兴。最后，我送了一套西服给李老师，送了赖老师一根高级领带，其他几位女老师我也各送了一套漂亮的时装。老师们都很惊讶，想不到当初那么调皮捣蛋的我竟然还会想起他们。

全班同学都知道邹冰的理想是长大后当飞行员。呵呵，现在邹冰居然幻想以后开着飞机回母校！想象力真是丰富。不过，这个想象表达了他美好的愿望。当时我在班上读了这段文字，同学们都笑了。但这不是嘲笑，而是真诚地祝福。

实际上，邹冰是在毕业前提前离开我们集体的。因为他成绩的确不好，父母想让他降一级多读一年初三，便把他转回老家雅安。我记得那是 2000 年 4 月 5 日晚上，邹冰专门来我家向我告别（写到这里，我的鼻子开始发酸）。我当时送他一本《朱自清散文全编》，在扉页上写道——

亲爱的邹冰：我永远注视着你。愿下次见面，我们还能摔跤、斗鸡。

你永远的朋友　李镇西

后来我和他基本上没有联系了。他继续读书，我也去了苏州读博士。大家都很忙。

十四

四年后，已经在盐道街中学外语学校任教的我，突然接到邹冰的电话，说他高考落榜，现在一所学校补习。他听说我在盐道街中学外语学校之后，就给爸爸妈妈说，想转到我学校来补习。“我真想再做李老师的学生！”他说。

我却告诉他，我现在教高一，就算他转到我校，我也不能教他的。

邹冰却说了一句让我至今感动不已的话：“没关系！只要我每天能够在校园里看见李老师，我就满足了！”

于是，我说服了校长，让他来到我校插班补习。

当时我担任高一班主任，我觉得邹冰也是我的教育资源。于是，我把邹冰请到班上给我的学生讲他的故事。

邹冰对大家说：“我是李老师教过的学生，但不是好学生，我当时各方面特别差，但李老师从来都是耐心地找我谈心，我心里感到李老师真是从心底里为我好。到现在我特别怀念在李老师班上读书的日子。你们能够做李老师的学生，真的是一种幸运！”

说实话，听了邹冰的话，我很感动。我虽然教过许多后来考上清华北大的学生，但许多成绩并不好也没有考上大学，甚至在学校还特别惹人生气的学生，后来和我都有深厚的感情。这是我的骄傲！

邹冰又回忆了当时我们班上同学之间的真挚友情，特别谈到在我们班根本没有成绩好的学生看不起后进生的情况，相反，他特别谈到班长胡夏融当年对他的帮助，和临近毕业时，班上成绩拔尖的同学是如何在每天晚上为班上落后的同学补课的事儿。

邹冰的话一直吸引着大家。最后眼看下课时间快到了，邹冰只好停止了他的讲述，他说："要讲在李老师班上的事儿，实在太多太多，根本讲不完。"我说："反正我们还要在这个学校同待一年，以后还有机会请你来我班嘛！"

最后我对同学们说："邹冰虽然只讲了几个小故事，但同学们已经感受到了李老师以前的学生是如何营造温馨的班级氛围的。我坚信，这也是我们在座每一个同学所期待的班集体，而这样的班集体一定能够在我们的努力下建成！"

同学们热烈鼓掌。这掌声，首先是献给邹冰的。

但遗憾的是，补习一年后，邹冰还是没考上大学。他当兵去了。

十五

有一年春节期间，有人敲我的家门。打开一看，这不是邹冰吗？他一身戎装，憨憨地对着我笑："李老师，我来看看你！"我赶紧握住他的手把他往屋里拉："快进来！"

他却挣脱我的手，说："不了，出租车师傅说不熄火，等我呢！"

我一愣："怎么回事？"

他说他今天探亲刚回成都，一下火车便上了出租车准备回家，但他叫司机先绕行到我家，说要先看看老师再回家。于是，司机便在楼下等他。

我说："哎呀，邹冰，来都来了，就坐一会儿吧！"

他却一边退着走，一边对我说："不了，我看到李老师了。我得走了。过几天再来看您！您多保重！"

十六

这篇文章前天在北京回成都的飞机上开始写的，然后我又抽空断断续续地写。几天来一直沉浸在对邹冰的回忆中。可我已经和他失去了联系，他也不给我联系。我心想，这家伙现在在哪里呢？这“没心没肺”的邹冰，难道把他的李老师就给忘记了吗？

昨晚在QQ上和胡夏融聊天，我说我正在写邹冰。当年，胡夏融可没少帮邹冰，也被邹冰气过。他说：“邹冰可是有很多故事啊！”我问胡夏融现在可有邹冰的信息，他说：“邹冰现在好像在国航工作。”他给了我邹冰的手机号。

当时我就想拨通邹冰的手机号，但想到已经深夜，还是明天给他打吧。

今天早晨上班一出门，我便拨邹冰的电话，结果听到的是“您拨打的电话已关机”。我一看表，哦，才六点过，这家伙可能还在睡觉。

八点过来到办公室，我再次拨通邹冰的电话。“请问哪位？”一听就是邹冰的声音。

我有点激动，但我还是平静地跟他开玩笑：“邹冰，你就应该知道我是谁了！”

他的声音突然激动起来：“是李老师！我一听就是李老师的声音！”

我俩都很激动，便聊了起来。

他现在果真在国航工作，负责值机。

我说：“我经常乘坐国航的班机，是国航的金卡会员呢！”

他说：“那你以后要坐飞机，就提前给我打电话，我一定给你提供最优质的服务！”

2013年5月，我和邹冰在机场相见

我想到邹冰当年一直幻想着当飞行员，还曾想象驾着飞机回校看老师，现在虽然他没当飞行员，不过他的工作是指挥飞机，也差不多，呵呵！

我问他是不是正在上班，他说没有，今天他休息，正在办“准生证”。

他得意地说：“李老

师，我要当爸爸了！”

“哈哈！祝贺！”我觉得邹冰还是个孩子嘛，怎么居然也要当爸爸了呢？不过仔细一算，他今年28岁了啊！

我们聊起了一些同学，聊起了班上的生活。他说他至今还保存着有他封面照片的《今日中学生》杂志。我向他核实当年出走的细节，他给我说了当时的经过，然后有点不好意思地说：“当时我经常气李老师。”

我问他是不是当兵回来后便到国航了，他说：“不是。我当兵回来后，通过函授拿到了电子科大本科文凭。先在电信工作，后来才到的国航。”

“电子科大本科”“国航”……退回十多年前，我无论如何不会把这些词和邹冰联系在一起。

如果说当年邹冰让我爱恨交加，现在，只有爱了。

不，还有欣慰，更有骄傲。

苏畅：立志做“精神贵族”

今天上午，几年前我在成都盐道街中学外语学校教过的学生苏畅、徐放和卢沙洲来看我了。

苏畅是昨天给我打了电话说要来看我的，但我没有想到和他一起来的，还有徐放和卢沙洲。徐放长胖了，我开始没认出来。卢沙洲也长变了，以前是个小姑娘，现在是个美丽的大姑娘了。

今天见到苏畅，感觉他比过去更高了，一米八一的个子。他说他大学毕业了，但已经申请到去加拿大深造的机会，不久就将远赴加拿大。他说他还记得我当年送他的龙应台的《野火集》。然后和我讨论中国的改革，当今的社会等等话题。

看到苏畅，我就想到以前教他的情景。他是彝族人，很善良，很刻苦。记得有一次，和他同寝室的卢露学习不努力，我找他谈心，卢露就说很佩服寝室里的苏畅，他说："我就是缺乏毅力。时间就抓不紧，不像我们寝室的苏畅，他就非常刻苦，时间抓得很紧。"

我当时也以苏畅为例激励他："你要向苏畅学习，看到他你就应该感到紧张，进而迫使自己向他学习。周围紧张的环境对你是一种外在的压力，这种压力让你感到不应该放纵自己，而应该奋起直追！"

可见苏畅当时不但在我心中是一个优秀学生，而且在同学心目中也是一个优秀的同学。

但就这么一个优秀的孩子，也曾犯错误。我发现他偷偷在寝室里吸烟！按学校规定，那肯定是要给处分的。记得那天早晨在食堂吃饭，和苏畅坐在一起。说起吸烟给处分的事，他诚恳表示接受。我问他是什么时候学会吸烟的，他说他来自凉山，彝族人很小便吸烟，他们老家的学校吸烟很普遍。我说："那你现在到了成都可不能把这坏习惯带来。且不说中学生守则规定不能吸烟，就是从健康和经济的角度说，也不能养成吸烟的习惯。现在我的一些朋友，每个月买烟都要花掉一千多元钱！"他点头，表示以后不再吸烟了。我又问他是否已经吸烟上瘾，他说那倒没有。我说这就好这就好。

但是仅仅给处分是不够的，还得让这个处分深处学生的心灵。后来我多次找他谈心，非常诚恳地开导他。后来他交给我一篇随笔，他写到了他吸烟——

"要想人不知，除非已莫为。"这句话我今天终于领会到了，我吸烟已经有七八年了，而且上了初中以来吸烟吸得特别厉害。我自己也深知这个是我最大的一个弊端。我其实早就知道会有一天李老师会知道，但是身不由已呀！老实说，我在老家凉山看到吸毒的人多不胜数，前年我小学最好的一个朋友就是吸毒死了的。我真的是伤心透顶了。我恨毒品，细想下来，我这个吸烟距离那个吸毒还有多远呢？

既然已被发现，我恒心已决，不会再在盐外吸一口烟了，若有再犯自动退学离开。这次我真是狠下了决心，我也害怕以后真的想吸得狠了的时候怎么办，我不敢说我百分之百地可以克制，但就算真的克制不住了，我也绝不会去吸一口的，男人要的就是那个定力！

这次学校处分了我，我也没有怨言，自己做了的事就要扛起来。"知错能改，善莫大焉。”但我已经错了好多次了，这次被抓住也未尝不是一件好事，早点结束我在盐外吸烟的日子。面对李老师的严厉批评，我希望真能把我痛斥个痛快，让我受到最大的惩罚！

我在后面批道：别人帮不了你，只有你自己能帮你！还是那句老话——战胜自己！

苏畅果真是个男子汉，后来他真的战胜了自己。

我经常就我的语文教学征求同学们的意见，每次苏畅都能直率地给我提出他的看法。记得有一次期末，我问同学们：“你们觉得李老师本期最好的一节课是什么？”苏畅第一个举手：“上《我与地坛》。”

苏畅可不只是说好话，还有一次，我上了一个单元，课后苏畅对我说：“李老师，我觉得你最近的课上得不如以前。”

我的学生中，像苏畅这样直言帮我的学生，可不止一个两个。正是他们帮助我不断提高自己的教学水平和教育境界。

苏畅可能不知道，他还曾经帮我转化过一个后进生。这个后进生叫余鑫，说起他我真是一言难尽，总之几乎中学生所有的缺点，余鑫一样都不缺。他自己也曾对我说：“我除了不吸毒，什么坏事都干过！”

苏畅每到冬天，手上都会生冻疮，整个手就像灯笼一样肿得发亮。记得那天下午第二堂课下课后，苏畅和余鑫急匆匆地跑到我办公室，我以为发生了什么大事：“怎么了？你们这么着急？”苏畅说：“李老师，我的手太疼了！写字都很疼的。”他把手伸到我的面前，我一看，他的手指和手掌都肿胀着，有的地方已经溃烂。

我问：“去医务室看了吗？”

余鑫帮他说：“医务室的医生说，必须去医院看看。李老师，让我陪苏畅去吧！应该去四道街的皮肤病医院，我熟悉路。”

看余鑫的表情，那么急切，仿佛是他的手生了冻疮。

“好！你们去吧！”我问苏畅身上有没有钱，苏畅说有。我给他一百元：“多带些！”

本来我想开车送苏畅，但我一会儿还有课；又想请学校车队师傅送一送，但怕学校没这规矩，便只好把他俩送到学校大门，让他们去赶公共汽车。我一再嘱咐他们："路上一定要小心啊！"

当时余鑫正好已经有了转变，我特意允许他陪苏畅去看病，就是想让他有一个机会体验帮助人的快乐。

已经是晚上七点了，可苏畅和余鑫还没有回来，我担心他们是不是出什么事了，我后悔没有让学校派个车送他们。正在我异常着急的时候，突然看到他们回来了。原来他们转了好几次公共汽车，先后走了两家医院，回来时正是下班高峰期，公共汽车堵车，因此，现在才回学校。

我说："回来就好！我放心了！怎么样，苏畅？"

他说："拿了些药，有内服的也有外敷的。"

我对余鑫说："余鑫呀，今天你能主动陪苏畅去看病，让李老师特别感动！"

余鑫说："因为我想到苏畅对成都街道不熟悉嘛！"

我说："我很高兴你的进步！你应该知道，对你的每一个进步，没有谁比李老师更高兴的了！"

余鑫非常纯真地笑了。

第三天语文课上，苏畅发表值日生演讲，题目是"爱心"，他说他首先要感谢余鑫前天下午陪他进城看冻伤的手，在他最需要帮助的时候给了他爱心；然后他又谈到我们社会有许多人都需要爱心，我们应该向他们献出我们的爱心。

下来之后，我让苏畅把他对余鑫的感谢之情写成文字。苏畅果真写了一篇随笔，我把这篇随笔打印出来给了余鑫，让他感受一下助人的余香——

现在被金钱、名利、个人得失所迷蒙了的社会，似乎感受不到一点温暖，走在街上处处可看到因要钱而被人骂得狗血淋头，在公交车上常常会为一个座位而争论不休。但要相信，人间还是有温暖存在的啊！

前天我的手因冻伤而痛苦难忍，苦于自己又不是成都人，连东南西北也搞不清楚。正当痛苦与惆怅之际，同寝室的余鑫毫不推托地愿带我到城里看医生。感激，那是当然的了，我还抱歉耽误了他半天的课程。我俩坐车到了城里看着车来车往的大街，穿梭在喧闹的都市里我们两个都有种被遗弃了的感觉。到这个医院看了不行又到另一个医院，拥挤的汽车让我俩有无穷的累意，可是余鑫没有一句的抱怨。在医院又是挂号又是排队，真的没想到上个医院都这么麻烦。在街上听到余鑫的话：“朝左拐，直走，我们要坐 16 路车……”他就像是我的一个导游，可这种“导游”的爱心已让我感到了人间自有真情在，由于他的存在让我感到了幸福。李老师“让人们因我的存在而感到幸福”这句话，我刚听到的时候似乎觉得很遥远，用今天的话来说就是不现实。但事实证明我错了，从这起我在心里也督促自己时刻谨记“让人们因我的存在而感到幸福”。我也想像余鑫那样给予需要我帮助的人帮助，想像他那样给沉没在惆怅与痛难中的人一点心灵的安慰。

我衷心地感谢余鑫，在我心中他依然是没有被个人利益污染的人，他在我心中还是那么的纯朴。

余鑫看了苏畅的随笔，嘴上没说什么，但表情很感动。我想，此刻他的内心深处一定特别暖，特别亮。

苏畅的语文成绩不是太好，我使鼓励他多读书，我还特别赠送了他一本龙应台的《野火集》。他果真听从我的建议，大量地读课外书。期末的时候，他写了一篇随笔总结他一学期来阅读的收获——

明天就是本期所有课程的一个结束，五个月来的长途奔波总算要告一个段落。我真的累了，我想要休息一下。我立志也要成为一个精神贵族，李老师最成功的一点，就是为我们多争取了几节阅读课，我不会为高考多几分而放弃阅读书籍。我现在也正充满了课外阅读的欲望，虽然这学期我阅读的文字不是很多，但我已经被感染，这两个星期把阅读课用来复习，我还是很感到沮丧的。书散发出来的那种香味我很想浸泡在里面，每天都不断地吮吸着其中的精髓从而提高我人格上的修养和精神上的慰藉。

一本书可以影响一个人的一生，这一点都不假，我现在甚至认为要想提高档次，课外阅读是必经之路，就算花了大量时间去阅读，但不能提高语文成绩，我也心甘情愿。我现在明确了，高中这三年，我不只是等待大学的录取通知书，我要让盐外成为我精神崛起的园地。我真的想丰富精神世界，我不愿让我只以一个躯壳的形式存在，我要感情丰富，内心的旋律流畅不息，能感受得到优秀文字中的真谛，为之振奋或沮丧甚至是冲动。

在我们有限的时间里，我的确应该尽量去读些帮助很大的文字，那些既无害处又无益处的文字还是应该回避为好，那些消遣的文字与我们现在宝贵的时间搭配不上，就好比是浪费生命。

这次放假，我不会再像从前一样把我的生命虚度，我要阅读，我要更亲近文字，更亲近作者。目标：看完剩下的《鹿鼎记》《林则徐传》《杨振宁传》《家》，如果时间还宽裕再一起看完巴金的《春》《秋》。虽然作业会很多，但我不会因为它们而停止我的阅读，也不会为此而成为我放下书籍的借口。我要区别于一般的高中生，精神上的装饰我必须去让它多姿多彩。我不愿麻木，一天浑浑噩噩地过日子！

读到这样的文字，我说不出的高兴，因为学生开始喜欢阅读优秀的经典书籍了，这是他们精神成长的必经之路。尽管包括苏畅在内的许多同学，本期读的书并不多，但他们有了这个认识，我也很满足了。毕竟才一学期嘛，精神之旅刚刚开始。

期末，我给苏畅写评语，是这样写的——

你是最让老师感到骄傲的学生之一，也是最让全班敬佩的同学之一。你来自大山，有着大山一般的坚强与纯朴。你对人特别善良，只要是为同学为集体效力，你总是不遗余力。你给同学们留下最深刻印象的，是你紧迫的时间观念，你总是抓紧分分秒秒学习。正是靠这种精神，你的学习取得了很大的进步。你还富于正义感，对一切邪恶的现象表现出深恶痛绝。愿你永远保持你的善良而正直的童心！

徐放：青春期的思想逆反者

徐放来看我，我有些惊喜，不只是因为事先不知道他会来，更重要的原因是我没想到他会来看我，因为当初他是一个很叛逆的孩子。

教他的时候，他给我的大体印象是很有书卷气，平时话不多（至少在老师面前话不多），可常常违纪，被我批评过几次；他比一般的学生更喜欢读书，而且阅读的书还不少，大多是文史方面的书，然而他非常偏科，典型的重文轻理；他很有个性，有自己的想法，有时候表现出特别叛逆。所谓“叛逆”不是我一个人的看法，其他老师也有类似的看法。

记得开学不久的中秋晚会上，他发言说到《基督山伯爵》和《水浒》，进而谈到中西方对生命的态度。这个发言让人一下感到他比其他学生更有“想法”。后来他给我写了一封信，内容我记不得了（当时没保留），但我很快回了一封信。我的回信是这样的——

徐放：

来信认真读了，语言不多，但我感到你很真诚。我就喜欢这样，有一说一，有二说二，不说违心话。略微感到不满意的，是我惊讶于徐放的字竟然写得这么糟糕！因为在我的眼中，徐放是一个有书卷气的同学，有书卷气的人字不应该写得这么丑。建议你把读书的时间挤一点来练练字。

你虽然对我还有一些隔膜（这很正常），但我却很欣赏你（我也不是说假话），因为凡是爱书的人我都欣赏。感觉你很爱读书，这非常好。文科学习有两个重点，一是必须有广阔的阅读面，二是必须重视数学学习。如果有机会，以后我们可以交流一下各自的读书。我的书架上的书可以向你开放。

中秋晚上你说到读《基督山伯爵》与《水浒》的联想，就感到西方人重生命，而中国人轻视生命。当时我就觉得这个观点是可以讨论的。当然，就一般意义上，这个观点会有许多论据做支撑。但恐怕还不能一概而论。中国传统文化更注重“气节”，所谓“杀身成仁”，但也不绝对。比如，在孔夫子那里，老先生是很重生命的：“厩焚。子曰：‘伤人乎？’不问马。”而法国大革命对生命的毫不留情，使雨果不得不对这种血腥发出质疑：“在绝对的革命原则之上，还应有绝对的人道主义！”所以，我觉得读书需要思考，但思考需要更广泛的阅读。不然有些结论就显得似是而非。关于生命，这个话题太复杂，非三言两语能够说清，我这里只是随便说说。如果可能以后还可以讨论和争论。

至于你说到你学习投入的问题，我想，如果你真正是对自己负责，你该怎么做，这是不用我多说的。纪律方面，我相信你也会慢慢成熟起来。

好，不多写了。

谢谢你对我的节日祝贺！

代我向你爸爸妈妈问好！

你的朋友　李镇西

2005 年 9 月 20 日

但当时我对他很忧虑，因为他学习上比较懒散。有一次我找他谈心，我对徐放说："你很聪明，爱读书，但据一些老师说你不太爱动手，作业不太认真。你可不是天才呀，要想一边玩一边考大学，除非你是天才。如果照你这样下去，是不可能考上大学的。但如果你改变了目前的学习状况，你就能够考上大学，到时候我比你还高兴呢！"

一次家长会，我把和他类似的学生以及他们的家长留下来单独强调。因为那次徐放没考好，而他居然还满不在乎，我很生气，于是我当着他家长的面说了类似于"你不要以为你很聪明自以为有天赋"之类的话，没想到这些话，让他很受刺激，他给我写了一封信——

李老师：

你好！今天开了家长会，对于你在家长会上说的关于我的一些话，说实话，我是不屑一顾的。当然，我不是对李老师你有什么看法或是对你批评我而感到不满，只是不赞同。对于这次的考试成绩，确实考得不好。李老师，跟你说句实话，高一进这个学校以来，除了语文课我要听以外，其他科目我基本上没有听过课（希望李老师不要把这话告诉我的父母，倒不是因为我怕挨骂或其他什么，我只是不希望我和父母之间的隔阂因此变得更大），所以半期考了这么个不算太差的成绩，我没有什么遗憾。看到这儿，李老师你一定很愤怒吧，一定觉得我是一个不思进取的人。我前面说的那些，只是想说明，我有自信也有实力能够学得很好。我不是已经到了强弩之末，而是还未拉弓。我说这话一定让李老师你觉得我是一个很狂妄很自以为是的人，其实不是的。李老师你在家长会上说我自以为有天赋，我是不接受的，因为我从来不觉得我比别人厉害，比别人聪明。最近有个同学跟我说：“你上政史地不听讲，又不复习，你凭什么考得比我好？”我当时只是对她说这次是运气好。其实，虽然我上课没有听讲，但我所看的历史书籍比她多，我在看书的过程中形成的对文字的理解能力比她强，所以我能自己理解政史地的内容。这也是我平时努力的结果，绝不是有天赋。今天李老师你说我考不上大学，那请你等上一年半，看我考不考得上大学！

我上课不想听是因为我不希望我的青少年时代被学习填满。有同学在随笔里面写道，她每天很努力地学习，整天安排得满满的，她感到充实但不幸福。我在想，学生难道就应该不幸福？现在功利主义教育向学生们宣扬，现在吃苦是为了以后快乐，找到好工作，赚大把的钱，生活舒适。我想问问，用青春期的幸福换取未来的幸福是否值得？那可是人一生中最美好的时光啊！而换来的又是否是真正的幸福？老师们说学习也很有趣的，比如做出一道数学题，就会感到很快乐，我并不否认。但是，当我们的生活只剩下这种快乐的时候，我们是否真正快乐？

父母在子女考了好成绩时感到幸福，老师在学生取得进步时感到幸福。我只是追求自己的快乐，而没有使父母、老师因我的存在而感到幸福，我确实太自私了。好吧，我要开始努力了！！

徐放

2005年11月17日

我看了这封信，感到了一种不安，因为我无意中“伤害”了徐放的心，看来我家长会上的话是说重了一些。但是信中的一句话却让我很高兴，这句话是：“今天李老师你说我考不上大学，那请你等上一年半，看我考不考得上大学！”其实，我绝对没有说过徐放考不上大学的话，也许是他误解了吧。不过，如果徐放真是这样想的，我真的很高兴。

我给他回了一封信——

徐放：

读了你的来信，我真是很高兴呢！看来你还不了解我，居然以为我读了你的信会很生气。怎么会呢？没有什么比坦诚相见更让我感动的了。你说你写这封信“绝对是很真诚的”，这才是真正的朋友！

我没有想到那天晚上家长会上的话会让你这么生气，如果我的那句话真的伤着你了，这里向你道歉。不过，我可没有说过你考不上大学啊！（你冤枉我了，得向我道歉，呵呵）我仔细读了两遍你的信，感觉那天晚上我说的一番话还真有作用，把你的心里话给引出来了。试想，如果我不刺激你，你会给我说“请你等上一年半，看我考不考得上大学”这样的话吗？而这样的话，让我多么高兴啊！

可能我刚到这个班你对我还没有什么感觉，但说实话，我第一眼看到你就非常欣赏你了，原因很简单，我就特别喜欢读书的孩子。所以，尽管你和我接触不多，几乎没有交流，但我一直很欣赏你。只是前几天突然听说你其他课的学习很懒，不动笔，我一下就觉得非常着急。你想想，一个老师对一个学生寄予那么大的希望，当他得知这个学生居然不努力学习的时候，能不着急吗？不过，现在我不着急了，第一，你已经认识到自己的问题了，第二，你开始“拉弓”了！（你信中“强弩之末”和“没有拉弓”的比喻特别好）所以我绝对会相信你的！说到“天赋”，我认为，你当然不是神童，但你在某些方面的确有些过人之处，这就是你的阅读理解和思考的能力，这也是我喜欢你的一个原因。所以，我可以断定，你能够考上大学，而且是重点大学！

你信中对现行教育制度的抨击，正是我多年来在讲学和文章中所表达的意思，只是你还不如我尖锐而激烈。我有一篇抨击现行教育弊端的文章，题目就叫作:“教育，把童年还给童年！”我同意你关于快乐和幸福的看法，我曾在一篇文章中写道:“如果从理论去阐述‘教育’的意义，我们可以从‘促进社会进步’‘促进儿童个性的全面发展’等方面洋洋洒洒地说出一大堆毋庸置疑的道理。但是，对于一个具体的孩子来说，‘教育’意味着什么呢？我认为，首先意味着让他成为一个现在就感到快乐的人。需要解释一下:这个‘快乐’显然主要不是指吃得好穿得好，甚至也不仅仅是成才以后将来谋得一份好职业以便过上好日子，而是孩子在受教育的过程中，不仅充分体验到求知的快乐，思考的快乐，创造的快乐，成功的快乐，而且还充分体验到论述纯真友谊的快乐，来自温暖集体的快乐，来自野外嬉戏的快乐，来自少年天性被纵情释放、青春的激情被随意挥洒的快乐……还孩子以快乐，这应该是充满真正人道主义的素质教育献给孩子的一份‘礼物’！”在另一篇缅怀陶行知先生的文章中，我还这样写道——

愧对你呀，先生！您曾呼吁给孩子们以“六大解放”：“一、解放他的头脑，使他能想；二、解放他的双手，使他能干；三、解放他的眼睛，使他能看；四，解放他的嘴，使他能谈；五、解放他的空间，使他能到大自然大社会去取得更丰富的学问；六、解放他的时间，不把他的功课表填满，不逼迫他赶考，不和家长联合起来在功课上夹攻，要给他一些空闲时间消化所学，并且学一点他自己渴望要学的学问，干一点他自己高兴干的事情。”然而，如果您知道现在的中学生早已没有了星期天更难得有机会走向大自然，甚至有学生因为学习压力太重而自杀乃至向母亲举起了榔头，先生，九泉之下您能够安息吗？

愧对您呀，先生！您曾对教师们说过一段十分感人的话：“您不可轻视小孩子的情感！他给您一块糖吃，是有汽车大王捐助一万万元的慷慨。他做了一个纸鸢飞不上去，是有齐柏林飞船造不成功一样的踌躇。他失手打破了一个泥娃娃，是有一个寡妇死了独生子那么悲哀。他没有打着他所讨厌的人，便好像是罗斯福讨不着机会带兵去打德国一般的怄气。他受了你盛怒之下的鞭挞，连在梦里也觉得有法国革命模样的恐怖。他写字想得双圈没得着，仿佛是候选总统落了选一样的失意。他想你抱他一忽儿而您偏去抱了别的孩子，好比是一个爱人被夺去一般的伤心。”然而，如果您知道现在的“应试教育”已使孩子过早失去了童年而教师也不得不狠着心肠撕碎了学生的纸飞机、收缴了学生的随身听、漠视孩子的童趣、斥责孩子的顽皮……先生，九泉之下您能够安息吗？

从某种意义上说，作为中学教师，我非常痛苦，一方面清醒地意识到现在的教育是在扼杀孩子的青春，一方面却又不得不无奈地充当着“帮凶”！我认为，教育的改造不是一朝一夕所能完成的，也不是靠我一个人振臂高呼所能够实现的，需要无数人多年不懈地努力。作为一个痛恶现行教育弊端而又置身其中的我，只能在妥协中一点一滴地进行一些改革。这点相信你能够理解。其实，“应试教育”最大的受害者还不是学生，而是教师。你们毕竟毕业后便永远地冲出了“应试教育”的牢笼，而我们教师，还得年复一年受其折磨！在没有能够改变现状的情况下，再说直接一些，在无法躲过现行高考制度之前，包括你在内的许多学生，还不得不承受许多痛苦而为高考做准备，这很不人道，但也没有办法，你说是吗？

再次感谢你对我真诚直言，你“头一遭”写信给老师，收信人便是我，我很荣幸啊，呵呵！你的书信手稿我可得好好珍藏，说不定若干年后你成了大学者，我还可以拿去拍卖个好价钱，哈哈！

不多说了。祝你开心，并期待着你期末成绩让人刮目相看！

你的朋友　李镇西

2005 年 11 月 19 日

当时写这封信，我真没把徐放当作学生，而是当作朋友和他探讨教育。

2006 年元旦前我就给徐放准备了一份新年礼物，也是一本书，叫《一生的计划》，但我竟然忘了给他。元旦后我把书送给了他，说："这也算是我提前给你的生日礼物吧！"然后我嘱咐了他几句："你可能对李老师有些误解，但李老师是很欣赏你的。正因为如此，我也要严肃而真诚地指出你的问题，你现在比较偏科，不喜欢的功课你就不认真学，这可不好，即使是为了高考，也要学好，因为高考要考。你的信我至今保留，希望明年听到你高考的好消息！"

他很诚恳地点点头，说了声“谢谢”，便离去了。

后来没等他高三毕业，我就离开了盐外，来到了武侯实验中学。几年来，那个班的不少学生都和我有联系，但徐放没再给我联系。

这次见到徐放，现在的徐放书卷气依然，但比过去更成熟了。当苏畅和我侃侃而谈民主的时候，他更多的时候是在一旁默默地听着。后来我和苏畅谈到“民主是一种生活方式”时，徐放开口了："其实，所谓民主，应该从我们每一个人做起，我们做好了自己，让自己成为一个有民主素养的人，中国的民主就进步了。"

我完全同意徐放的观点，我说："我特别欣赏元旦期间在微博上读到的一段话，你所站立的那个地方，正是你的中国。你是什么，中国便是什么；你有光明，中国便不黑暗——有怎样的微公民，就有怎样的大中国。"

谈到“宽容”，我说现在我常常反思自己的教育，我们应该对成长中的学生有着怎样的宽容？包括对学校的老师，我们也应该有一种思想宽容的胸襟。当我们自以为真理在手的时候，容不得异见便是情不自禁的了。

想着徐放的当初，看看他的现在，我不禁想，我们的校园里，还有多少“徐放”需要我们的宽容与引领啊！我们应该如何对待那些有个性有思想甚至有些叛逆的孩子呢？

徐放说他已经大学毕业参加工作。我一下想到了几年前他信中的那句话：“今天李老师你说我考不上大学，那请你等上一年半，看我考不考得上大学！”

我问他还记不记得那句话，他说有点印象。

我说：“徐放，你赢了！”

廖凯：普通善良的劳动者

前天中午，我去簇桥镇街边一家面馆吃面。刚买了牌子坐下，后面有人叫我：“李老师！”我回头看，是面馆里的一个小工，再仔细看，我叫了起来：“廖凯啊！”

那一刻，我们都很激动。

廖凯是我去年送毕业的学生。一年不见，没想到在这里相见。他长高了。

我问：“你怎么在这里？”

他说：“在这里打工。反正暑假里也没什么事。”

我问：“辛苦吗？”

他说：“早晨五点到下午两点，很累的。”

我又问：“一个月挣多少钱？”

他说：“一千二。”

我说：“不多，但这是你自己挣的。”

他说：“嗯，我也是这样想的。”

不一会儿，廖凯亲自把我的面端来："李老师，吃吧！"

我看面馆里顾客不少，便说："你忙去吧！不然你老板会说你了。"

他离开我忙去了。看着他在店内忙碌的身影，我给他照了一张"工作照"。不一会儿，他又过来坐在我身旁陪着我，和我聊天。他说他现在就读一所职业高中，学汽修。

我说："那以后我修车找你，呵呵！"

他笑了。

我对他说："要保持你的善良啊！不要沾染不良习气。"我这样说，是因为有的职业高中风气不好。

他说："李老师，我会的，你放心！我们的学校对学生管得很严的。"

我说："你们这职高可以升专科吧？"

他说："是的。但我的想法是以后要争取考本科！"

"太好啦！就是要有上进心。"我由衷地表扬他。

吃完了面，我说："我们在这里合个影吧！"于是，在面馆我和廖凯照了一张相。

离开了廖凯，回家的路上，我脑子里还想着廖凯在我班上的情景。

2008年8月31日，是新生报名的日子，也是我重新当班主任的第一天。那天早晨我很早就来到教室清洁卫生。

四周静悄悄的，虽然还很早，天气并不热，可渐渐地我就满头大汗了。终于把五十张桌子和椅子擦完了，黑板也擦干净了，我便开始在黑板上写字。我在前面黑板写了三行字："让人们因我的存在而感到幸福！""战胜自己！""我们和他们不一样！"然后在后面黑板写上："相亲相爱一家人！"

正写着，粉笔掉地上了，我低头寻找却看不见。这时候进来一个男孩子，我便问他什么名字，他说叫廖凯。我说："欢迎欢迎！你帮我一起找找粉笔！"他也蹲着低头帮我找。

他很快找到粉笔头递给我。这是我在这个班见到的第一个孩子。后来又进来两个同学，问他们名字后，我知道他们分别是吴仁杰和郑长鑫。因为年级组通知开会了，我便安排三个孩子把地面拖了。

等我开完短会回来，教室里已经亮堂堂的了。

八点半到了，孩子们陆陆续续走进教室。那天，在第一次和孩子见面的时候，我特意表扬了廖凯、郑长鑫和吴仁杰："教室地板是他们拖干净的。此刻，我们都因他们的存在而感到幸福！"

开学之初，我让孩子们给我写自己的优点。廖凯写道——

我觉得我的一大优点就是爱交朋友。我的另一个优点就是性格好，每次我和同学吵架的时候，我都会马上放弃和他的争吵。还有我每次和同学玩的时候，他们都会气势汹汹地吵起来，而我会在一旁劝阻他们。

几天后，开家长会。会后在和廖凯母亲聊的时候，她告诉我，孩子回家说起很崇拜李老师，说"李老师好伟大啊"。我笑了，摸着廖凯的脑袋说，你以后一定比李老师伟大！他妈妈又告诉我，廖凯的左眼完全没有视力，只有右眼能够看见。我很担心地问廖凯怎么回事，廖凯很天真地说："可我的右眼视力很好！"我想，以后也得关照一下他。

但不久，廖凯就犯了一个错误。我当时安排同学们每周写随笔，也就是和我书面谈心。但有一次廖凯没写，却把同学的随笔撕下来贴在自己的本子上。我发现后，把他叫到办公室，狠狠批评了他。他表示错了，以后改正。果真，那以后他再没犯过同样的错误。

我出访乌克兰回到学校，廖凯在日记中写道——

今天，是最高兴的一天，因为今天咱们的李老师回来了。李老师一回来，咱们班的教室就比超市还热闹，因为我们十几天没有见李老师了，因此心里十分兴奋。李老师一进来，手里便捧了一个用报纸包起来的东西，真是神秘啊！后来才知道，是李老师在国外给我们买的巧克力。同学们都欢呼起来。李老师的回来，让我十分高兴。

我很感动。元旦前夕，我给班上每个同学都写了一封短信致以新年祝福，当然也给廖凯写了一封信，除了向他表示新年祝福，还勉励他新年学习进步。

元旦后，廖凯给我写了一封回信——

亲爱的李老师：

今天是2009年1月3日，我中午吃完饭后，便拿起笔写回信。

李老师看见你写的信，真的十分感动，那天星期三同学们在看你的信的时候，我听见一个人说了一句："我都想哭了。"我想这人一定是爱你的，和我一样也十分爱你。

李老师我知道你一直想让我们保持一颗童心，面对生活，虽然人总是会长大的，但我也要像你说的一样保持童心，让这个世界更美好。

李老师我一直十分佩服你那一身才华，但我知道想和你一样，就要随时看书……

李老师我知道，我的成绩你一直都十分担心，你放心吧，我以后要认真学习，向张奇同学看齐。

李老师2009年来了，希望你能快乐一些。

你的小朋友：廖凯

2009年1月3日

廖凯的成绩不算好，但纯朴善良。

时间过得真快，当年那个小男孩，现在个头都比我高一大截。看到他现在依然纯朴善良，而且有上进心，我很欣慰。

你们是我永远的青春礼物

我想念你们

昨天中央电视台播放《小崔说事》时，我在火车上。我到现在都还没有看这个节目。但从节目播出开始，一直到今天，都不断收到许多朋友的手机短信，或微博留言谈感受，甚至还不止一个朋友说“含着眼泪看”。其实，我们几个老师面对镜头都有点紧张，发挥得并不是特别好，大家之所以感动，是因为我校的老师所表现出来的爱和敬业精神感动了大家。

在收到的所有反馈中，刚才我在博客上看到的一段留言，特别让我感动和激动——

我是李镇西老师84级未来班的一员，昨日含泪看完了《小崔说事》，未来班的班歌还在传唱，未来班的精神还在发扬。这是老师给我们的精神财富。记得当时毕业时有同学问李老师:“你这样培养出来的我们能不能适应社会？”现在我以我的经历现身回答:是的，我是适应社会的，而且如同老师所希望的那样——正直、勤奋、向上。我做到了。

准确地说，“84级”应该为“84届”，因为这个班的学生是1984年毕业。我是1982年寒假大学毕业，开学便教他们的。算起来，这个班的学生今年应该是四十二三岁了。我不知道留言的这位同学是谁。岁月的流逝没有磨灭当年的记忆——我和我学生的记忆。其实，那时我刚参加工作，什么教育理念，什么教育智慧，什么教育艺术……统统谈不上，有的只是童心、热情和爱，为此我全身心超负荷地投入工作中，投入学生中——

我给孩子们读《青春万岁》，读《红岩》，读《烈火金刚》；我带着孩子们去登峨眉山、凌云山；我教孩子们唱许多革命歌曲并参加歌咏比赛；我们请谷建芬给我们谱班歌，并和谷老师保持通信；我们在岷江之滨燃起篝火，载歌载舞欢度儿童节……因为太投入，我竟然通宵失眠，患上了严重的神经衰弱，最后不得不住院治疗！

但是，学生们对我的回报是丰厚的——

刚参加工作不会用嗓子，不久我的声音就嘶哑了，下班回宿舍，门缝下塞着一包药，还有一张纸条：“李老师，保重嗓子！”我住院前一天，几个女生在我宿舍里哭着给我唱歌，并说李老师养病期间她们一定好好学习；我在医院里，一群学生突然出现在眼前，带来了全班同学对我的祝福；一年元旦的早晨，我打开门，门外放着一束鲜花，还有一张纸条：“祝老师新年快乐！”……

此刻，当我写下这些文字的时候，思绪回到了教84届一班的日子。那时候，我年轻气盛，脾气不好，遇到学生不听话，就发他们的火。然而，他们从来不记恨我。毕业之后，记住的全是我的好，而把我的缺点忘得干干净净。学生对老师总是那么宽容！

说到我们未来班的班歌，这真是让我们难忘的一段经历。是的，班歌一直唱到现在。我们唱的不是一首歌，而是一种情感，一种精神，一种纯真。去年春节我回乐山，和部分84届的学生搞了一次分别26年后的聚会。饭桌上，大家提议再唱唱当年的班歌，当时我惊讶于这么多年过去了，他们居然还记得歌词！如果谷建芬老师知道了她当年为我学生谱曲的班歌，至今还被一届又一届孩子传唱，应该很欣慰吧！

是的，当年不只是学生，更有许多成年人——家长和老师，都多次充满忧虑地问我：“你的教育这么纯，把学生教得这么善良，他们走上社会不吃亏吗？”当时，我无法回答，毕竟我的教育才刚刚开始，但现在三十年过去了，我的历届学生都可以回答：善良，永远不会吃亏！

的确是三十年了。我是1982年1月走出大学校园的，过了春节便踏上了中学讲台——仿佛就在昨天，但时间已经过去三十年了。当年，还不到23岁的小伙子，已经53岁了。但我非常自豪而坦然的是，我胸中的一颗童心，依然和三十年前一样纯净而透亮！正是这颗童心让我不老，也让84届之后的87届、90届、93届……的历届学生都爱我。《小崔说事》中的那个面部曾烧伤小姑娘王露霖，去年在接受媒体采访时，对记者说：“李老师不仅是我的老师，更是我的好朋友！”无论我现在有多少荣誉称号，都不及这句话更让我骄傲！

亲爱的84届的孩子们，你们现在已经是爸爸妈妈了，你们的孩子也已经上中学了。但在我的心中，你们永远是十二三岁的孩子，我想念你们！

正月初一的记忆

因为岳父岳母还住在乐山一中（岳父曾经是我在乐山一中的同事），所以每年的春节我都是在乐山一中校园度过的。乐山一中其实早已迁址，这个校园现在是一所小学了。但站在教师宿舍的阳台上，看着眼前的校园，还有那教学楼，我总是有一种温馨在心头涌动。因为正是在这校园，1982年春天——刚好三十周年前，我开始了我的教育之旅。

每年的大年初一，我都会想到80年代我参加工作后度过的好几个“正月初一”。因为刚参加工作头几年的每年大年初一，我都是和学生一起度过的，直到1988年春节——那时我有女儿了。

去年春节和我的第一届学生聚会，张海波说：“我现在还记得有一年大年初一的早晨，李老师居然在我家楼下叫我出去郊游！我当时还在睡懒觉，妈妈叫醒我，说李老师在楼下叫我的名字。那时候还没有电话，无法提前通知，李老师那么早就来约我去玩。”

是的，那时候没想那么多，就是想约一些朋友出去玩。于是，我就骑着自行车在乐山城里转，叫叫这个学生，叫叫那个学生，不一会儿，一支十几个人——有时候人数更多一些或者更少一些——的队伍便临时组成了。我们迎着进城的人流逆行，来到郊外，或是一个山坡，或是一块草坪，或是一片树林……无论哪儿，只要有我们，那里就是我们的乐园。

与举世闻名的乐山大佛隔江相望，有一个翡翠般的“小岛”。如果站在乐山大佛的位置迎着岷江望去，江右边是鳞次栉比的乐山城；江左边的一片凸出陆地，如凤凰展翅一般，古人称作“扑凤洲”，它的形状其实是大体呈圆形，所以今天很多乐山人又把它叫作“太阳岛”。但由于它与大佛遥遥相对，因此，更多的老百姓便叫它“大佛坝”。

刚参加工作时，我还是个单身汉，有的是时间更有的是精力。于是，我常常爱在课余带着学生到与乐山大佛隔江相望的太阳岛去。

那时的太阳岛，还是一片荒芜。接近江边的地方是一片片低矮但生机勃勃的小树林，树林后面便是一笼笼郁郁葱葱的竹林。天晴的时候，可以看到小树林和竹林全倒映在大渡河上，真是“绿影一堆漂不去”。岛上人家不多，只是稀稀疏疏坐落着一些农舍。除此之外，便是一直浸到江边的野草。

第一次去太阳岛，是刚参加工作的第一个春天。记得当时我和学生一踏上小岛，不禁惊异于在这与喧嚣城市仅一江之隔的地方，竟有这么一片世外桃源！

我和学生们在草丛中摔跤、斗鸡、捉迷藏、打水仗……

在我的相册里，有这么一幅照片：我和七八个学生手牵着手，站在清清的江水中；灿烂的阳光照得我们几乎睁不开眼，但比阳光更灿烂的是我们每一个人脸上的笑容；我们背后的远处，隐隐可见乐山大佛那永远庄严的表情……

照片的题词是“永远的回忆”。

记得那次我先是和学生在岛上玩“瞎子猫”，即在一个划定的圈子里，“猫”的眼睛被手绢蒙上，然后去逮身边乱窜但好像总也逮不到的“老鼠”们。

我自然是在学生的起哄声中当第一个“猫”。当我两眼漆黑，醉汉般地挪动双腿去逮，不，准确地说是去“摸”那些“老鼠”时，耳边只听见学生们得意的声音：“来呀，来呀，我在这儿呢！”当我循声去抓时，周围是一阵惊叫和大笑，我自然是什么也没有抓到，只好继续我黑暗中的摸索。

每每这时，学生最兴奋也最“嚣张”，他们想尽办法捉弄我：时而在我的耳边“啪”地拍一下手掌，时而用小草拂我的脸，时而用小树枝打我的屁股，时而将一截朽木横在我的脚下使我不小心绊一跤，有的学生甚至干脆用手掌在我头上、背上猛击……

我终于抓住一个女同学。于是，该她当“猫”了。这次，我可就神气了：把自己刚才所受的“欺侮”统统还给她！

然而，毕竟我不如孩子们动作灵巧，在我自以为敏捷地拉了她的小辫之际，我的手臂一下被她抓住了！情急之中，大声说：“你抓的不是人！是一棵小树！”说着我还真做出树干的造型。

这位女同学当然知道是我，却故意说：“那好，让我再仔细摸一摸！”我只好僵硬地保持树干的姿势。

她摸到我的手指了，问：“这是什么？”

我答：“是枯树枝！”

她摸到我的耳朵了，问：“这是什么？”

我答：“一片树叶！”

她又摸到我的头发了，问：“这又是什么？”

我答：“树上长的草！”

周围的学生早已笑得躺在地上打滚……

然后，我们脱下鞋，挽起裤腿，来到江边蹚水。透过清澈的江水，一块块五彩斑斓的石头颤动着，格外美丽。我和学生弯着腰，在水中拾捡着各自喜爱的石子。每捡一个，我们都要对着上面的花纹图案做一番“考证”：

“这是一只蝴蝶。”

“这是孙悟空的眼睛。”

“这是峨眉山导游图。”

……

我手里也拿着一块浑圆的黄色鹅卵石，学生们便问我：“李老师，您说这个是什么呢？”

我不假思索地回答：“猪八戒屙的屎蛋蛋！”

又是一阵笑声回荡在岷江上空……

刚参加工作的头五六年，每年春节的大年初一，我都是和学生一起度过的。常常是每人从家里带一样食物：你带香肠，我带腊肉，他带年糕……然后便或骑车或步行向野外奔去。这样的场面我和我的学生已经见惯不惊了：新年的早晨，乡下的农民身着新衣面带喜气三五成群地向城里拥来，而我们也喜气洋洋却“逆历史潮流而动”向乡下扑去。有时候，我们站在山坡上，透过刚刚抽出粒粒嫩芽的树枝，看着山下公路上小蚂蚁一般赶集的人流，真是别有一番情趣！

有的小事，也许太“鸡毛蒜皮”了，当时也许我和学生们都不觉得多么了不起。但如今回想起来，却是那么温馨甜蜜，有滋有味。

比如 1985 年的大年初一，我和几个学生在太阳岛上与水牛的一次“较量”——

那天早晨，城里多数人还在梦中，我和王伟、荣建、汪皓、黄靖、罗晓宇还有她妹妹等几个人就已过了江，沿着岸边向大佛的方向走去。路上，我们谈论着昨晚的春节晚会，谈论着陈佩斯和朱时茂的小品……

前面出现了一头水牛，它横在路上，两眼鼓鼓的，直瞪着我们。

王伟兴奋起来：“嘿！牛年第一天，我们就碰见了牛，真是牛年大吉啊！”

汪皓等几个女同学却不敢过去，因为，那牛的尾巴一扬一扬的，似乎随时都要横扫过来。

荣建说：“让我把它撵走！”于是，他嘴里叫着“吁——”

可牛儿纹丝不动，如雕塑一般。

王伟出了个鬼点子：“我们放爆竹，把它轰跑！”

“不行！”我赶忙制止，“如果牛一受惊，那可不得了。”

大家都没办法了。这时，那牛仿佛得意了起来，昂首大叫：“昂——”同时，尾巴一翘，竟“啪嗒，啪嗒”地拉起屎来！

大家顿时笑了起来。

荣建却说：“有了。我们把爆竹插在牛屎堆里放，声音不会很大，牛也许会走的。”

“那用一根小爆竹试试。”我勉强同意了，因为我也觉得挺有趣。

荣建蹑手蹑脚地绕到牛屁股下面，一只手捂着鼻子，一只手把一个小小的爆竹插进还冒着热气的牛粪堆，爆竹插得很深，只露出一截引线。然后，小心翼翼地点燃了引线。

“快隐蔽起来！”我和学生们飞快地跑向远处的草丛，然后紧张地伏在地上，等待着巨响。

然而，并没有我们想象的惊天动地，只有“噗”的一声闷响。声音不大，不过牛粪倒是四处飞溅。

那牛儿小吃了一惊，后腿提了一下，然后，终于甩着那潇洒的尾巴走了。

于是，我们欢呼着继续朝前走去……

让泪水飞

三月初的一天，王绍华校长突然向我转告一个来自省教委的通知，要我于三月下旬赴京参加教育部组织的骨干教师培训。我很震惊："现在，学生正值临考的关键时刻，怎么……""既然是上面的安排，还是服从大局吧！"从校长办公室出来，我的脑子很乱很乱，只有一点很明确：这事暂时不能让学生知道，不然他们情绪波动，学习肯定会受到影响的。

几天后，我打开电子信箱，突然看到一封没有署名的信——

李老师：听说你要走了，请回复这是真的还是假的。我们都很喜欢你。

不用说，这是学生发来的。这封电子邮件还附有一张风景贺卡，上面也只有短短的一行字："你真的要走吗？不要走！"

我怎么回这封信呢？但又必须回。于是，我只好这样回复——

我现在肯定不会走。时间会证明一切。我也很喜欢你们！只是经常忍不住发你们的火，我很内疚。我现在唯一的愿望，是你们抓紧分分秒秒学习，中考获胜！你永远的朋友李镇西，3月11日。

过了两天，即3月13日，是个星期一。下午，我刚回到家里，就听见门铃响了。开门一看，是李之和周晓竺。我请她们进屋，可她们却说"不了"。李之递给我一个大信封："我们要说的，都在里面。"回到屋里，我拆开信封，是四封信——

敬爱的李老师：

您好！

我知道您明天就要走了，我已无法表达我的心情。前几天为郭丽娜和郭锐开欢送会时，您对我们说了一句话："我最近比较烦……总有一天你们会明白的。"那之前其实我已知道，我总怕您走时我们都不知道，也怕听见您说那令人心酸的消息。每次我想起时，我的鼻子就酸酸的。虽然，我与您接触的时间很短，我才转到这个班一学期，但我感到您是我所认识的所有老师中最好的！您不断地教育我们，帮助大家，特别在我刚来时，您对我的鼓励，使我无法忘记。我想，您的教诲，不仅对我，而且对大家都有帮助。您的班级和您的学生永远都爱您！我也为我能在这样的好班级中学习而感到幸福。每当我听见同学们津津有味地讲青城山的故事时，我总是感到羡慕。但是我总是想，我们还会有机会一起去的，可是，现在……

在您教我的这一学期里，我各方面的进步都很大，特别是在语文的作文方面，我感觉我现在特别感兴趣。这是在您的帮助下，教导下，我所获得的进步。还有做人的道理，我也懂了很多很多。我很喜欢您的语文课！特别是作文课，每堂作文课，您都教我们怎样观察生活，怎样看待人生，怎样构思，怎样做人，使我们对自己的前途充满了信心……

我相信，在以后的日子里，我会做得更好。我会用自己的行动来报答您。不仅是我，我们大家，就算您不在这里，在您回来时都会听见我们的好消息。我知道您也舍不得大家，您的内心很烦。但您又不愿意为此而影响大家的情绪，因此您迟迟没有告诉大家。(我想)……

我还有很多话要说，可是时间有限。希望有时间能再和您聊天，听您讲课！难道您真的愿意离开我们吗？况且在这关键时刻……

此致

敬礼！

爱您的学生：成梅

2000 年 3 月 13 日

敬爱的李老师：

你好！

前几天，突然听到了你要走的消息，脑子里一片空白。我以为这只不过是说笑，可是现在终于知道这是真的。那天中午，你告诉我们你最近比较烦，说我们还小，有许多事不懂。我知道你是尽量地隐瞒这件事，也在努力地让自己的眼泪不要落下。

星期六，没有看见你的身影，我以为你走了，就这样无声无息地走了，没留下一句话，也没有说上一句“再见”。可是，今天早晨，我又看见了你。我高兴极了。从来没有这么高兴过！是真的，从来没有过！早晨的语文课，你居然可以照样上得如此轻松，看不出有什么异样，还笑着逗我们。你的笑让我好心酸。可以想象，其实在你的心里是多么难过。

不错，刚听说你要走的消息时，我很难过，无法接受这个事实。确切地说，我很恨你，恨你在这个时候离开我们，恨你丢下我们不管，更恨你不告诉我们一声……

可是现在，我想通了。你说我们小，不懂事。可是我要说我们不小了，也懂事了。你要走，相信你心里也不好受，很舍不得我们。你是被迫离开我们的，对吧？所以我们也不能太自私，我们爱你，舍不得你，但同时我们也理解你，支持你。我要让你知道，这三年来，我们已经从一个不懂事的孩子长大了，而我们之间的情感，也不会因为你的不辞而别而淡去。

在临别之前，我只想说：李老师，我们已经长大了，你真的可以放心地离去，我们会想你，等着你，永远爱着你；而当你也想念我们的时候，请看看满天的星星吧，那是我们在对着你笑。（对不起，我还是让你担心了，因为这封信是在课堂上写的。我保证，这是第一次，也是最后一次。你相信我吗？）

永远爱你的学生、朋友：尹萍

2000 年 3 月 13 日下午 3 点 45 分 18 秒

李老师：

其实，拿着这张信笺却有不知说什么的感觉。听说您明天就要走了，想了很久该不该给您写这封信。这几天，同学们的情绪都很不好，大家议论着您要走的事，说着说着我们就要哭，尤其是上课时看到您微笑依旧，我们就更有一种心酸和怅然。

我们已与您相处了近三年，您表扬过我们，批评过我们，鼓励过我们……我们现在想起来真是感慨万千。还有您与我们玩时的情景也一样历历在目。我本以为您可以和我们一起走过这初中的三年，也以为毕业那天与您分别我会很平静，现在才知道我真的无法做到与您分开而没有伤感。也许以前所有的不愉快、误会在分别时都会烟消云散。那天向启很认真地对我说："组长，李老师真舍得走吗？"我说："不会。"他居然目光茫然地对我说："我好不舒服！想起的全是李老师的好！"还有前几天考体育，同学们都说："李老师要能来给我们加油多好！"其实我们都很理解您。您说过"人的一生都在学习"，您也应该为自己的理想而奋斗。只是，李老师，您走了，我们怎么办？我一定会很不习惯的，同学们中间流传着一句"班级名言"：习惯了其他老师再习惯李老师很容易，习惯了李老师再习惯其他老师困难。我们已经习惯有您了，李老师，我不知道以后为我们上语文的老师是谁，但我们看到讲台，放学时看到校门对面的院子，真是眼泪止不住地掉！也许您又要批评我们了，但我们真的舍不得您走。

泪眼盈盈／伤感的季节／有你的岁月／魂牵梦绕忧伤哭泣的心／难以形容／今天清凄细雨依旧／明天渴望能再看到你微笑

在北方，李老师，紧张的学习之余要记得照顾自己，晚上也早点睡。希望您每一天都有阳光，在想念我们的时候，望一望夜空的繁星。两年多来您对我的帮助，我永远不会忘记，请接受我最真心的感谢。

也许明天您就要走，努力去奋斗，不要回头！珍重。

您永远的朋友　李之

2000 年 3 月 13 日

李老师：

已经没有任何语言可以形容我现在的感受，我实在无法相信您竟会在此时离开我们！回想两年多来和您在一起的日子，虽然以前我一直不特别喜欢您，但过去的点点滴滴积累到今天，才让我发现自己有多么愚蠢，没能体会到那份最真、最纯的情谊而去好好珍惜，好好享受。到现在突然惊觉，而您，却不会在我们身边了。我要有多少勇气才可以面对这个事实啊！

我真的不敢想象另一个语文老师走进教室的情景，不敢想象另一个班主任站在讲台上说话的情景。而您在今天的语文课上还和我们开玩笑，我们何尝不知道您有多么舍不得我们，多希望能在这冲刺的阶段为我们鼓劲！我们从理智上完全理解您，但在感情上，我怕我会受不了的。原以为我可以很坚强，可以在分别的时候微笑着挥手，但我却在听伤感的歌曲时，看到您给我的作文批语时，完全无法抑制自己的感情，让泪水毫无准备地滴下来，那么不争气！但我却终于告诉您：我们是真正的朋友！

李老师，我有好多好多好多的话想告诉您，但这张小小的信笺如何能承载我们对您的无限的眷恋？只愿它浸满我的思念，伴您远行。我还记着您要送我的生日礼物和毕业后的全班聚会。您临走时，一定要再多看我们几眼。

祝一路顺风！

您永远的学生和朋友：晓竺

2000 年 3 月 13 日

除了这四封信，还有一张字条——

又及，以下是一首歌词，虽然简短，虽然朴实，却包含了我们全部的心意。

朋友

谁能够划船不用桨

谁能够扬帆没有风向

谁能够离开好朋友

没有感伤

我可以划船不用桨

我可以扬帆没有风向

但是朋友啊

当你离我远去

我却不能不感伤

您的学生：尹萍　周晓竺　成梅　李之

我注意到，抄写歌词的字很不协调。仔细一看，原来这短短的歌词是四个孩子每人写一句凑成的。孩子们是何等的真诚啊！任何语言都无法形容我当时的心情，不是感动，而是惭愧：这么爱我的孩子，我真忍心丢下他们而去吗？当天晚上，我拨通了校长的电话，我把学生的反应告诉了他，并说："我能不能不去学习或者参加第二期培训班？"王校长非常理解我的心情，他立即向上级有关部门反映了我的请求。后来我又向学校办公室陶元主任说了我的想法，她也答应帮我去说说。这下我心里轻松了，因为在我看来，反正教育部的培训班有第二期，我迟一期去是没有什么关系的。而且，本来说是三月下旬就要报到，可三月份都快完了，我还没有收到正式通知。看来，教委有关部门同意了我的请求。于是，我越来越放心了，甚至得意地对学生们说："李老师不走了，我和你们同生共死，并肩战斗到中考的最后一刻！"听了我的话，学生们欢呼起来。

可恰恰是三月底的一天，陶主任对我说："你的要求恐怕不行，因为这是教育部统一安排的。"分管教学的胡校长也说："这由不得你，也由不得学校。如果正式通知来了，你还得去。"果然，就在胡校长说这话的第二天，我收到了来自教育部西北教育师资培训中心的正式通知，报到地点是陕西师大，报到时间是 4 月 10 日。我马上又去找到成都市教委人事处的蒲处长，问她看有没有什么办法再向上面争取一下，让我参加第二期培训班。可蒲处长对我说："这件事已经超出了我们的权力范围了。估计不会有什么结果。"对于我接到正式通知一事，孩子们都还不知道呢，他们天真地认为李老师是不会走的了。

但是，看来我是不得不离开他们了！我开始瞒着孩子们做着一些事——

我说服了教我们班物理的徐萍老师接替我的班主任，因为徐老师是一个相当优秀的老师，当毕业班的班主任比我有经验，更重要的是，她也非常爱孩子。说我说服了她是不够准确的，因为我刚刚提出了希望她接替我的班主任时，她就表示："为了学生，也为了你对我的信任，我愿意接过这个担子。虽然，我深知任何人要接你的班都是相当困难的，因为学生对你的感情太深太深，他们很难在短时间内接受我的。但是，你放心，我将竭尽全力把工作做好！"

学校安排童丽娟老师接替我的语文教学工作。童丽娟是上届初三年级的年级组长，长期担任班主任，语文教学也非常有经验。但是，她现在担任高一一个班的班主任和语文教学工作，任务也不轻；另外，她的母亲刚刚查出患了癌症，而且已经是晚期。在这样一种情况下，让她接我班的语文教学，实在是有点残酷。可是，她却对我说："没事儿，我一定尽我的努力把这个任务完成好！"后来我在家长会上说到徐老师和童老师时，真诚地说："什么是真正的共产党员？我看徐老师和童老师就是真正的共产党员！"这的确是我的心里话。徐老师承受着巨大的工作压力接过了我的班主任工作；而童老师不但有着同样的工作压力更有着旁人难以想象的精神上的痛苦，她却咬着牙帮我上语文课。正是她们的这种奉献，使我能轻松地坐在国家级培训班的教室里学习。她们在幕后为我做出牺牲，而我却在台前享受着荣誉。写到这里，我真是很不好受！我只能在心里对自己说：李镇西，你可永远不要忘了帮助过你的人哪！

还有十来天就要离开学生们了，我必须赶着在走之前，把手中的《花开的声音》编完。于是，从接到通知的第二天早晨开始，我五点多就起床了，后来又提前到四点多甚至三点多。除了编辑《花开的声音》，我还要给学生们设计语文复习题，还要为学生们写毕业评语（我不能把这件事推给徐萍老师），还有许许多多的事都得抓紧时间完成。虽然，由于睡眠时间不足，我整天都昏沉沉的，但能够在走之前为学生做点事总是很愉快的。我在为学生写评语时，自然要先看看他们初一初二时我为他们写的评语，看着每一则评语，我的眼前都仿佛站着那个学生，而且他或她正对着我笑呢！于是，我又忍不住热泪盈盈……

在走之前，我还有一个最大的愿望，就是和学生一起照个合影。可是现在学校并没有安排照毕业合影啊，而如果我一提出这个要求，敏感的学生很可能便会猜测到我会离开他们。怎么办呢？

4月3日那一天，是刚刚下了雨过后的一个难得的晴天。早晨，我在上班的路上，看到府南河畔的花草树木在霞光中格外清新爽目，于是，我突然想：何不把学生带到府南河边来玩玩呢？下午上课的时候，我对学生们说："走，我们到府南河边去上作文课！"喜出望外的孩子们欢呼着飞出了校园，飞到了流淌着阳光流淌着春风的河边。

孩子们三三两两地在河边打闹着追逐着，或静静地坐在大树下说笑着或讨论着什么，还有的孩子干脆躺在石凳上，闭上眼睛，任温柔的阳光吻遍全身。看着学生们天真烂漫的样子，我难过极了：他们还不知道他们的李老师就要离开他们了啊！他们不知道李老师把他们“骗”出来其实就是为了照一张最后的合影啊！

唉，几天来，我就像一个决意独自离开这个世界的人，默默地向周围的亲人和友人表达着自己对他们的热爱和眷恋，而他们却全然不知道这一切！

在一棵百年老树下，孩子和我簇拥成一团，向着明澈的蓝天发出纯净的笑声。我的朋友翁明老师用相机拍下了这张青春逼人的照片……

4 月 5 日晚上，我突然接到邹冰的电话：“李老师，爸爸妈妈已经决定让我转学到雅安，今天晚上就要走了。在走之前，我想见见您。”前些日子我就听邹冰说过，为了把基础打得更扎实，他想转学降一级。没想到他走得这么急，我连忙在电话里对他说：“你等着，我马上到你家里来。”他说：“我搬家了，您恐怕不容易找到我的家。还是我到你家去吧！”我连忙在书架上抽了一本《朱自清散文全编》，在扉页上写道：“亲爱的邹冰：我永远注视着你。愿下次见面，我们还能摔跤、斗鸡。你永远的朋友李镇西。”

不一会儿，他匆匆赶到了我家。我把书送给他，并说了一些勉励的话。他向我表示了感谢，说：“我到了那边一定会给您写信的。”此外，他便没有多说什么。但他那双闪烁着无限依恋之情的眼睛，一直到他走了以后很久，都仿佛还在看着我。

4 月 7 日，星期五，早晨我来到班上给学生们上早读课。我叫学生们默写《古代诗歌五首》，学生们埋头写了起来。这时，我站在窗边，看到一束束金色的阳光泼洒了进来，洒在了胡崇锴的头上，洒在了黄易浩的头上，洒在了彭莹的头上，洒在了张宜宜的头上……他们的头随着书写的手微微颤动着，于是，他们头发上的阳光也跳动起来。我的鼻子突然一酸，眼泪马上就要流出来，我赶紧背过身子，向着窗外擦了擦眼睛……

上午第四、五节课，我走进教室给学生上最后一次语文课，是评讲作文。当我抱着全班同学的作文走进教室时，有同学欢呼起来：“啊，评讲作文？太好了！”“我最喜欢作文课了！”能在最后一堂课再次听到孩子们对语文课的赞叹，我很欣慰。可天真的孩子们，仍然不知道这是我给他们上最后一堂语文课了。徐萍、童丽娟、方青、张建平等老师也特意来听我这最后一课。评讲的作文是《礼物》。照例是“佳作亮相”“片断欣赏”等栏目，同学们一一上台朗读他们的作文，我不时加以画龙点睛似的评价，我诙谐的语言不时引起学生们愉快的笑声。像往常的任何一堂语文课一样，教室里洋溢着和谐而轻松的气氛。

最后是周晓竺上台朗读她的作文。她在作文中写道：“这初中三年温馨的班级生活，是李老师送给我的最好的礼物。怎么来报答李老师呢？我也准备送给李老师一个礼物，这就是优异的中考成绩。现在，我每天都在准备这个礼物！”下课的铃声无情地响了起来。我深深地吸了一口气，用哽咽的声音结结巴巴地对孩子们说：“同学们，我不得不对你们说，我要，要……要，走……”最后一个“走”字我几乎没说出口，但孩子们仍然听懂了！

窗外阳光灿烂，但这个消息对孩子们来说，无疑是真正的晴天霹雳。我继续吃力地给孩子们解释着，但教室里已经开始响起啜泣的声音，声音越来越多，越来越大，最后孩子们忍不住大哭起来……

我说：“下课了，同学们去吃饭吧！”没有人走，几乎全班同学都伏在桌上痛哭着，徐萍老师和方青老师也在和学生们一起流泪……

但我竭力忍住没有流泪，我一再告诫自己：今天无论如何都不能流泪！有好几次，泪水马上就要夺眶而出了，我赶紧转过身去悄悄地擦干。

班长胡夏融同学突然站了起来，擦了擦红红的泪眼，对大家说：“同学们……我们，不应该用眼泪……为李老师送行……我们，为李老师……唱一支歌吧！用歌声……欢送……李老师……”于是，他起了个头：“请把我的歌……”

教室里响起了微弱的歌声：“请把我的歌带回你的家，请把你的微笑留下……”我从来没有听到过夹杂着哭声的歌声！唱到最后，哭声终于压倒了歌声，变成了一片“呜呜”的哭声……

我再次说：“谢谢同学们！下课了，大家去吃饭吧！”仍然没有一个人站起来。

这时，徐老师走过来对我说：“李老师，你先走出去吧。你如果不走，他们是绝对不会走的！”于是，在孩子们的哭声中，我狠心走出了教室……

本来走之前我不准备去学校了，想在家里收拾收拾行李。但学生们说要为我搞一个欢送会，于是，我第二天又来到了班上。走进教室，看到教室后面的墙上挂着一幅 24 寸的全班合影——就是我们在府南河边大树下的那张合影。欢送会开始前，我提了个要求:“今天不许任何人流泪！”开始还好，同学们高高兴兴的，特别是崔涛、向启等人表演的小品，把大家逗得乐开了花，整个教室一片欢声笑语。可当黄璐莎、李之、骆娜三人上台来唱《祝你一路顺风》时，教室的气氛一下又有些凄凉了，唱到最后，下面有的同学又开始流泪了……

当天晚上，冷欢同学偷偷地放了一封信和一个足球模型在我家的门外。这封信这样写道:“自从那天我参与打架犯了错误，我的心情就十分不愉快。这几天听说您要走，心里就更有一种说不出的难受。写好这封信后，我一直没有勇气面对您。因为我是一个不值得李老师骄傲的学生。在和李老师告别的最后一堂课上，我伤心地哭了，的确有一种强烈的恋恋不舍。三年来，李老师对我付出了许多心血，我真的对不起李老师。我的成绩很差，我更不敢发誓在毕业考试中能达到什么标准来报答李老师，但是我有一颗对李老师敬爱的真心。我还有两个心愿：一是要把您所有的书都买齐并收藏起来，爱护好，作为对李老师永远的爱；再就是我要送您一个我最珍贵最喜欢的礼物——足球模型，以表达我对您和这个礼物一样的喜爱。我衷心希望李老师能接受我这个使您费尽心血的学生的礼物！”

我把这封信连同上午收的张杨、王墨兰、林媛、李翱等同学的信装进了我的行李包，作为对我的激励。

4 月 9 日中午，崔涛、向启、胡夏融、王立炜、李文力、张潇文、吕方继、彭莹、李之、黄璐莎、周晓竺、成梅等 12 位学生，在鸿翔酒家为我饯行，他们把徐萍老师也请来作陪。我们以水代酒，互相祝福：他们祝我一路顺风，我祝他们中考获胜。

午后，徐老师和孩子们一直把我送到火车站。离开车还有一会儿呢，于是，我们在候车室玩起了扑克。临上车前，李之给了我一张折好的纸条：“李老师，你必须上车以后才能看。”

开始检票了，徐老师和学生们又将我送到了站台上，胡夏融帮我把行李箱扛上了车厢，放在了行李架上。还有十几分钟就要开车了，我叫他们回去了，可他们说要看着我走了以后他们才回去。崔涛对我说：“李老师，我去给你买一瓶水！”说着就跑远了。不一会儿，他在窗外踮着脚把水递

当年胡夏融帮我背着行李包和同学们一起送我到火车站

给我。张潇文拿着一副扑克站在窗下，仰望着我："李老师，我给你耍个魔术。"于是，那副扑克便在他手上变得令人眼花缭乱起来……

火车开始启动了，我向他们挥手告别。他们却一边跟着越来越快的火车奔跑着，一边流着眼泪也向我挥手。我和他们的距离在迅速拉大，但从窗口远远看去，一群少男少女在追逐着火车，却越追越远。我的眼睛开始潮湿，但我仍然清晰地看到，王立炜、胡夏融跑在最前面，后面的李之、成梅实在跑不动了，终于蹲在站台上号啕大哭起来，但她们的眼睛仍然在追逐着火车……

我从怀里掏出李之交给我的纸条，展开一看，上面抄着《祝你一路顺风》的歌词——

那一天知道你要走／我们一句话也没有说／当午夜的钟声／敲痛离别的心门／却打不开你深深的话语／那一天送你到最后／我们一句话也没有留／当拥挤的月台挤痛送别的人们／却挤不掉我深深的离愁／你知道我好担心我好难过／却不肯说出口／我知道你有千言万语／却不肯说出口／当你踏上月台／从此一个人走／我只能把眼泪留在心里／面带着微笑／用力地挥挥手／祝你一路顺风／当你背上行囊／卸下那份荣耀／我只能深深地祝福你／深深地祝福你／最亲爱的朋友／祝你一路顺风

歌词的下面还有一行字——

李老师：保重身体！

最后是孩子们的签名：李之、周晓竺、成梅、黄璐莎、彭莹、崔涛、向启、胡夏融、王立炜、李文力、张潇文、吕方继。

忍了很久很久的眼泪终于奔涌而出……

你们是我永远的青春礼物

四月下旬接到赵刚的短信，邀请我参加乐山一中初 87 届未来班毕业 20 周年聚会，时间确定在 2007 年 5 月 4 日，地点在乐山海棠公园。我很兴奋，当即便答应了。

但最近母亲病重住院，而且动了手术，五一大假我都在医院陪着母亲。直到临走前一天，我还在犹豫去还是不去。后来看到母亲情况还比较稳定，便给母亲说明了情况，母亲通情达理，说“你去吧”。

第二天上午九点半，我准时来到海棠公园。首先便看到已经在大门等候的赵刚。去年春节，我和赵刚等学生小聚过一次，因此，见到了赵刚虽然亲切，却不感到特别惊喜。

不一会儿，学生们陆陆续续来了：彭可佳、邱梅影、卢婕、陈宾、卢涛、陈晓蕾、黄勇、黄剑钊、张锐、鲁明、王小勤、林玲、李莉……由于赵刚并没有广泛通知同学，因此来的人并不多。但这足以让我非常高兴了。

不少人我真是 20 年没见面了。这些学生离开我的时候是十五六岁，现在已经三十五六岁了。如果是在大街上猛一见到，我可能会认不出的，但和他们聊几句，我就觉得他们一点儿都没变。特别是当他们聚精会神听我说话的时候，那神态，那眼光，一下便暴露了他们当年拥有并一直保存到现在的纯真，而我一下便回到了二十年前的课堂上。

和去年春节小聚的时候一样，我和他们拉家常的时候，自然会问“孩子多大了”“爱人是做什么的”之类的问题，但我说出这些话的时候觉得特别别扭，因为他们在我眼中老摆脱不了初中生的样子，我怎么能够对一个初中生问这些问题呢？但我摇摇头，仔细想想，哦，人家都已经长大成人了！这不，当年的班长之一张锐还把他几岁的女儿带来了呢！

多年不见，我们自然有说不完的话。学生们回忆我带他们去野外玩儿，还有那一次毕业篝火晚会，还有上街搞勤工俭学，还有我每学期给他们读的书（他们还记得有《青春万岁》《爱的教育》以及刘心武的报告文学），还有每天课堂上的一分钟演讲，还有……

邱梅影说："李老师，我女儿读小学，老师要求他们读《爱的教育》，我一下想到了我读书的时候，你给我们朗读《爱的教育》。"

赵刚说："李老师，也许《爱的教育》正是因为有了你，才有了现在这么多的读者！"

我说："也许吧！至少我是改革开放后，最早向学生推荐《爱的教育》的老师。而且最近漓江出版社出版《爱的教育》时，还请我写序呢！我很自豪！"

我又给他们说起我曾经到这本书的翻译者夏丏尊先生曾经执教的浙江春晖中学，"在夏丏尊先生翻译这本书的书房里，我特意坐在先生当年翻译这本书的桌子前照了一张相。最近，夏先生的长孙夏弘宁先生还跟我联系，说想见见我"。

是的，这本书和我的教育包括我的生活已经分不开了。

彭可佳不停地向我请教各种家庭教育问题，她儿子已经六岁，特别调皮，是让儿子今年就读小学呢，还是让他再推迟一年读小学？她为此拿不准主意。我说："就今年入学！推迟一年，你儿子也不见得就不调皮了。男孩子嘛，调皮是很正常的。"

她又问儿子是否适合读寄宿制学校，我斩钉截铁地说："不行！父母对孩子的朝夕相处的影响，是任何教师都不能取代的！"

卢涛说："李老师，我现在还记得你教我们的时候，一个暑假去旅行，你给我们每一个同学都写信，每天给一个同学写一封，我收到的信是说你在黄果树瀑布。"

他又说他第一次当众演说，就是在我班上的时候，按我的要求在语文课前做一分钟演讲。

卢婕说到我指导同学办小报，每期都是一个同学独立完成，而且每天都按时“出版”张贴出来。

邱梅影说她读了我写的《爱心与教育》。我很惊讶，因为她并不是搞教育的，我问：“你哪来的这本书？”

她说：“我买的呀！”

我真是感动得要命！

我说：“你读到书中的你的故事没有？”

她说：“当然读到了！是我们去为彭艳阳祝贺生日。你在书里还用了我一篇文章。我在那篇文章里说，‘大家见家里没有大人（李老师当然不算是‘大人’），便开始狂欢。是的，李老师不是大人’，后来有记者引用了这句话评论，说李老师和学生的平等关系。本来嘛，当时我们的确没有把李老师当大人，你就是我们的朋友。”

陈晓蕾说：“李老师一直对教育都充满热情，这种热情一直都没有变。”

……

我说：“我要感谢你们！我从你们身上获取了教育的动力。因为我和你们接触，发现教育是这么有意思！于是，我便对教育更加热情了。”

七嘴八舌，叽叽喳喳。此刻，他们又变成了可爱的初中生，他们当年的神态包括一些细节都浮现在我眼前——

赵刚，你不知道当年你有多么调皮！上课从来坐不安稳，说话，搞小动作，不止一次被我批评。记得有一次家访（你好像是住在娄嫣街供电局宿舍吧），我对你爸爸说你上课太爱说小话，你爸爸说你小学就是这样的。虽然你很调皮，但决不坏，相反，你处处透着机灵和可爱，总有一些与众不同的想法。毕业之际，你为班级史册《未来》写的卷首诗《未来，是彩色的》是那样激情澎湃。

彭可佳，当年一位非常可爱的小姑娘，是班上最小的同学之一，那么文静，那么害羞，那么认真，那么善良！你上课那专注的神态至今还印在我脑海中。你还曾送我一张你办小报的照片，我至今珍藏着呢！想不到，二十年前的小姑娘，现在也做妈妈了，而且迫不及待地向我请教如何教育儿子！

张锐，虎头虎脑，浑身有用不完的精力，好像是初一时和彭艳阳同时担任班长，绝对品学兼优，而且比一般的男同学要懂事一些，当然也免不了有小男孩特有的顽皮。1985 年 5 月的一天，当我进课堂全班同学突然祝贺我生日快乐的时候，是你抱着一大摞同学们送给我的礼物走到讲台上：“李老师，祝您生日快乐！”现在的你，已经是高大魁梧的男子汉了，现在在某单位任党委副书记，去年春节聚会时你特别对我说：“放心，李老师，我会永远记住你的教诲，虽然我现在坐在这个位置上，但伤天害理的事我决不会做！”我当然相信你，依然可爱的张锐！

卢婕，当年我班的一员女将，用今天的话来说，那叫“铿锵玫瑰”。你常常和一些男生掰手腕，堪称“常胜将军”。运动场上的你，奔跑起来风驰电掣，那年运动会我专门给你照了一张比赛中的照片，照片上的你如同射出的子弹。这张照片我现在还保留着呢！对了，我们一起去云南、贵州旅游，在黄果树瀑布下面，我们手牵着手接受飞瀑的洗礼，这是我永远难忘的记忆。

陈宾，也是一个有点调皮的男孩，但是当年在我班乃至全校都是赫赫明星呢！因为你打得一手漂亮的乒乓球，是“上面”培养的运动员苗子。曾获得过各种级别（估计除世锦赛之外）的名次。后来你中途转学去当专业运动员了。临别时还专门为全班表演了你的球艺，当时在学校竟然找不到和你对阵的人，只好把你教练请来和你交锋。当时你们师徒二人拼杀的场面，我只在电视转播世界级乒乓球赛的时候看过，但现在这一切却发生在我眼前，而且主角还是我学生！我那个高兴劲儿自豪劲儿啊，别提啦！呵呵！

邱梅影，一个非常可爱特别纯真的小女孩。我现在还记得你那胖乎乎的脸蛋，和脸蛋上那大大的眼睛，双眼皮特别明显。那时候你特别听话特别乖顺，但就是有点儿小气，常常跑到我面前委屈地说哪个同学又欺负你了，好像当时你和赵刚做过同桌，我就记得你告过他的状。当然，印象最深最深的还是你上课时的专注，明亮清澈的眼睛凝视着老师，还有你课间踢毽子、跳绳那天真烂漫的神情和活泼的身影。

卢涛，是初一下学期开学时转到我班来的，当时还是初春，你到我班的时候气候还比较冷，你穿着长长的棉大衣，戴着棉帽，给人的感觉身体比较弱。虽然是男孩，当年你却像女孩子一般文静害羞。我把你分在八小组，这个小组集中了全班的调皮大王，你去了以后，以柔克刚，居然和他们个个都成了好朋友，而且你“出淤泥而不染”，依然保持着自己良好的行为习惯和优良的学习成绩。

陈晓蕾，当年你在班上特别优秀，不但学习成绩好，而且特别乐意帮助同学，因此同学们曾把你推选为班干部，你还曾带我去家访过呢！那年同学们为我祝贺生日之前的几天，正是你把我骗出了教室，然后给同学们商量怎样瞒着李老师准备生日礼物。整整二十年没见了，我没有想到的是，今天见到你我感觉你长得特别漂亮。

黄勇，当年的你个子相对比较高，体形偏胖，总之“块头”很大，因此给人的感觉是一直比较稳重，甚至有一种超越年龄的老成。当其他同学在打打闹闹的时候，你往往在一旁深思熟虑，也不知道你在想什么。你的功课非常好，我至今还记得你上课时发言的情景，身子微微向前倾斜，头随着发言一点一点的，很有意思！今天见了你，稳重依然。

黄剑钊，那个瘦小而腼腆的男孩现在也长成高大的男子汉了。一头自然卷的头发，现在也是卷着的。你进初中的时候，名字叫黄剑，和荣建、沈建很要好，同学们都叫你们“三剑客”。好像是初一下学期你改名为黄剑钊，好长一段时间我们都不习惯，依然叫你“黄剑”。你很听话，从不调皮，学习成绩也很好。初二我们班去峨眉山旅游，我带着你、刘忠斌还有沈建居然和大部队走散了，还迷了路！我们四人在山路上一边走一边问山上的农人，大概一个多小时后才和同学们会合。你还记得吗？那次我们在山路上的时候，我一直给你们讲故事呢！

鲁明，班上最小巧玲珑而又可爱的小姑娘之一。第一天报名的时候，你和黄靖在校园双杠的地方玩儿，我还和你们聊了几句呢！你也是一个非常温顺听话的女孩子，我至今还记得你上课时聚精会神的样子。哦，对了，你的生日是六月一日，记得我曾经对你说：“你多幸福！每年全世界的小朋友都为你庆祝生日！”

王小勤，我记得你当年也是胖胖的一个小女孩，只是说话就脸红，可能你是班上最害羞的女同学了吧。但是，你确实是班上最关心集体的同学之一。只要为班上做好事，你总是积极举手要求参加。而每次我表扬你的时候，你总是特别不好意思，低着头，满脸通红，好像做了错事一样。你眼睛不大，笑起来就眯成一条缝，特别可爱。今天看见你，还是如此。

林玲，虽然是初三转到我班来的，却给我和同学们留下了难以磨灭的印象。绝对品学兼优，不然不会一来就被选为团支部书记。不过，你给大家留下深刻印象的，主要还是因为你能够表演翻筋斗。在好几次班上搞的活动中，你在教室中间一站，两臂一伸，往旁边一倒，便腾腾腾翻好几个筋斗，让人眼花缭乱，赢得一片惊叹和喝彩。

李莉，其实我并没有教你几天，好像当时你在我班上没读几天书便转走了。但你却给了我职业自豪感。上了几天课之后，我把你叫到教室外面谈心，问你的感受，你说了一句至今让我难忘的话："李老师，我觉得你和一般的老师不一样！"你说我的语文课上得好，不局限于课本，视野很开阔。能够得到学生这样的评价，当然让我感到了一种做教师的自豪。今天见到你，你说你还记得当时我给你们讲龙应台呢。不过，实话实说，如果现在在街上碰到你，我是认不出你的，你现在长漂亮了，而且有点像凤凰卫视著名主持人许戈辉呢！

……

回忆，让我也一下子变得年轻起来，仿佛回到了20年前。眼前的他们，依然是纯真可爱的孩子，而我依然是意气风发的年轻教师。

他们知道我现在当校长了，便问我当校长的感受，我说："没什么特别的感受，我不过是把心掏给老师们罢了。其实，我现在相当于也在当班主任，大班主任。"然后我给他们聊起了我的老师们，我说我们学校的老师特别好，而且都很年轻，"平均年龄比你们还小呢！"我说着，便打开电脑让他们欣赏我们学校老师的照片。他们被那张老师们狂笑的照片逗乐了，而且还说我们的老师很漂亮。

他们都半开玩笑半认真地说，都想把孩子送到我的学校。我说好呀，到时候把你们的孩子编成一个重点班！卢婕、陈晓蕾、彭可佳等人居然还说让我当班主任！我更开心了："没问题！"

虽然是玩笑，但我想起来都很美。

我给大家说："我现在还保存着当年我给你们照的相，课间跳绳呀，中午在教室里睡觉呀，还有你们在野外的活动，等等。我还保留着你们当年写的日记呢！唉，因为走得急，我忘记带这些'文物'了！不然，今天你们看到这些东西，一定会非常亲切的。"

同学们回忆起我当年的班主任工作和语文教学，都说我教育思想和实践有些超前。我说："是呀，当初我这些做法很有争议，但现在这些做法都已经很平常了。"

在我们谈笑风生的时候，不停接到董洁、阚林等人的电话，他们为不能前来而抱歉。

自从我"出名"之后，便不断有老师担心我的教育"太正统"，教育的学生"太纯洁"，担心我的学生走出社会不能适应。二十年，这个时间不算短，现在眼前的学生可以证明一切。他们都是普通劳动者，没有显赫的名声，也没有耀眼的光环，但他们凭着善良和纯真，依然在这个社会生活得很好，平平凡凡地工作着，点点滴滴地幸福着。

说到"平凡"，我又想到曾经有人询问过我："你培养了多少杰出的人才？"还有人这样质疑苏霍姆林斯基。我觉得这种询问和质疑表明了一种畸形的教育观，那就是认为只有培养了杰出人才，才算是教育的成功。而我则坚决不认同这种"教育成功观"。我认为，学生中有成为科学家、艺术家等杰出人才的，那首先是这个学生的天赋，而不是教师的培养。教育的任务，主要是人格的培养，而且是面对每一个学生。如果我们的学生都能（至少大多数人）保持着善良正直纯真的品格，哪怕他们一辈子都是普通劳动者，那也是我们教育的成功。这正是我的教育追求。

实际上，我从教二十多年来，我的学生中不乏杰出人才，但我从来都不认为那和我有什么关系。我更看重的是学生是否是一个真正的人！因此，前次在《班主任》杂志举办的"李镇西班主任工作思想论坛"上，主办者希望除了我做报告，还能有我过去的学生发言。我特意避开了请我学生中的留美博士、企业家、艺术家等等，而是专门请了一个普通的职员和一个当年连大学都没有考上的打工妹（就是《爱心与教育》中的宁玮），为什么？因为他们至今善良，而且用劳动赢得了自己的尊严和幸福。这，就是我心目中的优秀学生！

侃侃而谈之中，吃午饭的时间到了。但我无论如何要回成都了，因为母亲还在病床前盼望着我早点回去。学生们都劝我吃了饭再走。我只好简单和他们碰了碰杯（我照例是喝白开水），吃了几口菜，便匆匆离去了。

临走时，我对他们说："暑假我一定再回来，尽可能把同学们都约上，我们重返大佛坝，在二十年前我们毕业之夜举行篝火晚会的大渡河畔聚会！"

午后两点我回到成都，突然接到赵刚的电话，他说他们还没有散，还在饭桌上觥筹交错，还在谈论我。学生们通过手机一一给我说了几句话，除了感谢我，还特意嘱咐我要注意身体。

二十年前，对我们国家来说，那是一个风起云涌的年代；对我来说，是我青春燃烧的岁月。当时教这个班的学生的时候，我毫无经验，无论班主任工作还是语文教学都谈不上有多么优秀，但我全身心地投入，把自己的生命融入了教育融入了学生，并乐此不疲。如果说当初我这样做更多的是凭着青年人的热情和兴趣的话，那么，正是学生们对我的爱让我感到职业的幸福，这种幸福感成了我以后从事教育不竭的原动力。

林玲说："妈妈听说我要来参加毕业20年聚会都在感叹，时间真快呀！当年毕业的时候一想到20年后相会，觉得非常遥远。但现在20年已经过去了！时间简直过得太快了！"

是呀，一晃这些学生已经从十四五的小男孩小姑娘成长为"帅哥""美女"了，我却从风华正茂的小伙子步入了中年。但是和他们在一起，我便回到了年轻时代。时间还在流逝，他们还会从青年到中年，我也将渐渐步入老年，但和他们在一起的时光，却是我永远的青春记忆。人生就是这么奇妙，完全是偶然的——他们在二十年前闯进了我的职业，我们之间便拥有了三年共同的生活，我的生命曾经和他们融为一体。无论今后岁月如何流逝，无论我和他们将怎样慢慢变老，那三年时光，将是我永远的青春记忆。不只是这个班的学生，应该说，我和每一届学生相处的三年时光，都是我生命中阳光灿烂的日子。神秘的命运之神把一批又一批学生送到我的生活中，让我永远都和童心为伴，与青春同行，因此，我要对我所有的学生说——

你们是我永远的青春礼物！

再次倾听花开的声音

由崔涛组织的这次2000届三班同学聚会，定在今晚五点半，地点在成都市彩虹桥边的一个酒店。我从乐山岳父家驱车回成都，提前于五点到达酒店。因为还有半个小时，我便在车里整理我的书稿。过了一会儿，我感觉好像窗外有人在叫我，摇下车窗，居然是骆娜、郭丽娜、安超、解斌等学生！我一看表，刚好五点半——居然不知不觉半个小时就过去了！

师生见面自然无比亲切与兴奋。到了酒店坐下不久，徐萍老师也来了。当年这个班快毕业前三个月，我奉命去西安学习，是徐老师代我的班主任。仔细看几个孩子，骆娜长漂亮了，解斌和安超长大了——以前他俩是非常可爱的小男孩，现在已经是英俊小伙子了。不一会儿，向启、尹萍、胡夏融、卢星月、蔡峰、崔涛、王立炜陆续到来。每来一位同学，他们都要我猜猜是谁，这哪能难住我？自然是一网打尽，然后一片欢笑。

我拿出我的iPad给他们看，大家惊呼："李老好潮啊！"成都中学生对老师最亲热的称呼就是"某老"，哪怕这老师是刚参加工作的年轻女教师，学生喜欢她，依然叫她"某老"。我打开iPad上我的博客："今天早晨我才把那篇记录当年你们在火车站送我的故事发在博客上，你们看，好多老师都读得流泪。"

崔涛说："读大学时，我好多同学读到这里，也流泪了。"

我对尹萍说："这篇文章里我全文引用了你当年写给我的信，至今我读起来，依然感动。"

我感慨的是，孩子们长大了居然这么好看啊！——男生个个英俊，女生个个漂亮！我对尹萍说："你看江苏卫视的《非诚勿扰》没有？"她说看了。我说："那你应该去报名参加，如果你去，肯定每一个男生上场都会选你为心动女生。"大家又是哈哈大笑。

由于种种原因，人来得不多，也就十来位，但气氛极为热烈。我们通过电话给没来的一些同学通话，手机在每个人手里传递，向远方的同学表达着思念。每当电话传到我的手里，我总会逗逗对方，我用两个手指塞住鼻孔，然后变着腔调说："知道我是谁吗？"第一个接电话的是远在杭州的张潇文，他迟疑了一下，说："是是……对不起……"我马上说："哎呀，你怎么居然把我都忘记了。气死我了！"旁边的同学爆笑。电话那头开始迷惑了："我，我……对不起，我实在猜不出来。"于是我把两个手指从鼻孔里取出来，得意地大声说："我就是李老师！"大家又是一阵大笑。和刘星岑通话，尽管我依然把手指插进鼻孔，可她倒是一下就说："是李老师！"我故作悲哀地说："哎呀，你怎么只记得李老师啊！把我忘记了，哎呀呀！"她一听，便傻了："对不起，我，我记不得了……"我哈哈大笑："你刚才猜对了，我就是李老师！"和周晓竺通话，我第一句是说："猜猜我是谁？曾经和你是一个小组。"她想了想，很有把握地说："许杰！"旁边的同学爆笑。"不对，你继续猜！"我很得意她犯傻。可她猜不出了，我说："我是李老师！"电话那头也笑了起来。最有意思的是张杨，她居然一直猜不出，我也不告诉她，只问她新年好，她也很客气地对还没猜出名字的"老同学"说："新年好！"然后我把电话给崔涛，崔涛告诉她刚才是李老师给你通话，张杨赶紧又给我通话，直说对不起，回答她的依然是我和周围同学的哈哈大笑。

好久没逗这些孩子们了，我就喜欢把我的快乐建立在他们的傻样上！哈哈！

菜上来了，红酒和饮料也斟满了，大家举杯祝贺这重逢的时刻。

在我的心中，在座每个孩子都有故事。我对安超说："当年你多调皮啊！但是你很热爱我们班，转学走了，后来又转回来了。同学们都真诚地欢迎你回归。"我问他："你还记得吗？当年崔涛主动找到我，要我把你安排和他同桌，他说你上课老开小差，和你一起坐，他好帮助你。"安超说："记得记得。"

胡夏融当年是班长，特别自律，工作特别主动，在同学们心中有着极高的威望。有一次，一个同学犯了错误，他生气地说："你太让我失望了！"那个同学立刻就感到了惭愧。还有一次，我要处分一个犯了错误的同学，胡夏融找到我："李老，再给他一次改正错误的机会吧！"在我的《走进心灵》里面，专门有一章是写胡夏融的，题目是"向胡夏融学宽容"。

我对蔡峰说:“你是一个没有缺点的人!”我这话当然有些夸张,谁没缺点呢?但当时蔡峰的确经常让我感动。他第一次办墙报时,这样写道:“人们问我是怎么来到这所学校读书的,我说,因为我爸爸是省教厅的,但这是我的耻辱!我将用三年洗刷这个耻辱!考高中时,我绝不会再靠我爸爸。”三年里,蔡峰学习非常刻苦,同时也很关心班级。三年后,他果然靠自己的能力考上重点高中。现在,他已经在攻读博士学位。

尹萍现在长得真漂亮。我说:“看来我那个观点是对的——我多次说过,李老师教过的学生,男生英俊,女生漂亮,就像李老师一样!”大家笑了。当然,尹萍绝不仅仅是漂亮,当年的她,特别善良,特别温柔,特别勤奋,特别懂事。当清洁委员,工作那是一丝不苟。就像我说蔡峰一样,我也对她说:“你当年真是乖啊,没有缺点!”我给她说起一件当年的事:“尹萍,你还记得吗?有一次张婕抄作业,我狠狠批评了她,第二天你给我写了一封信,说你也有责任,因为你是组长,不该把自己的作业给张婕抄,但你这封信主要是对我提出批评,你说我不应该那么凶,说我的语言太严厉了,当众那么批评张婕,伤了她的自尊心,让她一天都没有笑容。你特别说,因为把李老师当朋友,所以才给李老师提出这个意见。当时,我读了非常感动,我在班上表扬了你,然后把你的信贴在教室墙上,让大家向你学习。”尹萍说她还记得这件事。

崔涛提议以学号为序聊聊同学们,大家都说好。于是,从1号开始,大家一一说着班上每一个同学当年的趣事和现在的情况。我惊讶于十年半过去了,孩子们居然能够记住班上所有同学的学号。向启说:“当年我负责统计操行分,当然记得很牢。”通过同学们你一言我一语的闲聊,我知道了许多孩子的近况:有的还在读博士,有的已经参加工作,还有的在国外求学,其中还有女同学已经做了妈妈了,而相当多的同学正在谈恋爱。其中,我班同学之间就有一对:黄易浩和向楠。说着说着,大家八卦起来,说谁一直是谁的“心动女生”,谁又是谁的“心动男生”云云。我笑了:“心动嘛,不一定就限于爱情啊!友情啊,感动啊,都可以心动嘛!比如,咱班每个男同学都是我的心动男生,每个女同学都是我的心动女生!”大家尖叫,又是一片欢笑。

看着孩子们开怀的样子,我一想,是呀,这个班的孩子大多出生于

1985年，现在二十五六岁，不正是恋爱的季节吗？那一刻，我在心里由衷地祝福孩子们的青春年华。

崔涛特意带了一本《花开的声音》。这是当年我为这个班编辑的“史册”，后来由四川少年儿童出版社正式出版。这是一本班级的“风采录”，是一段青春的“心灵史”。安超翻开其中的一页对大家说：“你们看，尹萍当年写的这句话。”我接过书一看，当年我让全班同学每人写一句话表达对未来的畅想，尹萍是这样写的——

3000年的人们，当你们离开地球的时候，请千万不要忘记带走这本流传了1000年的世界名著《花开的声音》。（尹萍）

尹萍翻开里面她写的一篇日记用普通话朗读了起来——

1999年5月27日　星期四　天气晴

胆战心惊的40分钟

这几天的语文课同学们特高兴，又特别紧张，因为李老师为大家读小说《悲惨世界》。无论是看过还是没看过的同学，都全神贯注、聚精会神地听着——

“一天，冉·阿让正在教珂赛特识字，突然听到有人上楼梯的声音……”大家都屏住呼吸，目不转睛地盯着李老师。胆子小的女生还发出“啊……”的叫声。李老师“嘿嘿”地笑了一声说：“放心吧，现在是大白天，不会有事的啊。”又进入小说中去：“冉·阿让从门缝里望去，看见一个身材高大的男子……那个熟悉的背影正是沙威警官……”“啊呀，好烦哦！”听到这儿，同学们都拍桌子瞪眼，骂道：“那个沙威好讨厌哦，他咋不死嘛！”在场的每一位同学都非常气愤，总觉得那个沙威总是阴魂不散地跟着可敌又可怜的冉·阿让，大家都为冉·阿让是否能逃此一劫感到担心。

“脚步声越来越近，冉·阿让唯一的办法就是翻过这堵墙。要是只有他一个人还好办，可是小珂赛特怎么办？……要是有一条绳子就好办了！……”在这紧要关头，下面的听众们恨不得钻进书中给冉·阿让一条绳子。可是这是不可能的呀！大家只有安静地待在下面听着。说到静，教室里也真够“静”的，五十九双眼睛都死死地盯着李老师。但是我们可以看出，每个人的心里是不平静的，如波涛汹涌、黄河泛滥，是一波未平一波又起——空前紧张！

“冉·阿让爬上墙……拉起小珂赛特，翻到了墙的另一面。”“啊——”听到这里，同学们那颗悬着的心终于放下了，长长地叹了口气。进入下一个场面……

李老师绘声绘色地读着，同学们专心致志地听着，像这样师生默契地配合，本身就是一种享受。

“突然……”刚念到这儿，我们刚放下的心又提起来了：又怎么了？我们更加专注而紧张地看着李老师，希望他快接着往下念——可就在这时，“零零……”该死的下课铃响了。“嘿嘿，今天就到这儿了。”李老师笑着说。“哎呀，念嘛念嘛！”同学们不罢休。“嘿嘿，这是没办法的事，下课了嘛，耐心等待下节课吧！”

看着大家那种急切想听故事的样子，李老师的脸上露出了“幸灾乐祸”的表情。

这就是我们的语文课，胆战心惊的40分钟！可是，我们却仍然盼望着明天语文课早点到来……

大家都静静地听着，随着尹萍的朗读，每一个人都回到了当年的语文课堂上。

我说：“我还真忘记你写的这些了。”尹萍说：“我们当时真的很喜欢语文课呢！还不等你读完《悲惨世界》，我们下课就赶紧去找来读了！”

解斌说到一件事：“李老，有一次你正在上课，你女儿晴雁来了，说家里收水电费的人来了，要你回去。你一下生气了，大声呵斥晴雁，说你在上课，晴雁不该来打搅你。当时晴雁一下就哭着走了。第二天，你又给晴雁道歉了。”

这事我真的一点都想不起来了，完全忘记了。但听解斌一说，我有点印象了，心里有了一丝愧疚，当年我对女儿怎么那么凶啊！

尹萍刚把她当年的文字读完，刘琛和王宏来了。刘琛一见我来了个拥抱，王宏也和我拥抱。我对王宏说：“当年你可爱打电子游戏了！呵呵！”

时间已经晚上八点过，我还要开车回乐山，只好对大家说我要提前离去。这时邹冰来电话了。这个邹冰，当年在班上让我操心得不得了，但后来让我很感动。他读高三时，听说我在盐道街外语学校工作，便非要转到那里，说这样可以继续做李老师的学生。我告诉他，我教高一，不教高三，他却说："不要紧，只要我每天能够在校园里看见你，我就很满足了。"于是，他真的转到了盐道街中学外语学校。后来他当兵了，有一年回成都探亲，下了火车打了个出租车直奔我家。敲开门我让他进来坐坐，他说："不了，出租车还在下面等我呢！我就是想回到成都先来看看李老，再回家。好了，我看到李老了，向您问好，您多保重。我走了，再见！"前后连一分钟都不到，可让我感动到现在！

我不得不离去了，和大家一一合影留念。这时我看到崔涛正和尹萍比身高呢！崔涛非要说他比尹萍高。我赶紧给他俩照了一张，大家都笑了。然后我和女生头碰头照合影，又和男生拥抱照相。同学们送我到酒店外，安超对我说："李老，你是我做人的启蒙老师。我印象特别深的是，你要我们平等地尊重每一个人！所以现在我在单位上无论对谁都是一样的尊重。"我听了，特别高兴："好！你还记得吗？当年你不尊重同学，我曾狠狠批评过你。"他说："记得。正因为记得，我现在才懂得要尊重每一个人。"

我在车里给大家挥手："再见！"

大家说："李老再见！""开车小心啊！"

……

高速路上，除了车灯，周围一片黑暗，但我的心中充盈着阳光。正是在教这个班期间，我写成了《爱心与教育》。这本书和后来的《走进心灵》都有这个班学生的故事。我想到当年我在《花开的声音》中的一段话——

我不止一次地庆幸我是一个教师，因为与青春同行使我的心永远年轻；而且我特别庆幸我是语文教师，因为这使我能用一双"文学的耳朵"随时倾听"花开的声音"并把这种世界上最美的声音用文字表达出来。

难忘今宵

刚刚回到家。今晚——哦，此刻已是凌晨，应该说是昨晚了，原乐山一中初87届一班的几个学生——赵刚（依然是出色的组织者）、刘忠斌、张锐、王小勤、鲁明、王鸿、魏霞和我和他们的师母（实际上也是他们当年的老师）在岷江上的一条渔船上吃鱼火锅。

最近几年，几乎每年都要和学生相聚。但今晚让我收获了一份特别的惊喜：我见到了多年未见的魏霞和喻建忠。

前几次聚会，都没看见魏霞。我知道这女孩特别腼腆，当年在班上胆子特别小。有一年聚会没有她，我还特意请其他同学转赠了一本我的《做最好的家长》给她。想到她，我就会想到关于她的一件事。这件事我还写进了我的书里——

集体主义教育的艺术之一，在于教师善于把自己对某一学生的褒贬巧妙地转化为集体对该学生的正确评价。

一次我上公开课，按平时惯例，我应该依学号顺序抽一名学生起来进行课前“一分钟讲演”。直到上课铃响起时，我还在犹豫：今天的公开课是否取消这个“节目”？因为这天的讲演正轮到魏霞，而她是一个说话结结巴巴的胆小的女同学。如果她没说好，岂不是“煞”了我这堂公开课的“风景”？

但是，不容我多想，当师生互相问好以后我正准备直接讲课时，魏霞同学竟然举起手并用哆嗦的声音说：“李……老师，今天……该我……讲演……”我只好让她走上讲台发表演说，内容是报告当天的新闻。她的声音照样结结巴巴，但比平时要稍微大声一些，而且看得出来，她事前是做了相当认真的准备的。仅凭这一点，我就应该鼓励她，而且我相信她会受到鼓舞的。

正当我准备热情洋溢地表扬她一番时，我脑子里突然转了一个弯：何不把我个人对她的表扬变成全班同学对她的赞赏呢？于是，我有意问全班同学："比起过去，魏霞同学的进步大不大啊？"

"大！"同学们一致说。

"好！那就让我们以热烈的掌声对魏霞的进步表示祝贺！"教室里响起了一片掌声。

来自同学的鼓励无疑让魏霞振奋，因为这以后她课堂主动发言的时候越来越多了。

今天见了魏霞，特别亲切。当年腼腆害羞的小姑娘，今天已经是一个16岁女儿的妈妈了。但她依然年轻，而且性格活泼开朗。一点没变的是，纯真依然，可爱依然。

我们一边吃一边聊，我问道："喻建忠自从毕业之后，我就再没见过，25年了！"

魏霞说能够联系上他，于是一个电话打过去。不一会儿，喻建忠来了！

一提起喻建忠，大家都能想到他的善良、勤劳，还有真诚为大家服务的品质与事迹。

我给大家说了有关喻建忠的一件事——

初中开学第一天，我给第一次见面的孩子们讲了"让人们因我的存在而感到幸福"这句话。

发教材了，我发现一本音乐书封面有些破损。当时我可以去图书室换一本，也可以叫一个同学收下，因为封面破了不影响内容。但我没有，我决定把这本破了的音乐教材作为集体主义教育的"启蒙教材"。

我扬起手中的音乐书："同学们，你们看，这本音乐书封面有些破，但内容并未受损。我想问，哪位同学愿意主动要这本音乐书？"

我坚信总有同学会举手。

果然，前排一个男孩马上举起了手，随即，一个两个……全班许多同学都举起了手。

我把音乐书送到第一个举手的男孩手里："请问，你叫什么名字啊？"

小男孩有些腼腆："我叫喻建忠。"

我高声对全班同学说："同学们，此刻，我们都因喻建忠同学的存在而感到了幸福。不仅仅是因为喻建忠，刚才同学们都举起了手，我们彼此都为对方的存在而感到了幸福！”

25年过去了，我给喻建忠讲这件事，他完全记不得了。但鲁明同学说：“我记得，是有这么一回事。”

吃完鱼火锅，我们来到一个歌厅，又碰见提前到达歌厅的卢婕。大家热血沸腾，激情燃烧。卢婕的歌声征服了大家，当年害羞的魏霞如今热情奔放，颇具歌星风范，还有张锐、王鸿、鲁明，都一展歌喉。在大家的感染下，我也唱了《在那桃花盛开的地方》《怀念战友》等歌。最后，我们一起高歌《朋友》，结束了今天难忘的聚会。

分别时，大家互相祝福新年好，并预约下一次的相聚。

惊　喜

乐山师院文学院的李先锋老师几次邀请我去给该院国培班学员培训，尽管我很忙，但我终于还是答应了——不仅仅因为李老师实在太热情了，更因为乐山是我的“教育初恋”。

昨天早晨我六点过就离开家，坐上乐山师院前来接我的车。从成都到乐山大概两个小时车程。刚进乐山，我便对李老师说：“我在乐山工作过九年，这里我有许多朋友。”李老师说：“是呀，还有你学生也想你呢！比如刘驰。”我一愣：“你怎么知道刘驰呢？”在我看来，“刘驰”这个名字从她口中吐出有点难以理解，因为李老师从河南调到乐山才几个月，她怎么知道我在乐山一中教的高90届一班的学生刘驰呢？

她说：“我的孩子和他的孩子在同一中学同一个班。有一次我和他聊天，得知我教中文后，便问我知不知道李镇西老师。我说那是名人呀，当然知道。结果他说，我就是李镇西老师的学生！”

这个意外的插曲太让我惊喜了。我说：“我和刘驰都22年没见面了。

他们毕业以后不久，我就调到成都了。”

李老师说：“要不你给他打个电话？”

我说：“好！告诉我他的手机号。”

于是，我拨通了刘驰的电话。刘驰接到我的电话，也非常惊喜：“是李老师呀！”

我说：“我今天在乐山师院做培训，上午讲语文教学，下午讲我的教育故事。我邀请你来听我讲故事。你下午有时间吗？”

刘驰说：“我中午就把工作安排好，下午一定去听你的报告！”

下午两点半，培训时间到了，可刘驰还没来。我想他可能临时有事来不了了，便准时开始了我的报告：“让人们因我的存在而感到幸福”。

刚讲了五分钟，我看到一个中年男子从教室后门走了进来，随行还有几位女士。这是刘驰22年前毕业后，我第一次见到他。因为在讲课，我不便和他打招呼，但我们彼此都互相点点头。他找了个座位坐下。

我继续讲，但感觉显然不一样了。我觉得我就是在给刘驰一个人讲的。我又回到了当年的课堂上，我在讲课，刘驰和他的同学在下面听我讲课。我展示了一张当年的照片，照片上，刘驰、赵伟、沈建平、文强和我并排站在操场上。我说：“这是刘驰，他当年特别帅气，也很懂事。在一个特殊的日子，他为我担心，在晚上和几个同学特意到我家里来安慰我。”我还展示几张刘驰他们这个班搞活动的照片，这些照片，我相信也能勾起刘驰美好的回忆。

两个多小时的报告结束了，全场对我报以热烈的掌声。

刘驰来到我面前，我们紧紧握手。这时，那几个女士也来到我面前，给我打招呼：“李老师！”我一看，啊？这不是李学惠、郭艳红吗？也是刘驰他们这个班的。刘驰说：“李学惠继承了你的衣钵，现在也是中学老师呢！”我说：“好呀，我们是同行！”

另一位女性是刘驰的爱人，也一起来听我讲故事了。

见到刘驰已经让我惊喜了，没想到刘驰还带来了李学惠和郭艳红，更让我惊喜。李学惠当时在班上是劳动委员，非常勤劳，热心帮助同学，特别善良。郭艳红也很朴实善良，文静温柔，我记得她写得一手好字。

我不住地说：“我太高兴了，太高兴了！没想到这次到乐山，竟然见到了你们！就凭这一点，我今天回乐山就特别有收获！”

刘驰说：“一会儿还有一个同学要来呢！胡国文！”

我说：“啊？太好了！”

胡国文在犍为县，离乐山还比较远呢，可刘驰说：“听说你来了，人家专门开车来看你。”

不一会儿，胡国文真的来了，我和他紧紧拥抱。我不住地说：“谢谢！谢谢！”

我们一起在大渡河畔一家酒店吃鱼。大家一边吃一边聊，回忆着当年班上的趣事，也互相打听着其他同学的近况。

李先锋老师说：“你的学生都这么善良。”

刘驰说：“我们作为李老师学生，至少还是保持了内心的良知。”

按世俗的标准，这几位学生都“混得不错”，但我不想在这里说他们的“身份”。不过，对胡国文，我却要特别说说他的职务，他现在是犍为县广电局副局长。我这里指出他“副局长”的身份，不是要以这个不高不低的“官衔”来证明我的教育的成功。不是的。我早就说过，每个学生，无论他现在做什么，只要善良正直，都是我的骄傲。然而，我一想到22年前的胡国文，我就由衷地感到，我的教育也许真的影响了胡国文的人生。

吃饭前，在等胡国文的时候，刘驰还对我说：“李老师还记得吗？你当年还动员我们给胡国文捐钱帮助他呢！”

这件事，在《爱心与教育》里有记载——

1990年1月，我发现班上一位叫胡国文的农村同学情绪低落，精神不振。一了解，原来他以前就有的肠胃病最近复发了，同时，由于学习紧张，他患上了失眠症。这使本来就性格内向的他更加郁闷了。虽然我找他谈了几次心，安慰他，鼓励他，但他终于没有坚持到期末考试，就回家养病去了。

放假的那一天，我和学生们给胡国文写了一封慰问信，然后，全班每一位同学都给他寄了一张明信片，上面写满了温馨而真诚的话语。我们希望，班级的温暖不但能使他过个好年，而且能使他乐观起来，振作起来，战胜疾病，回到我们这个可爱的集体。

寒假后开学第一天，见到胡国文来报到了，我还挺高兴，热情地问他：“病好了没有？”

他却不说话，低着头，泪水渐渐从脸上滴到地上。

在我的一再安慰和追问下，他才向我断断续续地诉说了春节期间他家里遭到不幸——家里失火，房子被烧成一片灰烬！

最后，一向不会言辞的胡国文居然说了一句让我感动的话：“最让我心痛的是，同学们给我寄来的明信片没抢出来，全被烧了……我本来是要终生珍藏的！”

接下来事情的发展究竟怎样？这个问题还是让胡国文当年写的一篇作文《谢谢您，亲爱的班集体》来“回答”——

……

第二天下午读报课，我刚走进教室，就觉得气氛不对。抬头看黑板，几个大字映入我的眼帘：“国文兄，我们永远在你身边！”一股暖流闪电般传过全身，泪水模糊了我的双眼。原来同学们正在李老师的主持下，举行安慰我的主题班会。我真没想到同学们这么快就知道了我的困难，也没有想到他们会用如此庄严隆重的方式来给我以慰藉。不过，这又像是在意料之中，因为我们这个班的同学向来就团结、友爱。黑板上，还有何英同学写的一段话：“一份痛苦，两人分担，便只有半份痛苦；一份欢乐，两人共享，便有双倍的欢乐。你只有 1/60 的痛苦，却拥有 60 倍的欢乐。”是的，同学们把欢乐给予了我，却把痛苦给我驱走，我还有什么痛苦可言呢？王英浩同学还深情地朗诵了一首他专门为我写的诗：“哦，国文／不要悲伤／让我们温馨的友情／在你心间，投下一丝金色的阳光／带给你更多的温暖，更多的坚强……”他的诗，像是给我注射了兴奋剂，让我浑身热血沸腾，充满了力量。接着，团支部书记郑洁同学把 60 张明信片（包括李老师写的）送给我，她说：“大火烧毁了我们以前给你写的明信片，但烧不毁我们的真诚友情。今天，我们每人再给你写一张明信片！”我看到每一张明信片上都写有鼓励我的文字，每一位同学都有一段暖人的话语鼓励我，安慰我，带给我一片真诚，让我本来压抑的心轻松起来，又获得了勇气和希望。我真正感到这友爱的丰厚崇高了。随后，班长周强又把几百元钱送到我手中。

这钱是同学们决定这学期不看电影而捐给我的，这真让我感动得不知该说什么好了！同学们做出这样的牺牲，是在用真诚的心抚慰我，让我重新对一切充满希望。班会结束时，同学们还送来了慰问信、钱、粮票、笔记本、衣物、脸盆……李老师也送来了他捐给我的钱。到最后，我的桌上堆满了东西……昨天回到学校时那种伤感和悲痛，这时已烟消云散了，我的一颗冰冷的心已被同学滚烫的真情融化了！

……

需要补充的是，当时我班任学校学生会主席的杨嵩同学，还在全校师生中发起并成功地组织了为胡国文捐款的活动。

……

今天，看着有出息的胡国文，我想当年如果胡国文没有同学们的帮助而真的辍学了，他今天会怎样呢？

我问胡国文："你有我的《爱心与教育》吗？如果没有，我给你寄一本去。"

他说："当然有啦！当年我在书店里看到你的书，就买了，而且我很自豪地给别人推荐，说是我的老师的书。"

我说："你的故事我还写进了书呢！"

他说："看到了。谢谢李老师！我正式向您发出邀请，一定要到犍为来，犍为的旅游也很不错，小火车现在很有名的。"

我说："明年春暖花开的时候一定去！"

他说："不一定明年嘛！今年也可以嘛！你来至少要住两个晚上。"

临别时，我一一和几个学生握手，他们说："希望下次李老师回来时早点说，我们约更多的同学聚聚。"

互相珍藏

这次去深圳讲学，最让我激动。

因为我事先联系好了我几个学生，他们是初 84 届一班的付饶、初 87 届一班的吴涛和董洁、高 90 届的李崇洪——刚好是我工作后带的头三个班。这几个学生，除了吴涛是几年前见过之外，另外几个学生都是二三十年没见过了。我邀请他们来听我的报告，“我要讲你们的故事呢！”我说。他们都非常兴奋，说一定要去！

周五晚我刚进酒店房间不久，门铃就响起了，开门一看，是董洁！我和他拥抱握手。他抱歉地说：“明天我有事，实在来不了，但我今晚上一定要见见李老师！”我们聊起了当年在班上的趣事，我给他看老照片。他说：“李老师，你给我们留下了太多的美好记忆了！”要说的话太多，但时间不知不觉就十一点了。他拿出相机，设定好自拍，我俩坐在床头，他的手搭在我的肩上，留下一张合影。

我的报告是周六早晨九点开始，可八点过，吴涛就给我发短信说到酒店了，我赶紧去电梯口迎她，她从电梯出来，那一刻我俩都很激动，手紧紧握在一起。刚进房间，付饶也到了，我一见她，说：“哎呀，付饶真是一点都没变！”我说的是实话，三十年了，如果我走在大街上，肯定能够认出付饶的。然后我拿出我这次特意带来的“古董”——当年的照片呀文字呀让她们看。这时，一条汉子走了进来，我惊叫：“李崇洪！”他还是那么高大，但比过去胖一些了。

报告时间到了。我请三位学生坐在前排离投影仪最近的地方。我对老师们说的第一句话是：“我今天很激动，虽然面对上千老师，但我今天心里只装着三位特殊的听众。他们是谁呢？他们为什么特殊？先留个悬念，我一会儿再告诉大家。”我知道，我说“我心里只装着三位特殊的听众”对老师们不太尊重，但我得说实话，我甚至想说，我今天的故事就是讲给他们三个听的，因为他们就是故事的主人公。

讲课的主题是“让人们因我的存在而感到幸福”。讲述开始了。一张张照片，以及照片背后的故事，把所有老师都吸引了。当我讲到我刚参加工作时方法粗暴，伤害学生的自尊心时，我亮出了付饶的照片，讲我当时如何如何损害了她的尊严——有一次她犯了一个小错误，我不但让她写检讨，而且还要她把检讨用大字抄好贴在校园里。“我伤害了付饶同学的自尊，可她对我却那么宽容。学生的胸襟总是比老师宽阔！这是毕业时付饶送给我的照片，还有背后的题词。”说着，我提高声音说：“今天付饶也来到了现场！”付饶站了起来，对大家鞠躬，全场掌声热烈。

我讲到我带学生去峨眉山，我们在雪地上摆出“一班”两个大字，我说：“这个一是谁写的呢？”老师们都说是我，我说：“不，这是我班一位个子最高的学生摆的，今天他也来到了现场。请这个‘一’站起来！”李崇洪站了起来给大家挥手，全场又爆发出掌声。

后来在讲到未来班的生活时，我打出了未来班班长吴涛的一张张照片，照片上的吴涛漂亮极了，老师们都啧啧赞叹。我说：“这个漂亮的小姑娘今天也来到了现场……”话还没说完，老师们的掌声便响起了，吴涛起立给大家鞠躬。

三个学生的在场，为我讲课增加了戏剧性，让我的故事也更加富有传奇色彩。不，所谓“戏剧性”所谓“传奇色彩”，严格地说，都是局外人的感觉，而这一切在我和付饶、吴涛、李崇洪三人看来，就是我们真实的昨天，那么自然，那么温馨。

说起来，这三个班我都不算成功。84 届一班是我刚刚参加工作的处女作，毫无经验，当时也比较粗暴；87 届一班稍好些，但毕竟也因我的年轻而遗憾不少；90 届一班最后高考并不理想——我多次在我的著作中提到这一点，到现在我也没想通是为什么，我曾经以为是我的活动搞多了，但接下来的一个班依然是这样做的，活动照样多，但高考成绩却引起了轰动。可见教育有时候是复杂的，当然也许和当时全市的高考滑坡有关系吧。但是这三个班的学生依然对我很好，一直记着我。

三个学生本来并不是一个班的，但因为我，因为这些故事，他们立刻成了一见如故的好朋友。

特别让我感动的是，付饶也带来了几件文物，她当年写的作文，还有我批改的字迹，还有她当年写给我的信，我回复以后退给她，她居然保留到今天。更让我感动的是，她还保留着我当年送给她的生日贺卡。我随口说出“吴涛的生日是 1973 年 5 月 9 日，程桦的生日是 1973 年 5 月 20 日，董洁的生日是 1972 年 12 月 26 日”……下面的老师再次惊叹。

听课的老师都说这三个学生作为我的学生很幸福，他们三人也这样认为，但我认为，有一批又一批爱我并几十年都惦记我的学生，我也很幸福。

当我把生日贺卡的照片打出来时，全场都震撼了。我说：“三十年来，我和我的学生互相珍藏着对方，这就是教育的幸福！”

所有老师再次掌声如雷……

看 望

今天下午就有两个学生先后到我办公室看我。

第一个学生，严格说起来，并不是我的学生，只是她把我当作老师。她叫周宇，是西南大学文学院在读学生，是一个很优秀的大学生。本来是今年 7 月毕业，但寒假前给我寄了一份求职简历，当时我看到她的求职简历就乐了，封面是“通缉伯乐”。后来她到我校参加考核，结果因为优秀而录用了。本学期来我校工作，教语文。我专门找她谈过一次心，感觉周宇不但专业优秀，而且特别纯真、朴实，发自内心地热爱教育热爱孩子。我给语文组长郭继红老师说：“多多关心这个年轻老师！”

本学期我特别忙，很少关注她。那天语文组去郊外活动，我发现周宇没来，便问郭继红组长，郭组长说周宇早就走了。后来我问何书记，何书记说，学校催她回去，她不得不回去。当时我叹息，唉，这么优秀的一个年轻人！心里也有一点点遗憾，怎么周宇走的时候都没有告诉我呢？我还问何书记，周宇毕业后还会来吗？何书记说，会的，她答应毕业后回来的。

这几天我都在想从哪里打听到周宇的手机号，然后给她打个电话。结果没想到，今天下午我刚开了初三年级会回到办公室，就看到周宇在我办公室门外。简直是从天而降！我兴奋地说："哎呀，周宇呀！"她也很兴奋，说是专门来看我的。因为快放五一了，最近没课。

我请她进我办公室坐下，我说："听说你走了，我好惋惜！"我还埋怨她："你走的时候，怎么都没给我说一声呢？"

她说："我走的时候专门来你办公室找过你的，向你告别，但你不在。"

"哦！"我说，"可能我开会去了。"心里想，冤枉人家了。

我问她："毕业后还会回我校吗？"

她一下垂下眼帘，有些歉意地说："刚才一见你那么真诚热情，我都快流泪了，现在我不好意思说了……"

我一下明白了什么，说："没关系！我估计你回不来了，是吧？没事儿没事儿！"

她说，因为她是免费师范生，必须接受国家分配，所以不能自己随便选学校的。说着说着，她含笑的眼睛里噙满了眼泪，她开始擦眼泪。

我说："不要紧的。我理解理解！我相信你无论在什么地方工作，都会很优秀的。我会关注你！"

周宇的眼泪终于止不住涌了出来，她不停地擦拭。当时，我也很感动。我从办公桌上拿了一盒纸巾给她。

她说她分配在泸州市，学校还没有定。我说："以后我们保持联系，你一定会很优秀的！"

她说，她已经把我前次送她的《我的教育心》读完了，还说她回大学给同学说见到了李镇西老师，同学们都很羡慕她。我说："我们照个相吧！证明你说的是真的！"

周宇以为我要给她一个人照，我很得意地说："我这相机可以自拍！"

于是，我和周宇照了一张合影。

因为我还有事，周宇便和我告别了。

第二个学生可真的就是我的学生了，一说名字，估计有的读者会反应过来——李俊。想起来了吗？就是《小崔说事》里面那个面对全国人民承认自己错误的孩子。

我刚送走周宇，正在回一个电话，一个脑袋在门口一伸一缩，我一看：“李俊！”

他走进来，很兴奋地叫：“李老师！”

他见我在打电话，便不说话了，只是给我做手势，意思是，你打你的电话吧，别管我。

我马上在话筒里说：“我来学生了啊，空了我再给你打过去。”便挂断了电话。

李俊好像长高了。他是我班年龄最大的学生，今年满十八岁了。我问他：“你不是去内蒙古打工去了吗？”

他说：“是呀！但那边没什么事了，我便回来了。”

我说：“你在内蒙古什么地方打工啊？”

“呼和浩特！”

“啊？”我惊叫起来，“我上周六都还在呼和浩特讲学，还讲你的故事呢！当时我还说，李俊现在就在内蒙古打工，只是内蒙古这么大，我不知道他在哪里。”

李俊说：“哎呀，那天我没上班，如果我知道你来了，我真应该去听你的报告。”

我说：“是呀！你看，如果你在场，我先讲你的故事，讲完后，我突然对老师们说：‘老师们，李俊今天也来了，就在现场！’你站起来，大家给你鼓掌，多好呀！”

“就是就是！”他表现出极惋惜的样子。

我问他打工累不累，他说还行。

我又问：“你做什么呢？”

“木工。”他回答。

我做出推刨子的手势：“是做这个吗？”

他笑了：“不是。我是在建筑工地上做木工。”

“你一个人去内蒙古打工吗？”

“不是。我和我哥哥。”

我又问：“你怎么回来了呢？”

他说："那边没什么事。"

"那你还出不出去呢？"

他说："下一步可能去深圳，或者去南昌。和我爸爸一起去。"

我做李俊班主任的时候，他的成绩的确不算好，但他很爱劳动，当时在班上就热心劳动，每次做教室清洁都很积极。虽然初一进校犯过错误，但他不但改正了错误，而且后来还争取当班干部，工作非常认真负责。这样的孩子，能够在社会上凭自己的劳动立足，也不错。我们的教育既应该培养出高层次的杰出人才，也应该培养出千千万万善良勤奋的劳动者。

我说："你在外面要注意安全呀！"

"嗯。"他答应道。

不一会儿，电话又响起了。他说："李老师，你太忙了太忙了！"

我说："不好意思，不好意思。"

他便说要走了，我问："你去看刘老师了吗？"

他说："刚才去过，刘老师在上课。一会儿再去。"

我说："胡老师呢，你去看过没有？"

他说："去看过，但胡老师没在学校。"

我知道李俊是非常尊敬老师的。

这时电话又响起了，李俊说："李老师，你忙，我走了，下次再来看你。"

我说："别忙，照张相！"

我让他坐在沙发扶手上，然后调好相机的自拍键，赶紧坐到沙发上。

在相机镜头里，我和李俊手握着手。

歌声穿越三十年

两周前收拾书房，看到一沓老式磁带——就是80年代大收录机用的那种盒带。这些磁带每次搬家我都舍不得扔，于是尽管几十年来搬了很多次家，这些磁带一直在我的书柜里面。那天我拿起这些磁带，想，现在怎么还能放出来呀？收录机都没了！于是，我拿到学校，请我校的计算机老师袁伟帮我转录到移动硬盘上。

几天后，在办公室，我从电脑上点开这些磁带文件听，一下激动起来，整个身心都回到了80年代，回到了三十年前我参加工作的时候。这些声音是我当年在班上组织各种活动时录下的——有同学们的课堂讨论："怎样做80年代的中学生？"有我指导由学生根据课文改编的广播剧，有学生的诗朗诵，有学生的歌声……越听越激动。

有一段录音是当年谷建芬给我班谱了班歌后，孩子们为了感谢谷阿姨，在我的口琴伴奏和指挥下演唱的一组送给谷建芬老师的歌曲，有班歌《唱着歌儿向未来》，还有《少年少年祖国的春天》《中国少年先锋队队歌》，甚至还有《华沙革命歌》这样的"成人歌曲"——也不知道当时我为什么要让学生唱这些根本不适合于他们这个年龄的外国歌曲，可见当初我是多么的幼稚而"正统"。

孩子们的声音稚嫩而响亮，我的口琴声也是那么激越而悠扬。演唱之前，还有一个女孩对谷阿姨"抒情"呢："亲爱的谷阿姨，您给我们谱写的班歌，我们收到了，我们感谢您……"声音奶声奶气，特别可爱特别甜美！我一边听，一边回忆：这是谁的声音呢？噢，想起来了，是许艳！这个小姑娘当时在班上特别天真可爱。

我突然有了一种冲动，要让如今已经四十三岁的许艳听听她三十年前的声音。她现在在哪里呢？我赶紧查到许艳的电话，给她打了过去。

"喂，是许艳吗？我是李镇西。"

“李老师好！太意外了，李老师好！”

声音成熟，和刚才听到的稚嫩形成强烈的反差，这种反差让我觉得格外有趣。于是我说：“你听一段声音……”我把手机对着电脑的扩音器。

听着听着，许艳开始兴奋了：“是我的声音！但我都不敢相信！我激动了！李老师居然保留了三十年！谢谢李老师！”

于是，她和我激动地聊起了当年的初中生活：“我们是李老师的开门弟子，那时候李老师真年轻啊，还是一个刚出校门的大学生，是小伙子！非常有激情！”我说：“是呀是呀，那时候你也才十二三岁，幼稚得很啊！我是很有激情，这种激情一直到现在都保持着呢！”她说她前不久还和朋友说起初中生活，说一想起初中生活就想到李老师，想到李老师当时在班上开展那么多的活动。“那时候还没有双休日，可李老师常常在星期天带我们到郊外玩。我妹妹当时好羡慕我！她读二中，给我说她的班主任是一个老教师，比较古板，不像李老师那么有趣。”许艳还说，那时候她特别喜欢李老师写的字，经常照着黑板上李老师的板书模仿李老师的字迹……

我很忙，不能和她多聊，她说：“知道李老师时间很宝贵。下次回乐山您一定要联系我，我们再搞一次聚会。”我说：“一定！到时候，我把录音拷给你。”

“李老师还保留着我们三十年前的声音！”这消息在QQ群里传开后，这个班的孩子们都很激动。——其实，说“孩子们”已经不准确了，因为这些我参加工作教的第一个班的“孩子们”出生于1968年或1969年，现在已经四十好几了。他们知道李老师居然珍藏了他们三十年前的声音后，纷纷要求聚会，听听当年的声音。

一周前，在QQ里，他们问：“什么时候聚会呀？”

我说：“明年春节吧！”

“不行，还早着呢！”

我说：“那就暑假吧！”

“也还有好几个月呢！”

“那就五一节我回来吧！”

姜茹说：“嗨，最近的小长假不是清明节吗？我们在那几天找个时间聚聚吧！”

我说：“好，那就定在4月3日。”

于是，今天——2012年4月3日，我们聚到了一块。

因为是临时通知，来的人不多，但有几位是1984年7月学生毕业后我就没见过的，比如杨虹、王琦、周一等人。大家相见都很激动。我们在千椒百味吃着火锅聊着天。

今天聚会也有由头，那就是我和这批孩子“建交”三十周年。我是1982年春天大学毕业后分配到乐山一中的，担任初84届一班语文教学。最初没有当班主任，班主任是一位女教师，姓冯，教体育。大概是一个月后，我主动给冯老师商量，请她让我当班主任。于是，我就在冯老师的指导下，开始了我的班主任工作。可以说，乐山一中初84届一班，是我教育生涯的“处女作”，也是“成名作”。——因为“未来班”。

关于“未来班”，我在我的著作中已经多次谈过。今天看见这些学生们，无论他们做什么——有医生，有警察，有公安局局长，有公务员，有普通劳动者，他们都依然善良纯朴，并在自己的工作岗位上默默无闻地奉献着，在自食其力的同时，也效力国家。

我感慨地说：“你们都长大了，我呢也变老了！”我指着陪我一起来的女儿说：“当年我第一次见到你们的时候，还没她大呢！她现在24周岁了，而我当年踏上讲台，还不满24岁呢！”

彭霞、姜茹、王琦、杨虹四个女同学，当年就是形影不离的好朋友。我对她们说：“你们四个当年特别热爱集体，特别喜欢为同学做好事，真是热心得不得了，我经常表扬你们。”

我特别对彭霞说：“我知道你现在是赫赫有名的女警察，巾帼英雄啊！”彭霞给我讲，有一次她的自行车被盗，她以此为契机在片区进行侦破，结果一次性便破获了好多盗窃自行车电动车的案子，收缴上百辆赃车，虽然自己的车没有找回来，但她特别开心。

王红川当年个儿矮小，但成绩很好，人也机灵，现在也是一位西医骨科名医了。

同样是医生的还有当年特别调皮的刘大庆。他特别爱笑，虽然现在也是颇有成就的医生了，但从他的笑容上，我读到了当年的他。

要说调皮，莫过于周一了！毕业后我就没见过他。今天见到他我打趣道:“还记不记得当年我批评你，你一边哭一边说要去找人来打我？呵呵！”

他笑了:“不敢不敢。恩师难忘！”然后他又说，“李老师那时经常批评我。有一次，我和唐明东在背后说你坏话，结果被你听到了，你就罚我俩为你打扫寝室！”

我吃了一惊，笑了:“有这样的事？我怎么一点都想不起来了？”

但我相信周一的记忆，我当时刚参加工作，一点经验都没有，心胸也比较狭隘。我估计我当时一听周一他们说我坏话，我就发火，就惩罚他们帮我扫寝室。唉，看来我年轻时，犯的错误也不少啊！

陈晓梅还是那么腼腆，她当时在班上就特别秀气，还有点点小气，典型的小女孩。不过作文写得不错。记得当年未来班成立仪式上，同学们所表演的小话剧《相会在未来》，她就是编剧之一呢！

冯萍和田晓敏来给我敬酒——其实大家喝的都是饮料，我说:“哎呀，你们俩当时在班上可是小妹妹，年龄最小，现在都长成大人了！不过，在我眼里，还是那么天真可爱！”

班长何静红依旧是那么稳重文静，当时在班上她就显得比较成熟懂事。今天，同学们都说，就班长一点都没变，还是那模样。我说:“是这样，三十年前，她就比较显老，三十年过去了，她还是那样子，而大家变老了，她却显得年轻了！”

大家笑了起来。

陈建和呼延涛我好久没见过了。他们在成都工作，我们却很少联系。陈建在我印象中有点小调皮，但成绩好，特别纯真。有一次班里掉了一本《故事会》，他还从家里拿了一本来放在班上。呼延涛当时也有点调皮，不过人很聪明，成绩也不错，后来转学到成都了。

张海波当年在班上就相对比较成熟，处世也较稳重。现在他已经是公安局局长了，但为人依然纯朴低调。

周涛一直都是乖娃娃，性格比较腼腆，像小女孩，成绩好，言谈举止有修养，我印象中好像没批评过他。他现在在电力局工作，好像也是什么干部。教育界一直流行一个观点，说循规蹈矩的孩子长大没有出息。但周涛现在很有出息啊！

韩军胖胖的，是一个“重量级”人物。当年在班上，成绩不算很好，但我特别喜欢他，因为他朴实善良，特别爱劳动，特别爱帮助同学。人家现在也是高速公路管理执法大队的大队长了，也算事业有成了。

黄杰是这次聚会的组织者，付出不少辛劳。和周一比，他不算最调皮，但当年这娃儿也没让我少生气。今天他主动对我说：“我儿子现在读初一，调皮得很啊！我现在才理解，李老师当年教我有多么不容易！”我说，你当年也只是调皮而已，也不算过分。男孩调皮点也正常。只是你要对你儿子引导引导，让他思想活跃，行为文明。

他们一一来向我“敬酒”，我也回敬他们。我端着饮料来到周一那桌时，他们说：“李老师，你还记得当年教我们初一数学的那个女老师吗？”

我想了想，点点头：“记得。怎么了？”

他们一下都露出坏坏的笑：“那时候你们都年轻，我们就在下面编派你们的故事呢！”

姜茹说：“我们那时对男女恋爱似懂非懂，于是就在下面乱传。”

我说：“绝对没有的事！”

他们说：“我们晓得你俩没有什么，但那时我们小，就喜欢说这些。”

我笑了：“原来你们当年还编造我的绯闻啊！”

大家爆笑……

吃完饭，我们来到一家会所，每人面前一杯热茶。我拿出电脑：“今天我给大家带了一份珍贵的礼物！”

他们都知道是三十年前的声音。

我把电脑打开，点出声音文件，但电脑扩音器太小，声音自然很小。黄杰便给会所工作人员联系，用优盘拷出文件，然后通过会所音响系统播放。

张海波说：“那天许艳给我打电话，说李老师给她打电话，请她听她小时候的声音，说着说着眼泪花就下来了。”

不一会儿声音出来了，回荡在厅里：“亲爱的谷阿姨，您好！感谢您为我们谱写班歌……现在，我们正在李老师的指挥下演唱您谱曲的歌，李老师口琴伴奏……”

大家静静地，甚至是屏住呼吸，听着从三十年前飘来的声音。然后又禁不住激动，感叹起来。张海波说：“李老师太有心了，连我们的父母都没留下我们以前的声音。”

何静红把事先复印好的班歌谱子发给了每一个人——这个谱子是复印的谷建芬手迹。随着扩音器里响起当年的班歌声，大家轻轻地唱了起来。因为时间久远，旋律和歌词已经记不太清了，开始有些断断续续。但随着当年歌声的提醒，记忆渐渐复苏，大家和着当年的歌声唱了起来：“蓝天高，雁飞来，青青松树排成排，我们携手又并肩，唱着歌儿向未来……”

一曲终了，大家仿佛回到了三十年前。张海波说：“旋律真美，歌词也写得好！”

我说：“刚才的歌声，是两个声音的交织，一个是三十年前的声音，一个是现在的声音，这两种声音都是你们的，但此刻互相重叠。”

这是一种多么美好的时空交错，又是多么神奇的少年与中年的生命呼应！

许艳匆匆赶来了。“声音”开头那几句给谷建芬老师的话，就是她的声音。她当年在班上特别天真烂漫，幼稚可爱，声音特别甜美。今天，尽管她已经人到中年，但言谈举止依然有着当年的天真可爱味儿。她特地拿来了优盘，把这个声音文件拷了下来。彭霞、何静红也拷了。

我说：“当年这盘磁带给谷建芬阿姨寄去后，她特别感动，还特意给你们写了回信呢！”

我把当年谷建芬的回信给他们看——

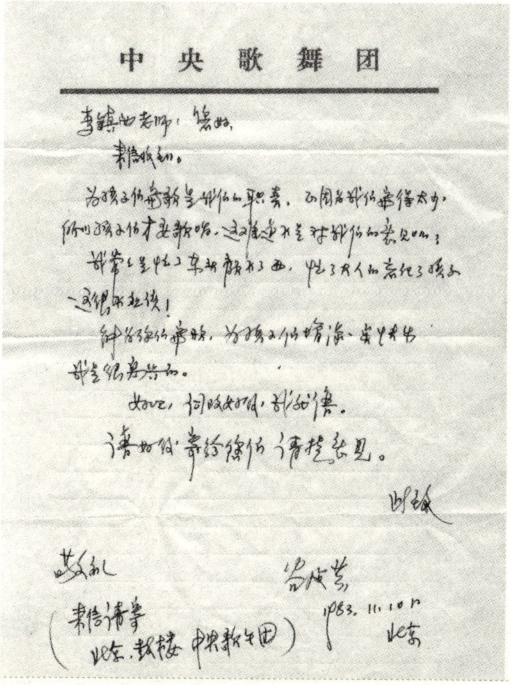
中央歌舞团

李镇西老师：您好，

来信收到。

……

此致

敬礼

谷建芬

1983.11.10日

北京

（来信请寄 北京.鼓楼 中央歌舞团）

谷建芬老师给我的第一封回信

乐山一中未来班的同学们：

我于一月三日收到了你们的录音磁带，全家人和王健阿姨都欣赏了你们的歌。很好，很好！

听歌如见人，想象着你们可爱的面容，犹如你们就在我的面前，我感受着你们带给我的青春活力，享受着你们带给我的喜悦与幸福。

北京正在组织作家为中学生写歌，我给王健阿姨说好了，多写几支歌送给你们！

愿歌声伴着你们学习、成长！

我和王健阿姨说，有机会一定去四川，到乐山去！在那里我们相会吧！

（因为忙于创作，未能及时复信，请原谅！）

祝你们学习顺利！

谷建芬

不久，我们又收到谷建芬老师寄来的一个大包裹，打开一看，竟是51个文具盒。包裹里也有一封信。不过这封信是这样开头的：“乐山一中未来班的刘大庆、黄慧萍、毕志龙、何静红……”谷建芬阿姨把每一个同学的名字都写了一遍！

信的正文倒只有两行字——

这里寄来51个文具盒（有一个是李老师的），东西很小，这是我的一点心意，做个友谊的纪念吧！

祝好！

你们的朋友　谷建芬

同学们兴奋地挤到我电脑前，看这封信的复印件，找谷建芬阿姨写的自己的名字。

何静红说：“那文具盒我至今还保留着呢！”

三十年哪！大家再次感慨不已。

看着大家的激动，我非常欣慰地说：“能够给你们留下这些声音，我很自豪！”

我又说：“其实，当时教你们这个班，我一点点经验都没有，可以说是我从教之初最不成熟的一个班，但我问心无愧的是当时我真的是全身心地投入！”

彭霞说：“是的，我们都能感到你的敬业。其实，你当年教给我们的知识，我都忘得差不多了，但是你以自己的工作态度教给我最重要的一点，就是敬业。我现在就是这样工作的。”

杨虹说：“教知识，哪个老师都会，但你让我们有了许多故事。”

我很遗憾地说：“可惜当时没有摄像机，不然我还可以给你们留下许多影像呢！”

我又给他们看我电脑上保存的老照片，有他们当年的形象，也有我的大学准考证，还有一张是我大学毕业的照片。许艳说：“李老师刚刚来教我们的时候，就是这个样子！”她要我把这张照片也拷给她。

拷完声音、信件和照片后，我看时间不早了，只得向大家抱歉地说，我得走了，因为我还要赶回成都。于是我们合影留念，然后握手告别。

在夜色中，女儿开车行驶在高速公路上，我坐在副驾驶上，心情还停留在三十年前，我参加工作的第一个春天……

回到家里已经是零点过了，洗漱完毕已经快一点。这时候，手机突然响起，是一则短信，一看是许艳发来的——

李老师，想来您已平安到家了。您走后，我迫不及待地回到家中，在电脑上把您给我的宝贝，一口气看完听完了，真是太感动了！那些久远而纯真的记忆似乎又重回脑海。谢谢您为我们保留下了这么美好的声音！谢谢您曾经给予我们饱含着青春与激情的教导！那段难忘的成长岁月，深深影响着我的一生！而我有幸有您这样一位师长，真的感觉很好！

看来，因为声音的穿越，今晚，此刻，我和我的学生们都会失眠——我们都回到了三十年前……